江西省哲学社会科学成果文库

江西省哲学社会科学成果文库

JIANGXISHENG ZHEXUE SHEHUI KEXUE
CHENGGUO WENKU

社会信息论域下的社会真相

THE SOCIAL TRUTH IN THE VIEW OF
SOCIAL INFORMATION

蔡东伟　著

社会科学文献出版社
SOCIAL SCIENCES ACADEMIC PRESS (CHINA)

总　序

　　作为人类探索世界和改造世界的精神成果，社会科学承载着"认识世界、传承文明、创新理论、资政育人、服务社会"的特殊使命，在中国进入全面建成小康社会的关键时期，以创新的社会科学成果引领全民共同开创中国特色社会主义事业新局面，为经济、政治、社会、文化和生态的全面协调发展提供强有力的思想保证、精神动力、理论支撑和智力支持，这是时代发展对社会科学的基本要求，也是社会科学进一步繁荣发展的内在要求。

　　江西素有"物华天宝，人杰地灵"之美称。千百年来，勤劳、勇敢、智慧的江西人民，在这片富饶美丽的大地上，创造了灿烂的历史文化，在中华民族文明史上书写了辉煌的篇章。在这片自古就有"文章节义之邦"盛誉的赣鄱大地上，文化昌盛，人文荟萃，名人辈出，群星璀璨，他们创造的灿若星辰的文化经典，承载着中华文明成果，汇入了中华民族的不朽史册。作为当代江西人，作为当代江西社会科学工作者，我们有责任继往开来，不断推出新的成果。今天，我们已经站在了新的历史起点上，面临许多新情况、新问题，需要我们给出科学的答案。汲取历史文明的精华，适应新形势、新变化、新任务的要求，创造出今日江西的辉煌，是每一个社会科学工作者的愿望和孜孜以求的目标。

社会科学推动历史发展的主要价值在于推动社会进步、提升文明水平、提高人的素质。然而，社会科学的自身特性又决定了它只有得到民众的认同并为其所掌握，才会变成认识和改造自然与社会的巨大物质力量。因此，社会科学的繁荣发展和其作用的发挥，离不开其成果的运用、交流与广泛传播。

为充分发挥哲学社会科学研究优秀成果和优秀人才的示范带动作用，促进江西省哲学社会科学繁荣发展，我们设立了江西省哲学社会科学成果出版资助项目，全力打造《江西省哲学社会科学成果文库》。

《江西省哲学社会科学成果文库》由江西省社会科学界联合会设立，资助江西省哲学社会科学工作者的优秀著作出版。该文库每年评审一次，通过作者申报和同行专家严格评审的程序，每年资助出版30部左右代表江西现阶段社会科学研究前沿水平、体现江西社会科学界学术创造力的优秀著作。

《江西省哲学社会科学成果文库》涵盖整个社会科学领域，收入文库的都是具有较高价值的学术著作和具有思想性、科学性、艺术性的社会科学普及和成果转化推广著作，并按照"统一标识、统一封面、统一版式、统一标准"的总体要求组织出版。希望通过持之以恒地组织出版，持续推出江西社会科学研究的最新优秀成果，不断提升江西社会科学的影响力，逐步形成学术品牌，展示江西社会科学工作者的群体气势，为增强江西的综合实力发挥积极作用。

祝黄河

2013 年 6 月

内容提要

本书的主题研究可分为两种类型，一种是"形而上"的研究，一种是"形而下"的研究（即具体围绕着有关社会真相的现实与实践问题所作的研究）。这两种类型的研究在本书各章节中常常是相互贯通的，没有截然分割。

在"形而上"层面上，主要研究了社会真相的本体论与认识论问题。在本体论研究上，把社会信息范畴引入社会真相问题研究，结合对"距离"与"中介"范畴以及距离逻辑的分析，具体考察了社会真相的信息结构，即"三元（主体、中介和客体）信息变项"、"三态信息（自在信息、自为信息和再生信息）构成"与"三阶距离结构"。指出"相互作用与差异"是社会信息真相建构的动力机制，现实社会信息真相的多重组合，"三元信息变项"相互符合、一致的关系动力，决定了社会真相的生成有着多元通道，从而得出了社会真相就是适合社会实践的、关于"对象"的同构模拟，是多重中介建构的社会信息体的结论。

当今时代，最明显的特征是互联网的出现和广泛应用。因此，本书关注了网络"虚拟"对认识、把握和发展社会真相所带来的变化，如"虚拟社会"真相，以"人机交互"、虚拟主体为鲜明特征的社会真相的主体创新，在网络信息传播生态中出现的强权与操纵等问题。

在认识论研究上，认为"求真"作为人类文明的一种自觉意识，也即"社会真相自觉"，它有四种基本表现：主体的价值自觉、对作为虚拟概念的"绝对真理"的辩证自觉、"澄明客体"自觉与"社会真相的标准"的自觉。

　　在"形而下"层面上，本书讨论了交往关系中的社会真相、文化和文化传统与发展观问题，并基于社会真相与"距离"的关系以及社会真相的距离逻辑、当代世界的融合与发展，分析了一种基于社会真相的社会共识，并说明了一种形成社会真相共识的社会信息调查方法论。

　　最后，也即作为本书进一步研究展望，简要分析了社会信息传播中介与哲学的基本问题研究，还指出了社会信息传播中介研究的认识论意义。

前　言

当代社会，人们越来越被一体交往关系纽带联结在了一起。这就需要一种能够平衡普遍意识和地方敏感的新的世界观，并且有必要发展一种新的交往范例和方法。其中，核心问题在于达成某种基于社会信息传播及其真相的社会共识。

然而，不同区域与发展的冲突，使得在技术社会处于实用研究边缘的社会真相问题备受诟病。

恰巧，昨夜在经过一个电子日历牌时，LED 光源打出的今天是"西安事变"纪念日。2005 年，日本文部省批准的新历史教科书在"日中战争"一章中，特地增加了"西安事变"一节，称西安事变使"共产党获得了喘息，共产党员潜入国民党内部，大肆推进将日本引入战争的破坏和挑衅活动"。中共中央对西安事变一直评价很高，认为这是挽救国家民族危机的重大事件，"成为当时停止内战、发动抗战的一个历史上的转变关键"。而国民党对张学良的评价是"祸国殃民的千古罪人"。胡适曾经指出，中国形成一个领袖不容易，如果蒋介石出现不幸，中国将倒退 20 年，并明确定性张学良发动西安事变是"名为抗敌，实则自坏长城"，是"国家民族之罪人"。胡适曾经说："没有西安事变，共产党很快就可以消灭了……西安事变对我们国家的损失是无法弥补的。"生命的有限性、理性的有限性，使得社会真相的把握更具有人类中介化或者人类学特征。

然而，一个严峻的问题摆在眼前：一段时间空间距离中的认识总是有限的，或者具体事件往往不能够跨越时空的界限，那么，什么才是引导人们对生活规律的普遍理解和具有普遍规律效力的跨距离阐述？因此，在今天，询问与研究社会真相，是需要一定勇气的。把它的逻辑移入到中国的现实语境中来，对于社会真相的潜意识与社会信息调查，这种谦虚的学问，隐含着一种对持有真理优势心理的反思与自责。

事实如此。每天，人们都在"制造"基于"社会真相"名义的社会信息，把对所谓社会真相的描述文字或其他之类的社会信息转化成为可以用来消费的产品，抑或以真理的名义要求他人"顺从"。诚然，对社会真相的认识需要一个过程。在多元化、多样化社会里，对待真相，恐怕首先达成某种社会共识才是一种较为科学的态度。

不同社会信息的传播及其真相就如同某人涉足两个不同的领域，在理解不同社会真相体系的表达时常常发生歧义，当此种情况出现时，也就不必谈达成社会真相的共识了。而当没有达成共识时，就没有规则，那么，在共同体中，就不知道做什么、不做什么。所以，首先承认社会真相作为一种具有距离逻辑，如表达身份、文化特征及与其他文化差异的认知，它通过揭露不同距离逻辑下的经验性事实，寻求是否能够适合历史定位需要，其价值、规范性是否满足社会对秩序的基本需要，对不同距离下的经验的认知和一种新型的与当代需求紧密联系的历史认知的结合。这种结合一方面反映了作为历史知识的认知特征的客观性要求，另一方面是产生这种知识的规范性承诺。此外，还应充分认识到当代社会与发展中的多元性所蕴含的无穷无尽的潜在优势，进而达成一种尊重多样性的基于社会真相的社会共识。

当代中国是一个包容多元价值的时代，其所能容纳的各种不同社会信息的质与量大大超过以往。只有承认和接受其他人与自身不同的差异性，承认一种建立在平等基础上的关于社会真相问题研究的多元差异，在中国走向多元文明的对话、磋商、沟通、相砥相长过程中，不断提高自身的宽容程度，才能在面对全球一体交往关系带来的真理观的诸多失序、无序状态时不慌乱。

关于社会真相问题的研究既是目的，也是一种达成实践共识的技术性保障，它既属于认识论范畴，也属于实践范畴。本书针对社会真相的合法化成就，从内部的学术要求及外部压力着手，以如何实现社会信息的传播及其真相的重构和澄清常规中的众多社会真相问题为研究主题。本书不仅关注社会真相体系理论及概念的历史的内在研究，而且特别关注其实践层面上的政策动机。

在我国，真理的实践逻辑是一个常识问题，这意味着本书力图实现有关社会真相问题的完全解决，达到共识的唯一性，是不可能的。所以，本书中论及的许多问题会存在争议，也仅是个人的浅见。

目 录

第一章 绪 论

第一节 研究视域的选择

一 关于"真"的典型理论检视

从哲学研究的视角来看，历史上有多少种真理论，没有一个统一的答案。比如，苏珊·哈克把关于"真"的理论分为融贯论、符合论、实用主义理论、真的语义理论和真的冗余理论。① 著名哲学家金岳霖在其著作《知识论》中认为真理论主要有四种类型，即符合说、有效说、融洽说和一致说。② 卢风认为，哲学史上曾形成三种类型的真理论，即符合论、融贯和实用论的真理论。③ 另外，有的学者借用科学哲学家波普尔的"三个世界"理论来讨论真理在客观世界存在、真理在主观世界存在、真理在主客体的相互作用中存在。④ 还有的学者认为，20 世纪关于"真"的理论中，海德格尔关于"真"的理论独树一帜。它具有融贯论的倾向，但不同于融贯论；它强烈排斥符合论，但又力图避免主观主义；它与普特南等人的新实用主义有共同立场，但决不接受实用论的表述方式。⑤

---

① 〔美〕苏珊·哈克：《逻辑哲学》，商务印书馆，2003，第 107～109 页。
② 金岳霖：《知识论》，商务印书馆，1983。
③ 卢风：《"诚"与"真"——论儒家之"诚"对当代真理论研究的启示》，《伦理学研究》2005 年第 5 期，第 35～41 页。
④ 周小兵：《真理的共识论与文化共识》，《社会科学辑刊》2003 年第 2 期，第22～26 页。
⑤ 卢风：《"诚"与"真"——论儒家之"诚"对当代真理论研究的启示》，《伦理学研究》2005 年第 5 期，第 35～41 页。

　　一般来说，学界以符合论、融贯论和实用论为最基本的三大关于"真"的理论。通常认为，符合论是最古老的，而且得到多数人赞成的一种关于"真"的理论。① 符合论认为一个命题的真不在于它与其他命题的关系，而在于它与世界的关系，即在于它与事实的符合关系。20 世纪以来，关于"真"的理论的"符合论"被灌注了新的活力，因为，许多坚持语言分析立场的哲学家，如罗素、摩尔和维特根斯坦等人纷纷从语言哲学的角度，从命题与事实间的关联来理解"符合"，即"符合"就是认识与所指的"符合"，这种所指既可以是经验性的、物质态存在，也可以是语言系统中与命题对应的经验性陈述，即信息态。因此，对于命题成真的条件和真假问题，现在坚持符合论的哲学家们大多不再固执于从抽象的客体表象来规定解决。然而，正是这种"符合"与"事实"之间的模糊关联导致了对"真"的性质，也即对"符合"关系的任意解释，因此，在有些持唯心主义立场的哲学家那里，他们也和唯物主义坚持者一样，把"符合"性作为自己哲学真理论的基础。所以，也正是在这个角度上，似乎已不能按"非此即彼"的方式来划分当代哲学中不同的关于"真"的研究体系了。

　　作为三大关于"真"的理论之一的"融贯论"，崛起于以构造整体论世界观和绝对主义的"真"为时尚的近代唯理论哲学，它被视为一种对符合论真理观的反动。早期融贯论从整体主义立场出发，把真理看作一个由一系列自我相关的逻辑范畴构成的完整体系，认为离开了这种范畴内部的整体联系和相关性，就不可能证明一个命题或陈述的真假。其代表人物有笛卡儿、斯宾诺莎、莱布尼兹等。从 20 世纪的哲学发展走向和理论选择来看，早期融贯论倡导的从一命题与他命题的整体联系中来判明命题之真的思想在 20 世纪哲学家中得到了一定意义上的体现。实用论无疑是对传统关于"真"的理论的一种反叛，它强调从实际效果出发判明命题性质和观念的真假，于是，真理是一种经验的观念，从而观念的功用、效果无疑是相对于人而言第一位的东西。其代表人物有皮尔斯、詹姆斯、杜威等。比如，詹姆斯认为："真观念是所能类化，能使之生效，能确定，能

---

① 龙小平、龙小根：《从符合论的观点看逻辑真理》，《自然辩证法研究》2005 年第 3 期，第 45～47 页。

核实的；而假的观念就不能。"[1] 杜威认为，真理是思想和行为的工具，真理与工具一样无所谓真假，只有有效或无效、方便或不方便之分。一方面，实用论受到了来自坚持符合论立场的哲学家们的激烈批评；但另一方面，在当代持有融贯论立场的哲学家那里，如在亨普尔、奎因和戴维森等人那里却获得了不同程度的支持。实用主义关于"真"的理论的思想因素支撑了融贯论在20世纪哲学中的一度流行。无可否认，三大关于"真"的理论都有它们自身不可克服的矛盾和问题，在当代，对它们的批评从一开始就不绝于耳。

在20世纪后期，美国学者塔斯基提出了"约定论"（Convention T），它被设想为真的"T约定"——所有真命题的公理。然而，尽管"T约定"影响了20世纪下半叶的关于"真"的讨论，但是，它似乎并没有满足求"真"的直觉与欲望。因为，如果接受"T约定"就容易产生"真"就是"真"的问题。而当认为符合、融贯或实用的真理论在追问一个命题究竟为什么为真时，错误地以为"真"需要再加以定义，而命题"P"是真的，仅仅需要的就只是P，而不是"P符合事实"或"P与命题集融贯"或"P有实践效用"。这样又产生了关于"真"的"紧缩论"。从紧缩论得知，"真"是不能用其他概念再定义、分析或化约成的，它也没有任何更基础的性质或内容，就像黑格尔概念体系中的概念"无"一样，换言之，"真"就是一个公理系统中最基本的、不可再定义的概念。

在当代社会的转型期出现了形形色色的关于"真"的理论，如"交互理论"、"对话理论"、"合意理论"以及"后现代"或"解构主义"等观点。可以发现，各种颇具影响力的认识论思潮之间的根本性冲突正在凸显。或许基于此，美国著名的证据法学者达马斯卡（Mirjan R. Damaska）在评论一些有影响的后现代哲学家对"真"的理论的讨论时，不无批评地指出，"时间的流逝可能很快就会证明，当下时髦的理论只不过是一些过于雕琢的时尚，或者甚至是学术研究的一种病态表现"[2]。

---

[1] 〔美〕威廉·詹姆士：《实用主义》，陈羽纶、孙瑞禾译，商务印书馆，1979，第103页。

[2] 〔美〕米尔吉安·R.达马斯卡：《比较法视野中的证据制度》，吴宏耀、魏晓娜等译，中国人民公安大学出版社，2006，第42~43页。

二　社会真相研究与"真"之符合论

符合论几乎是一切关于"真"的理论的研究基础和思考的出发点，这就是关于"真"的理论发展史的一个鲜明特色。即使在当代，符合论仍然是哲学研究中的重要课题。如大家所熟知，亚里士多德对符合论的那段著名定义是在《形而上学》第4卷第7章中给出的，但对那段著名文字是有不同理解和翻译的。国内目前大体上有两种。其一，凡以不是为是、是为不是者，这就是假；凡以实为实、以假为假者，这就是真。① 其二，说存在者不存在、不存在者存在的人为假；说存在者存在、不存在者不存在的人则为真。② 根据亚里士多德的理解，命题或判断是对客观事物的性质、状态或关系的描写或陈述。因此，它们的真假完全取决于它们是否与对象符合。"真"的命题与相关的事实之间是一种对应的符合关系。当然，也有人认为，亚氏不是完全的符合论者。理由很简单，根据亚里士多德的表述，可以构造出"上帝是或存在，上帝是第一实体为真"这样的句子来，无论对符合论作何理解，能从中推演出"上帝是第一实体为真"的表述，肯定是不能称为真正的符合论的。③

当代反符合论，以语言消解和文本解构方法，从以下几方面对符合论提出了严峻的挑战与严厉的批判：第一，它从语言学角度否认了理论及命题与对象、实在之间的对应关系，否认人类认识的客观性，具有典型的反实在论特征。第二，它从反基础主义角度否决了符合论的认识论前提和科学基础。第三，它从反本质主义角度否认了人类认识社会真相的可能性。第四，它从社会学角度否认了符合论存在的合法性。第五，它从人类学的角度否认了真理的一元性、绝对性，主张真理的多元性与相对性。④ 在后现代视野中，对"真"的研究采取了语言分析的进路。所谓"真"只不过是主体得体而恰当地言说而已，比如，罗蒂认为，真理不过是一个表示

---

① 〔古希腊〕亚里士多德：《形而上学》，商务印书馆，1981，第79页。
② 苗力田主编《亚里士多德全集》（第七卷），中国人民大学出版社，1993，第106～107页。
③ 郭继海：《真理符合论的困难及其解决》，中国社会科学出版社，2003，第136页。
④ 刘魁：《当代反真理符合论批判》，《哲学研究》1998年第10期，第22～27页。

满意的形容词化。① 他否认了客观真理的存在，而之所以可能得到语言式的所谓的"真理"则在于没有离开对某社会在某一研究领域中使用的熟悉的证明方法的描述，否则，就不可能谈论真理或合理性。② 德里达曾说："没有真理自身，只有真理的放纵，它是为了我、关于我的真理，多元的真理。"③ 后现代关于"真"的存在认为，"中立"知识或真理是不可能的，"偏见"无处不在。

因此，后现代主义就形成了多元的"真"的断定，因为人类共同体的多样性决定了真、真相或真理的多样性。汪民安对后现代主义思潮中对"真"的研究进行了这样的概括：在他们看来，真理总是被污染，被权力和欲望所污染，真理因而是即刻、暂时和瞬间的。真理总是和利益相结合，它是利益的托词、借口。它是一种网络中的话语实践。没有永恒的真理，只有永恒的真理借口。对待真理的恰当态度是：剥掉它的面纱，让它赤裸裸地暴露它的野心、欲望和权力。真理的重量等价于飞溅的唾沫。④ 怀疑论美学认为，传统的对"真"的研究具有神话思维的特点，所谓"真"只不过是虚假意识的产物和精神乌托邦的幻想。"真"并非设定的外在存在，它应该是素朴的心灵所自我领悟的智慧果实，它只存在于人类精神对自我的提问和解答的过程中，存在于存在者对自我的想象和直觉的精神河流之中。比起艺术活动来，审美活动具有澄玥真理的更宽阔的精神空间。审美也许是最易于敞开自我和澄明的自由活动，更容易获得精神的虚无性和无限可能性，它必然构成了存在者对"真理"内在获得。⑤

我国的学者也对符合论发出了不同的声音。从对符合论的批判主流容易看到：主要是集中批判"符合论"关于"真"的理论忽视真、真相或真的理论体系，真理等中的人的创造性因素和要求确立"实践"的关于

---

① 〔美〕理查德·罗蒂：《哲学和自然之镜》，李幼燕译，生活·读书·新知三联书店，1987，第 410 页。
② 〔美〕理查德·罗蒂：《哲学和自然之镜》，李幼燕译，生活·读书·新知三联书店，1987，第 410 页。
③ 刘放桐：《现代西方哲学新编》，人民出版社，2001，第 638 页。
④ 汪民安等：《后现代的哲学话语——从福柯到赛义德》，浙江人民出版社，2000，第 4 ~ 5 页。
⑤ 颜翔林：《真理批判》，《湖南师范大学社会科学学报》2004 年第 3 期，第 22 ~ 26 页。

"真"之研究新视界。这应该说是对始于20世纪90年代马克思主义哲学研究的实践论转向的一个呼应。关于真理研究是实践论转向，高清海在1995年《突破真理的传统狭隘视界》①一文中就提出过。在当代中国学者中，要求建立综合性的"真"的理论的呼声也不容忽视。如我国著名哲学家金岳霖认为，"符合是真假底定义"②。通过对多种关于"真"的理论的考察，他提出："符合本身不一定是一下子就可以经验得到的，要经验到符合，也许要利用许多标准。融洽有效和一致都是符合底标准，当然也是真底标准。所谓符合和这些标准不平行，就是说符合是真底所谓，而这些标准才是真底标准。"③这种将融洽、有效和一致三者统一起来，才会有一个完整的真理的标准的观点，表达了一种真理的标准综合说。肖中舟认为，在探索真理的本质的过程中，传统的哲学认识论形成了三种不同的真理本质观，即符合论、融贯论与实用论，在哲学关于"真"的理论的一个更高的层面上，根本就不应当将这三种传统的真理本质观不相容地对立起来，而应当在充分认清它们各自的理论维度及其合理性和局限性的基础上将它们综合起来，从而建构起一个更为全面深刻的关于"真"的概念。④樊浩提倡一种独特的生态合理观，实际上表达了一种融合实在论、整体论和价值论的综合真理论。⑤汪信砚、肖新发在其《科学真理的困惑与解读》一书中，对各家各派关于科学及科学真理的意见与观点进行了梳理与整合，认为符合论、融贯论、工具论，由于它们都是沉浸在主观范畴内探寻真理的本质，结果都陷入了泥潭。而真正揭示真理本质问题的是马克思主义哲学。他们还提出将实践标准、逻辑标准和审美标准结合起来的真理标准体系理论，并对真理的价值、真理与价值之间的关系等问题，进行了深入的探讨。⑥

---

① 高清海：《突破真理论的传统狭隘视界》，《哲学研究》1995年第8期，第13～18页。
② 金岳霖：《知识论》，商务印书馆，1983，第907页。
③ 金岳霖：《知识论》，商务印书馆，1983，第919页。
④ 洪涛：《真理和真理论问题讨论综述》，《武汉大学学报》（哲学社会科学版）1996年第4期，第38～42页。
⑤ 洪涛：《真理和真理论问题讨论综述》，《武汉大学学报》（哲学社会科学版）1996年第4期，第38～42页。
⑥ 汪信砚、肖新发：《科学真理的困惑与解读》，湖北人民出版社，1998年。

在上述这些理论中，对符合论的批判有一定的理由和道理，可以促进进一步思考。问题是，符合论是否就不成立了呢？

有学者认为，"当代反符合论的根本缺陷，在于以人类学意义上的真理多元论否决了宇宙学意义上的真理一元论存在的可能性与意义，具有典型的人类中心主义特征"。同时，他们还忽视了认识主体在认识系统中的作用，忽视了人类认识的条件性和多样性，忽视了语言与对象之间复杂的多元对应关系，忽视了真与善、与美之间的关联性，以致走入了另一个极端。因此，"首先，就其核心思想来说，符合论主要是要求思想、命题或理论应与其所阐述的对象应具有相同的结构，或者说在构成要素上要与对象的要素具有严格的对应关系，这是它们具有真理的首要条件和充分条件。对于这一点，无论在逻辑上和实际生活中都是难以反驳和违背的，因为它与人们的以下直觉是一致的：即判断一个论断的真假，就是看它的内容和所论断的事情是否一致。否则，真理就无法与想象和谬误相区别"①。

一些学者提出用关于"真"的实践论超越符合论，其实这种实践论大致有两种：一是在肯定传统符合论，或者科学认知真理的前提下，再为实践关于"真"的理论争"地盘"。二是认为，站在实践唯物主义的高度，不能把真理混同于一种纯粹的"自在之物"。"根据实践唯物主义的理解，真理是与人（主体）及其活动相关的。承认自然界对于人的先在性，也承认在人之外的客观世界的存在，但在其处于人类实践与认识活动之外时，就不是作为人类的对象，不是作为真理形态而存在的。"不可否认，关于"真"的问题研究，尤其是关于社会真相的研究就是深深地扎根于人的历史性的生存之中的，或者说社会生活中的。其实，作为社会事实"存在"本身的"实际生活过程"是不可能通过走"知识论"路径被真正触动和把握的。因此，问题只在于能否看得到并把事物、现实、感性当作人的感性活动和实践去理解。把"真"的存在，当作一个先于实践的、固有的定在或在者，从而达到认识与本质相符，无异于在黑格尔那里兜圈子，并且没能避开费尔巴哈的倒退。20 世纪七八十年代之后，实践

① 刘魁：《当代反真理符合论批判》，《哲学研究》1998 年第 10 期，第 22～27 页。

哲学得到了迅速而有力的复兴，这种复兴不仅仅是理论发展的需要，更是现实的需要和时代的要求。所以，社会真相问题研究需要在实践哲学研究的发展前提下，从关注人与自然界关系僵死的、机械的抽象认识论维度转向关注活生生的、存在的、关系的本体论维度。这里，关于"真"的实践论理解的工作是如何摆脱"人类中心主义"的嫌疑。

同时，尽管符合论不是完善的、十全十美的，而是一种有着是是非非的关于"真"的研究纲领与旗帜，然而，放弃它未免就矫枉过正了。因此，应当从根本上认同关于世界的陈述与世界本身存在着某种的"匹配性"，否则，关于"真"，包括社会事实之"真"的认定将变得毫无意义。如果放弃了"符合论"的前提性的假定，那么，在探寻真相的道路上将会洞开陷阱与欺骗之门。正如我国有学者指出的，符合论是一切关于"真"的理论的基础，因为一切关于"真"的理论，都要回答人的认识活动、实践中介活动如何才能达到正确、取得实际效果的问题，都要在真、真理或真相中最基本的两极（即认识与对象）之间寻找一条真理之路。①

三　关于社会真相研究的进路

20世纪以来，伴随着自然科学由认识深入到了微观、高速领域，当代许多学者，包括一些物理学家选择了物理现象即物理实在的观点，回避了"真"的本体论研究。甚至从一定意义上看，作为一种现代性的后启蒙运动，后现代思想不再接受原有关于知识是客观的信念。他们推崇异质成分，拒斥本质主义和基础主义，传统的所谓客观的、一元的真理观似乎消解了，而且对所谓真、真理与真相也失去了信任。

这里，关于"真"的理论的焦点问题是人的认识的客观性，或者人的认识能否反映对象的本来面目的问题。在不依赖于主体、不依赖于人、不依赖于人类的内容"三不依赖"客观派看来，客观性在于认识是对客体本来面目的真实反映，这样，从这个规定出发，在真相的认识过程中，

---

① 董玉整：《网络与真理——网络时代的真理问题研究》，武汉大学学位论文，2004，第21页。

客体的本来面目不应发生任何改变；但是，另一方面，实践指的是认识主体通过一定中介改变客体的本来面目，只有通过实践对客体状态的改变才可能对客体的本来面目有所认识。如此，就看到客观派的一个悖论，并产生了"真"是指向物质甚至与物质直接同一的一个教条，它的"冲动"在于最终把握那些在任何时空条件下都成立的真的认识。因为它认为在充满偶然性与变化的不确定的现象世界背后，有且只有一个真实与不变的物质性世界，它虽不能凭借简单的直接感知加以把握，但通过上帝的意愿或者人的努力，认识可以反映乃至符合隐藏在背后的那个"真"世界，能找到所有问题的唯一的真相，从而真正地与认知对象相符合。

到目前为止，我国相关研究者关于真、真理的研究成果在数量上是惊人的，然而，不同类型的研究者似乎或多或少地分享着上文所论及的、在研究中存在的关于社会真相的悖论与教条。

在这个前提下，社会真相研究问题变得更为复杂。

其实，这个悖论与教条所反映的核心问题，即关于"真"的把握中的主客体二元两极对立。因此，社会真相研究的符合论首先要强调符合是认识与现实之间的符合，不应在观念与观念之间考察"真"的客观性。同样，符合关系最终是可以在现实中得到证实的，证实的关键是社会真相转化为现实。这里的关键在于利用中介概念来作为深化社会真相研究的进路。值得注意的是，我国已经有相关学者提出要把中介以及信息中介概念引入到社会真相问题或者认识论的研究中，如尚东涛指出了传统哲学框架的"思想与客体的一致"的真理概念，无视中介在真理认识活动中的根本性作用，将认识对象与客体等同，遮蔽了真理认识的对象和检验认识的"真"的对象化，生成于中介与客体互动的本真的实在。在认识过程中的两次飞跃阶段，客体消解"自在"，转换为认识对象的要素和检验认识的"真"的对象化的要素的根本环节，在于共在的多态中介与其的互动。在第一次飞跃阶段，认识的对象生成于物质态中介、非物质态中介与客体的互动，以互动的关系、现象、结果为存在形式。在第二次飞跃阶段，检验认识的"真"的对象化，生成于实践态中介与客体的互动，检验认识的"真"与否的根据，在于认识是否与实践态中介和客体的互动关系、现象、结果相一致。作为对认识对象的"真"的规定、本质的正确反映，其内涵应当理解为思想与中介和客体互动的一致。① 这一标新的诠释，为研究社会真相和审视争议提供了全新视界。又如，在信息哲学认识论看来，认识发生于信息的中介，通过四个基本中介所建构和虚拟的认识对客体信息进行某种意义上的变换、选择、建构和虚拟，这一建构和虚拟不仅仅是针对认识形式的，而且还可能是针对认识内容的，在被复杂工具和设施所中介的认识活动中，这一情景体现得更为充分。②

因此，基于中介（"实践中介"与"信息中介"）与社会信息概念及信息思维，把社会真相问题研究定位于现代信息科学技术革命的全新时代背景、世界图景中，从"社会信息"视域予以新的阐释、理论说明，创新、开拓社会真相问题研究的理论视野，突破"真"的理论的悖论与教条的模式与限制，选择合理、有效的社会真相问题研究进路是十分重要的。

第二节 "距离中的社会真相"与"社会真相中的距离"

"距离"产生于不同的对象之间，但在使用这个概念时，并没有刻意区分距离产生在哪里。概括来讲，"距离"应包括空间距离、时间距离、社会关系距离和心理距离。从社会宏观层面上讲，还应包括文化距离、世界观和价值观之间的距离。在这些有关心理、时空、社会距离和叙事距离的区分中，后者更容易混乱。

"距离"既有客观的属性也有主观的属性，既有客观存在的距离又有对距离的心理体验，或者对距离的各种不同的把握，既是客观时空距离作用的结果，也是文化与主体作用的结果。有研究表明，人们的相互关系和心理活动受所处的文化因素影响。因此，后者所述的各种距离影响着主体现实的和长远的、隐性的意识形成，还代表一种特殊的关于世界的观点，培植着一种社会真相世界和生活哲学，建构着的文化。而从实践个体来看，人们的心理和社会关系距离又会加大文化的差异与距离。

① 尚东涛：《中介视域的真理观》，《南京社会科学》1999 年第 12 期，第 10 ~ 16 页。
② 邬焜：《信息哲学——理论、体系、方法》，商务印书馆，2005，第 168、173 ~ 178 页。

存在着的各种"距离"看似没有联系，却有着很强的内在逻辑关联。比如，社会宏观层面的文化距离、中观层面的社会距离与微观层面的心理距离等之间就有密切的关系。然而，由于各种对有关"距离"问题的研究难以形成同一的范式，至今，"距离"概念在学术界还没有形成一个统一的公认定义。从哲学上定义，"距离"是标志差异的量度。在一定意义上讲，"距离"与人的理性认识以及情感、想象力等有密切关系。

从物质世界到社会真相，"距离"起到重要的意义传播和协调的作用，而"距离"本身也带有意义。社会真相是把"距离"看作沟通的屏障来控制、消解，同时，还把它看作一种"资源"来建构、利用。因此，"距离"是社会信息真相的一种积极的建构性因素，社会真相是一种"距离中的社会真相"。这种积极的距离观认为，距离是社会真相赖以存在的基础，"没有距离就没有社会真相"。所以，社会信息真相度的大小与"距离"有着明显的关联。"距离中的社会真相"是主体头脑中产生的事实与客体之间的接近度，是一种有中介的距离。

社会信息的传播是有多个中介的，在这个过程中，经由不同的中介，就可能丢失信息，甚至对信息进行误读。经由某一中介化过程，就意味着一种"选择性接触"与"程度设置"功能，但对社会信息的选择是具有主体性的，主体会根据自己与中介系统的距离对信息进行再选择性的接触与接受。这样，通过对信息中介的操纵，可以间接地对客观社会事实本身产生影响。所以，社会信息已经成为制造并协调距离的重要一元。因此，在社会信息层面上研究社会真相的"距离"，它就是一种可控制的信息，可以通过信息中介来拉近主客体二者的距离，当然，也可以拉开。

当论及"中介距离"时，就协调主体与客体之间的距离关系而言，就包含了"社会真相中的距离"，这种距离往往指事实和价值之间的距离。主体的社会信息素养，包括主体的组织属性、客观性的建构原则等滞后于客体发展速度，逐步成为制约发现社会真相的瓶颈。互联网的发展、传播手段的改进，对社会信息真相的传播、接受与发展的贡献巨大。对社会真相的探寻和中介系统的发展密切相关，而形形色色的社会信息的传播及其真相的差异，更多的就是不同中介形态所造成的差异导致的。

随着信息科技的发展、客体系统的演化，中介的先天不足和对新信息环境的不适应越来越明显地制约社会信息真相的探求。因此，中介系统的进化与社会信息真相的进化应保持均衡发展，充分掌握中介活动各个环节的运行规律，其对客体的澄明起了十分重要的作用。就距离的性质而言，在分析社会真相中的距离逻辑过程中，无论是时间、空间距离，还是社会或叙事距离、"心理距离"等，对应着的实践中介活动最终都会落实到主客体与中介这"三元变项"之间的距离。因为，"距离中的社会真相"与"社会真相中的距离"意味着当把从物质世界到社会真相看作社会信息"传播"时，其着眼点在于社会真相信息的到达过程，也即强调社会信息的位移过程，其中既包括客体距离，也包括主体及中介距离。这里注重的是对"三元信息变项"的掌控，其目标在于通过控制社会真相中的距离，最大化地接近客观社会事实本身。如此，距离就是社会信息真相达成三元变项之间的理解和互动的空间，贯彻了主客体以及中介三元变项相互符合的思想。

跨文化交往和全球化的进程，有利于不同信息与文化背景之间的相互理解。因此，"跨距离"研究是达成社会真相的共识的重要角度。正如语言是人们的工具，也是人们的界限，对社会真相的信息操作反过来也塑造了自己对社会信息真相的主体认同。总之，"距离"作为一种逻辑的威力，已经影响到了这个时代每一个人的精神世界，成为生活的实践环境。

第三节　主要研究方法概述

列宁曾对认识事物的基本方法作了概括：①力求全面性，必须把握和研究事物的一切方面、联系和中介；②从事物的发展、运动、变化中观察事物；③必须把人的全部实践包括到事物的完满的"定义"中去；④必须注意真理的具体性。因此，社会真相问题的研究主要使用了以下研究方法。

一　哲学的整体论方法

这种方法根本上决定了研究的视角、具体方法、概念、理论体系等的特征。哲学方法具有科学方法论的意义。而哲学的整体论方法侧重从宏观上观察、认识事物，力求从整体上把握事物的结构、功能和联系等。本研究即把社会真相看成一个作为主体的人和客体、中介之间相互作用，各个部分互相依存而构成的一个整体，而主体、客体与中介也只能在整体联系上才有理论区分的意义。

对于社会真相的共识问题，本研究把现实多样的社会真相置于一个整体的社会真相网络之中。基于事物和社会事实，社会真相的共识反映了人们紧密联系在一起，是人类整体的相互关系和相互联系的一种方式，具体社会真相只是复杂的社会真相整体网络中有距离地存在的一个。

二 演绎方法

这种方法更好地把握了理论体系的核心概念、范畴。

在本研究中，人、人的存在为演绎方法的逻辑点，而哲学视域中的信息是人的间接存在。当发现了信息概念之后，就同时发现了物质与精神的转化规律，发现了社会真相问题研究的一个支点，即中介。从而，社会真相研究应该是一种对认识的信息中介论研究。从物质与信息的关系，引出距离概念，然后以距离范畴为出发点，从而开始研究的另一条隐性线索，即对社会真相与距离的关系问题。

三 "质"的一般研究方法

世界上一切事物都具有质和量的规定，质量互变规律是普遍的辩证规律。马克思认为，一门科学只有成功地运用数学时，才算达到真正完善的地步。然而，数学方法也仅仅涉及事物的量的侧面，仅靠数学的方法不能揭示事物的一切方面，达到对事物的全面的、完整的认识，数学方法不能取代哲学方法论。因此，对社会真相的研究纯粹定量分析是远远不够的。本研究定位于历史的、交往关系中的、发展与文化中的、特殊区域背景下的人的"质"的生存与发展及其社会事实、事件，以定"质"的方法推知从信息到社会信息、社会真相的多种、多元因素下的生成与变化。

最后需要说明的是，方法只不过是不同领域、不同生态下的不同表现形式罢了。不同的方法之间也都是对立统一的，所以，不应片面地抬高其中一种方法而贬低另一种方法，关键要把它们各自放在适当的位置。

第二章　社会信息与社会真相

第一节　社会真相概念的"社会信息论"厘定

一　社会真相的范畴

社会信息及其传播视域中的社会真相问题研究的首要任务是界定社会真相概念的范畴。有的学者把社会真相作为实践的范畴。如有人认为，马克思主义哲学在社会信息的传播及其真相上的革命性变革，是与马克思创立实践唯物主义、在哲学观上实现革命性转变相联系的。这种变革的实质在于将过去一直囿于认识论范围内加以讨论的社会真相范畴，置于人的存在论、实践论中加以解决。在这种观点看来，社会真相是一个实践范畴，对社会真相的追求，是人的活动与"价值"相对应的另一个维度。① 还有的学者认为，社会真相的范畴是本体论、认识论、知识论兼而有之。如有人认为，对社会真相属性的考察不应局限于本体论范围内，而应以本体论为基础，在首先承认社会真相是一种观念存在，属于主观世界的前提下，将其纳入认识论、知识论范畴来分析。② 社会真相的范畴较为复杂，不能简单地说属于哪一范畴。

对于"社会真相"，日常的观点认为，没有人及其意识就无所谓

---

① 孙伟平：《论马克思主义哲学的实践真理观》，《学术研究》2005 年第 11 期，第 43 ~ 47 页。

② 封来贵：《论真理的客观性和主观性及其统一》，《上饶师范学院学报》2001 年第 2 期，第 1 ~ 9 页。

"真"与"假";"真"与"假",是与人的存在联系在一起的,在认识论上并提的一对范畴。其实,如果说现实是实存的,人的认识则是虚而不实的,有如水中月、镜中花。意识的虚拟本质决定了它绝不是与物理世界处于相同本体论地位的某种实实在在的东西,而仅仅是观念的东西或者说是符号。之所以要发明众多的语词或符号,就是为了更方便地处理自然,就是为了更全面、更深入地反映现实,揭示现实的本质或规律。如果意识不能超越物质,就不能与物质相区别;概念是与物理世界不同的存在形式,如果认识没有这样一套概念系统,对世界的认识将是不可想象的。爱因斯坦的一句话从反面说明了这个道理,他认为"哲学上和逻辑学上的大多数错误是由于人类理智倾向于把符号当作某种实在的东西而发生的"①。而范·弗拉森在考察了整个西方科学哲学的演进之后意识到,随着 20 世纪二三十年代逻辑实证主义"拒斥形而上学"口号的广泛渗透以及 20 世纪初整个科学哲学领域对当代语言哲学问题的全面介入,使得科学哲学家们理智地改变了对社会真相问题论证的策略,开始以语言为契机,试图在语言范围内消解哲学难题。正是从这一基点出发,他对科学实在论的社会信息的传播及其真相进行了分析和批判。在他那里,经验的界限仅仅在于,"经验给定的只是关于什么是可观察的和现实的信息"②。

所以,把理论的认识论意义实体化,构想出一个理论实体世界或者如工具论者、符号论者用观念或理论的本体论意义代替理论的认识论意义是不对的。其实,对于物质存在来说,意识是有相对的独立性的,意识的独立性是人的认识活动的前提,因为只有这样,"意识才能现实地想象:它是和现存实践的意识不同的某种东西;它不用想象某种现实的东西就能现实地想象某种东西。从这时候起,意识才能摆脱世界而去构造'纯粹的'理论、神学、哲学、道德等等"③。这正说明在进行纯粹的理论思维或符号推演时,不必考虑符号与物理世界机械的一一对应关系,更不必把符号想象成客观存在的东西,但观念或理论因为如实地反映了世界的本质或规

---

① 《爱因斯坦文集》(第 1 卷),商务印书馆,1976,第 286 页。
② Paul M. Churchland and Clifford A. Hooker, *Images of Science*, The University of Chicago Press, 1985, p. 253.
③ 《马克思恩格斯选集》(第 1 卷),人民出版社,1995,第 82 页。

律，可以是真的。

邬焜教授曾在物质和信息双重存在的维度上提出的"四个世界"的理论和"社会信息的三个世界"的理论，也就是世界是一个物质世界和三个信息世界的"四个世界"的理论。这个理论，实际上意味着世界从信息的角度看包括两大信息体，即"自然信息体"和"社会信息体"。社会信息世界中有一部分是已经被人所认识了的"自然信息体"，然而，"所把握认识的永远是这个已经社会化了、人化了的自然，这个自然已经由于这种把握而具有了某些它未被把握之前所不具有的新的质的规定性。它已经在社会的整体中，已经在人的认识中获得了自身和自身认识、自身改造的对应性统一"①。因此，这部分不是本来意义上的"自然信息体"了。前者，"就其本源来它是一个自然发生的现象，它包括从无机界到有机界，从植物到动物的所有未经人力直接改造过的自在信息体，它也包括着自然发育着的人体、人脑本身。它的一个根本的属性特征就是相对于人之'自为''再生'信息的'外在'性，这就是所谓的外在的宇宙、自然信息"②。后者也即社会信息体，包括三个社会信息世界：一个是人所认识和改造了的那部分自在信息（以自在信息体的形式存在着）的世界；一个是人所认识了的自为、再生信息本身的活动；另一个是再生信息的可感性外在储存（人所创造的文化世界）。③ "自然信息体"在未被认识前，从与人的认识关系上来看和认识毫不相干，所以，在一定的意义上这个领域没有"社会真相"。这就是说，"社会信息体"是社会真相的对象，凡是社会真相都必须与它的"真"符合，"真"的认识仅存在于"社会信息体"中。社会真相只是以"社会信息体"为其对象的，换句话说，社会真相只存在于人类社会。

从这个角度来理解社会真相符合论就没有"不依赖于主体、不依赖于人、不依赖于人类的内容"的社会真相了。"符合"首先应是对象信息和认识的主体信息在人类社会中实现了的矛盾的统一，也可以说是在实践中的统一。

---

① 邬焜：《信息哲学——理论、体系、方法》，商务印书馆，2005，第97页。
② 邬焜：《信息哲学——理论、体系、方法》，商务印书馆，2005，第96页。
③ 邬焜：《信息哲学——理论、体系、方法》，商务印书馆，2005，第58～59页。

通过以上的分析，就把社会真相的问题看成一个对"社会信息体"的"真"的认识的问题；与"假"相对，社会真相就是对象的"真"信息通过理论的表达而显露出来。所以，根本上说，"社会真相"又是一种人的认识的"信息问题"，是一个属于信息论范畴的概念。

二　邬焜的"社会信息论"思想概述

在《信息哲学——理论、体系、方法》[①] 一书中，邬焜教授认为，可以将世界中的所有事物或现象具体归属到三个不同层次的世界：第一层次为"客观实在"或直接存在的物质世界的层次；第二层次为客观不实在或客观间接存在的自在信息世界的层次；第三层次为主观不实在或主观间接存在的精神（自为、再生信息）世界的层次。对应于上述三个层次的世界，可以抽象概括出三个不同的哲学范畴，即"物质"、"自在信息"和"精神"；而后两者可以用"信息"这一哲学范畴来具体表示。所以，所有事物或现象具体归属物质和信息。他还从物质和信息双重存在的维度提出了世界是一个物质世界和三个信息世界构成的四个世界的理论，从而，在本体上说明了信息概念的地位。

邬焜教授认为，就存在形式来看，信息有着"三态"，即信息的自在、自为和再生。自在信息是信息还只是以其纯自然的方式，自身造就自身、自身规定自身、自身演化自身，从而展开其自身纯自然起源、运动、发展的历程；信息场以及信息的同化与异化是自在信息的两种基本形式。自为信息是自在信息的主体直观把握的形态。再生信息是思维过程所产生的区别于自在、自为信息的新的信息，它是信息的主体创造性的形态。自然的信息形态经历了不同阶段的进化历程。当原始的、盲目的、自在的信息在自身复杂化演化的历程中创造出一个具有高度自组织、自调节能力的信息体的时候，信息也便会达到自我意识，在自身活动的不断"造化"中，经历了自在、自为、再生的漫长发生、进化过程，在社会信息中达到了自身完成的本质的统一。因此，在有人的意识参加的人与自然、人与人的交互作用中，信息"三态"总是在人的类、人的类意识、人所依赖的

---

① 邬焜：《信息哲学——理论、体系、方法》，商务印书馆，2005。

自然环境这三者所构成的整体系统中统一着。这个整体系统就是社会，在此社会中显示着的"三态"信息的统一就是社会信息，它是已被人类认知把握，以及人类创造出来的那部分信息世界的总称。

邬焜教授又认为，任何物体首先是一个具有内在结构和状态的物质的直接存在形式，所以，由这个物体所产生的信息场，必然首先以该物体本身的直接存在为其显示的第一层级的内容。但是，任何物体又都已经信息体化了，所以，当物体自身的结构和状态在信息场中显示出来的时候，凝结在这个结构和状态中的信息也便一同显示了出来。这些在物体中凝结着的信息的显示比该物体的直接存在的显示更具间接性，所以，这部分信息便是信息场中显示着的第二层级的内容。信息的这两个不同性级的质，还仅是在自在信息的范围里被规定的。当意识的能动作用对信息在相互关系中的属性考察不是以客观为准绳，而是以主观为规定时，信息就具有了第三性级的质的意义。信息第三性级的质是人类认识赋予信息的一个崭新的创造性的主观关系的质，它有可能在认识中将外界信息普遍抽象化、符号化，从而纳入普遍的相互作用和关系之中。

社会的范围规定着社会信息的范围，这就产生了三个相应的社会信息世界：①人所认识和改造了的那部分自在信息（以自在信息体的形式存在着）的世界；②人所认识了的自为、再生信息本身的活动；③再生信息的可感性外在储存（人所创造的文化世界）。就社会信息的"信息世界一"来看，无论哪一部分都在人的认识中被自为把握着。而信息体一经被认识把握，就必然同时被意识揭示出它那丰富的第二性级的质的内容（当然，不是全部）。由于信息体在人的认识中一般化、符号化，被人为地赋予了某种认识意义上的约定，这就使它们具有了第三性级意义的质。对象和意识构成了一个统一的系统，这个第二性级的质就在这个系统的认识结构中被部分揭示，而第三性级的质也在这个系统的认识结构中被约定。

社会信息的"信息世界二"和"社会信息世界三"，究其实质，都是从人的意识的意义上成立的，前者是主观意识活动本身，而后者则是主观意识的客观储存。人的意识本身既反映着信息的第一性级的质的直观内容，同时也揭示着这一内容中所凝结着的复杂的客观自然关系，另外，还必然使这两个层级的信息内容普遍概象化、符号化。这样，只要是在人的意识中反映着的信息便必然是"三质"同具的一个统一的整体。当这个意识中的信息被编码为文字、艺术、语言而客观储存、传播的时候，意识信息的这种"三质"统一性也便同时被储存和传播。

从意识的角度来分析，外在储存、传送的符号本身是信息第三性级的质，而它所揭示的内容却是信息第一、第二性级的质。但是，反过来，如果从作为社会信息的"信息世界三"客观存在的形式来看，也可以认为符号的形、色、声是信息第一性级的质，而其中内含的意义才是第二、第三性级的质。如此看来，这个"信息世界三"达到了信息"三质"统一的互逆的完满性。

三　从社会信息到社会真相

社会信息，作为一种符号与意义的组合，或者说有意义的信息是相对于人及其社会存在而言的，这里的"人"可以是一个人、一群人、一国人，也可以是全人类。"信息"一词在中文文献中流行是20世纪80年代以后的事了。"符号"的意义较直观，因而易于理解，例如中文汉字、英文语词、口语发音、哑语手势、基因组合等都是"符号"。但对"意义"的意义进行说明就要抽象得多、难解得多了。从一个侧面可以说，意义就是一种社会信息。

邬焜教授关于社会信息概念的研究体现了一种对信息分类的"三分法"，对社会信息的"三分法"认识，在历史上也有其痕迹。比如，至少在2500年前，在中国，儒家已经意识到了对社会信息加以切分的必要。孔子就使用的是"仁、知、勇"的概念，"仁"是孔子思想的中心概念之一。"仁"可被解释为一种人生目标类信息，"知"可被解释为对客观外界信息的了解，"勇"可被解释为与行动意愿相关的信息。孔子关于"仁、知、勇"的概念认识，反映了在他生存着的社会中意识到有必要区分关于目标、关于外界和关于行动的三种社会信息。同样，在公元前12世纪至公元前3世纪之间的漫长岁月中渐次成形的犹太教《圣经》（即天主教《旧约圣经》）中大量使用了"真"（true）、"善"（good）、"美"（beautiful）的概念，这对整个欧洲的文化意识产生了深刻影响，对真、善、美的追求也随之成为西方文化的一个重要部分。近代以来，欧洲的孔多塞（Jean Antoine Condorcet，1743－1794）与韦伯（Max Weber，1864－1920）都曾讨论过真、善、美的概念。

把社会真相理解为关于"真"的"理论"应该是没有什么问题的。"理论"作为一个学术上的重要概念，至晚从20世纪20年代起就已开始流行，至今仍然是一个常用词。回过头来看，大多数作者笔下的"理论"，可以被看作社会信息的一种，可以认为，凡内涵比较复杂或意义比较重大的社会信息或其组合往往被称为"理论"。"理论"的内涵与外延应该包含"社会真相"。"理论"是比较复杂或意义比较重大的社会信息，因此，并不是任何关于"真"的"理论"都可以称为社会真相，而就"理论"又作为一种信息而言，社会真相其实是"社会信息真相"。

马克思把社会真相问题研究域从纯粹主观的领域、概念的领域、仅仅知识论的领域，拓展到人类社会的现实的、历史实践的领域。因此，社会信息的传播及其真相是人们对事物、对象的整体的、系统的、过程性的把握，并且是它们之间的相一致、相符合。重要的是，马克思根据人的全面、自由发展的总的价值观，探讨社会真相问题，使社会真相问题与整个人的全面发展，与整个社会的、现实的全面进步密切联系起来。在信息哲学视野中，信息既是客观的，又可以是主观的，比如，自然信息是客观信息，而精神或者意识作为信息则是主观的。这样，信息就既有主观性又有客观性，因此，成为自然、物质与精神、意识的中介存在。所以，要从人与自然的实践中介以及认识主客体及其信息中介的辩证运动关系来探讨社会信息真相的生成与证明。也就是说，社会信息真相就是在主客观、物质与精神的统一中实现了的一种特殊的社会信息体。

基于以上的思考，在社会信息及其传播视域中，关于社会真相的概念可以作如下界定：社会真相是适合实践的、关于"对象"的同构模拟，是多重传播中介建构的社会信息。对这一概念的信息厘定的具体内涵有如下三个方面。

第一，社会真相是适合实践的社会信息体。这是社会真相的本质存在。生活的观点、实践的观点，是马克思主义认识论首要的和基本的观点，实践观点对于马克思主义哲学有着重要意义。在前面，已经说明了社会真相问题是一个在信息论范畴里的问题，"社会信息体"是社会真相的对象，凡是社会真相都必须与它的"真"符合。从这方面看，存在的关于"真"的"理"即社会真相，只存在于人类社会。如此来理解社会真相符合论，就是指对象和认识在人类社会中实现了的矛盾的统一，也可以说是在实践中的统一。这意味着，社会真相的本质，要在关系中、运动中来理解。社会真相不是纯粹的自然，或者自在、自然信息，更不是"上帝"和"绝对"的化身了，它总是关乎确定的对象，是它所关联的对象的社会存在。

第二，社会真相是一种同构"模拟"。社会真相的创造性根源于社会真相中的再生信息作为人思维创造的结果。在社会信息真相建构的过程中，认识主体出于各种不同的目的通过抽象的相似性而使用不同的模型表征世界的某些方面，所有的模型受到特定主体旨趣、意向与视角的影响，不存在一种完全、直接地表征世界的所有方面的模型或理论，这不仅涉及世界的复杂性和社会信息真相的现实有限性，还在于对世界诸方面的界定与选择取决于主体创造性。因此，对象与本体的关系是一种信息同构关系。正如维特根斯坦在其《逻辑哲学论》中认为："命题是现实的图画。命题如所想象的那样，是现实的模型。"在他看来，命题的真假依赖于是否符合现实，认为"要知道图画的真假，必须把它与现实相比较"①。

不论是数学结构还是物理理论，抑或经验世界的信息系统，甚至是人类的思维认识系统，都可以映射到其他系统而实现同构变换。由于事物的结构系统是多重的，而不是单一的，而且事物可看作结构信息的整合，类似于数学上的等量代换，相似结构信息之间可以相互转化、相互取代，因而事物存在着同构性与统一性。所以，基于社会真相的对象与本体之间的同构映射关系，实现了社会真相认识与认识对象之间的符合，不过，这种符合本质上是作为一种模型而存在的。特定的模型是由其特定关联所给定的，由于所模拟的特定部分与实在或者说对象的某些要素相符合，因而能够间接地获得社会信息真相。可见，对社会真相的探索很大程度是利用了那些对实在描述的模型结构。可以说，这种同构模拟在拯救了对象的同时

① 徐友渔：《"哥白尼式"的革命》，上海三联书店，1994，第290～291页。

又超越了对象，体现了一种构造经验主义的自然主义倾向。

第三，社会真相是由多重传播中介建构的。在实践中介活动中形成的关于对象及其本质和发展规律的正确认识不是一种非中介化了的直接认识过程，而中介本身也不是一个又一个单纯存在。比如，没有绝对的单个认识主体，认识主体总是社会主体。从形式上看，社会信息真相主体是某个具体的人；但是，从信息视角来看，这个人之所以能获得社会真相，只是在于他已经是多重传播中介化了的信息体。

这个定义力图对"社会真相符合论"作新的理解，以揭示传统的那种象征着确定性、绝对性的社会信息的传播及其真相的缺陷，从而在本质上打碎预设社会真相的僵化框架。这样，"符合"既是符合，也是不符合，是符合与不符合的统一；"符合"是一个辩证的不断深入的过程。近似性是社会信息真相的具体特征表现。社会真相对于对象的历史的反映是近似，对于对象的现实的反映也是近似，对于对象的未来的反映更是近似。主体、客体与中介以及其他相关的因素，都处于变动的过程中，所以，社会真相与对象之间诚如恩格斯所言，是永远也不会相交的"两条渐进线"。因此，作为认识结果的社会真相，就必然只是一种模型，不可能完全地再现对象。

总之，人们的认识与实在之间存在着一种障碍，正是基于对这一障碍的消解，提供了从社会信息向社会信息真相飞跃的动力。如果说社会真相能消解与实在的距离的话，那么很明显，社会真相与实在之间的关联就很可能是一种非常不完整的关联，如此，"非确定性"是社会真相的本质所在。

第二节　社会真相：从"两极对立"到"三元信息变项"

对于讨论什么是真的或者真实的，包括社会真相，一般认为是主体对对象之真质及其规律的正确掌握。然而，仅仅简单地认为"思想与客体一致"的观点没有看到社会真相问题研究的两个前提，是肤浅的。社会真相内容的人类学特征与实践属性是社会真相问题的两个基本研究前提。社会真相作为人的认识显然和人有着天然的联系，社会真相当然有着人类学的背景。马克思认为，"从前的一切唯物主义（包括费尔巴哈的唯物主义）的主要缺点是：对对象、现实、感性，只是从客体的或者直观的形式去理解，而不是把它们当作感性的人的活动，当作实践去理解，不是从主体方面去理解。所以，和唯物主义相反，能动的方面却被唯心主义抽象地发展了，当然，唯心中心是不知道现实的、感性的活动本身的"①。

我们理解的社会真相对"真"的反映不是"从客体的或者直观的形式"开始的。有学者认为，"直观认识论主要有这样的几个特征：一是轻视实践，不懂得实践对认识的决定作用；二是抹煞人的主观能动性，否认认识的反作用，只强调客观决定主观、主观服从客观，看不到人可以能动地作用于客观；三是不懂得人的认识是一个从现象到本质，从初级本质到二级、三级本质的深化的过程，是一个曲折复杂的能动的辩证发展的过程，而把认识看成是一个直观被动的反映"②。从信息哲学唯物辩证地看，人的信息活动是在生物种系进化的过程中不断、次第建构和发展起来的，人的信息活动以某种全息综合的方式将所有层级的信息形态具体地映射、包容、统一起来。它分为五个基本的层次：一是信息的自在活动；二是信息直观识辨；三是信息记忆储存；四是信息主体创造；五是主体信息的社会实现。人类思维创造的再生信息，首先是以纯间接存在的形式通过主观关系的设计在人脑中被产生出来的，并且在主观上认识者也能把它所体验着的记忆表象与那个对应的客体具体地统一起来。如果说感知识辨和记忆储存的自为信息还保持着与认识对象的直观对应性的话，那么，作为主体创造的再生信息的概象信息和符号信息则已经超越了与具体对象直接的直观对应性。③

正如有的学者所说的这样，"社会真相"绝不是纯客观的，也不单纯是知性思维活动的产物，更不能机械地把它视为对客观对象的反映、摹写、复制，如同照相那样。社会真相的追求与获得，必须通过主观感受

① 《马克思恩格斯选集》（第 1 卷），人民出版社，1995，第 54 页。
② 林源：《关于突破真理论视界的商榷》，《哲学研究》1996 年第 8 期，第 33～39 页。
③ 邬焜：《信息哲学——理论、体系、方法》，商务印书馆，2005，第 110～111 页。

性。主观感受性规定了"社会真相的导向"，导致了"纯客观的超越"，完成了"价值的升华"。"导向—超越—升华"形成了社会真相的感受与追求的全过程。① 所以，社会真相的内容有其人类学特性，应该充分重视人在社会信息真相生成过程中的主导地位。

社会真相内容的人类学特征意味着，必须把对社会信息真相结构的研究置于实践的结构中去考察。当然，有的人提出疑问，哲学常识告诉我们，大千世界，只有物质世界、外部事物才是客观的，才具有"三不依赖"的特征和品质，除了客观事物，世界上不存在什么不依赖于人或人类意识的东西。而社会真相的内容具有客观性，又不是客观事物，那它到底是什么呢？② 这样的疑问在于对客观性的理解上存在片面性，绝不是任何客观存在的东西都可以称作社会真相。正如有学者分析的，只强调"社会真相"先于人或外在于人的客观存在性，甚至可以说是与人无关的，但未能就"属人的"事物是否构成社会真相加以明确表态。这样，对"社会真相"的界定虽然与唯物主义客观性原则不相违背，但没有达到实践唯物主义的高度，在这里社会真相被混同于一种纯粹的"自在之物"。③ 马克思曾说："凡是把理论引向神秘主义的神秘东西，都能在人的实践中以及对这个实践的理解中得到合理的解决。"④ 实践是人的根本存在方式，社会真相的内容是源于实践的，于是，实践的结构从根本上规定着社会真相的结构。一般来说，实践的宏观结构是由实践主体、工具及实践对象"三要素"构成的。这样，构成社会真相认识的结构就有三元基本变项，即客体、中介、主体。"三元"的沟通，相互作用、相互转化，就实现了认识世界与改造世界的过程。需要说明的是，这里的主体、中介和客体三元的关系之所以可以看作并列的，是因为只是在一个具体社会真相认识过程中，暂时把三元都看成是构成同一认识过程的、具有相对独立的质的规定性的变项。但另一方面仍然在统一中有区别，在区别中有统

---

① 萧焜焘：《真理妄谈》，《江苏社会科学》1998 年第 2 期，第 66～69 页。
② 李校利：《"客观真理说"的内在矛盾》，《汉中师范学院学报》1995 年第 1 期，第 21～27 页。
③ 孙伟平：《论马克思主义哲学的实践真理观》，《学术研究》2005 年第 11 期，第 43～47 页。
④ 《马克思恩格斯选集》（第 1 卷），人民出版社，1995，第 56 页。

一；而主客体二元的对立是有中介的对立，双方的联系也是有中介的联系。

其实，认识既然是一个主客体相互作用的过程，它就不应当仅仅是主客体这样简单的两极对立。认识过程"把它赖以产生的主体和客体，以及主客体相互作用的种种中介因素（客体及其环境的信息场、工具、主体神经的和认识的结构）都看成是先于自身存在着的先决条件"①。以往的关于"真"的理论研究多是以主客体二元对立的矛盾关系为出发点的。这样，主体与其所认识的客体就构成了一个同一认识过程的矛盾着的两极。所谓认识，就是在这个两极的相互作用中产生的。于是，在这样的主客体两极对立的思维模式下，根本上说，认识尤其是社会真相认识的结构中其实只存在着"一元变项"，即客体。所以，在社会真相认识的讨论中，符合论、融贯论、实用论、"T约定"等都不能令人满意，而其原因就在于它们在对社会真相认识的研究中仅考虑到了"真"是"承载真者"（比如语句）和"使之真者"（事实）之间的关系。比如在符合论中，英美哲学家们把事实指派给了"使之真者"，语句被指派给"承载真者"，"真"是两者间的符合。哲学家们对社会真相结构的研究强调了"语句"（语句具有信息中介的意义），似乎忘却了更应强调的社会真相结构中的另一元——"主体"。

社会真相是主体认识活动的产物。在认识论意义上，社会真相不是指自在的客观实在，或者说是客体一元的物质存在，但也不是指主体单纯主观的思维形式，只有当客体一元经由中介传播转化为主体思维的内容的时候，才谈得上社会真相。很明显，社会真相是主体、客体以及中介的三元相互作用的产物。如此，社会真相的距离逻辑就是要达成三元变项的理解，提供互动的空间，贯彻三元相互适合的思想。社会真相的三元变项中其距离关系至少可分为如下几个层次：①主体和客体之间的距离。无论主体有多强的理解能力，也无法完全穷尽客体的意义，因为客体是独立自足的，其意义也是自足的。就是说当客体被主体制造出来之后，就获得了相对独立性。②主体和中介之间的距离。③客体与中介的距离。客体是经

---

① 邬焜：《信息哲学——理论、体系、方法》，商务印书馆，2005，第183页。

过选择加工的现实，它不可能完全再现原貌，所谓"仿真说"的理论可以对之作出解释。④中介之间的距离。中介系统各有其自身的语境。⑤主体与主体之间的距离。比如，主体之间最常存在的一种距离——心理距离，为了实现这种心理方面的距离，主体往往会通过叙事来控制。例如，按照社会真相的客观性原则，主体往往在诸如叙事的角度上有意拉大距离。

社会真相的距离逻辑关系表现为以传播中介为中心展开，体现了主体与客体在传播中介之中通过距离"交往"的特点，主体需要完成的是立足于如何理解、如何把握"距离中的社会真相"，从而使客体更加丰富准确。在社会真相认识过程中，主体必须发挥自己全部的实践能力和认识能力，运用实践和认识的一切传播中介，在大量的正确的感性信息的基础上，再经过大脑的加工制作，即"当客观事物及其本质和规律通过一定的传播中介以信息的形式被输入主体的头脑中转化为思想的内容时，要通过主体思维的操作活动，对信息进行加工制作，把它归入一定的概念、范畴、判断等等，并按照一定的理论框架或逻辑结构加以组织和构建，才能形成系统化的理论体系"①。因此，客体主体化与主体客体化是一个发生、发展着的过程。主体和客体是内在关联、不可分割的，它们的界限也是辩证的，在社会真相问题的理解上，片面强调主体尺度或者片面强调客体一元，都是片面的。只有从全面把握主客体、扬弃两极片面性的实践中介出发，才可能对社会真相的生成、发展和性质、属性作出合理的解释。

构成社会真相认识结构的三元变项又都是以信息的凝结为其现实的、具体的存在，也就是它们其实是三元"信息"变项。

社会存在具有物质与信息双重存在的意义和价值，亦即社会世界可以分为物质世界与信息世界两种存在。一方面，世界统一于物质，信息世界派生于物质世界；另一方面，信息世界对物质世界的进化有巨大的反作用。在当代，人类社会实践的社会化、信息虚拟化程度越来越高，将越来越不直接地从事物质实践中介活动，因此，虚拟实践越来越占主导地位，

---

① 赵凤平：《论真理的矛盾性》，《大连教育学院学报》1999 年第 1 期，第 46～52 页。

并对当代人的生存状态产生深远的影响。虚拟实践之所以可能，就在于实践的信息规定。目前，实践的物质规定在我国学界很大程度上已达成共识，而随着知识和信息经济的崛起，随着社会的信息进化的加速发展，信息在现代社会生产中的重要作用日益凸显，所以，信息概念的革命性意义应该在实践问题的理论上得到足够的重视。从信息哲学的视角来看，正如邬焜教授指出的，实践中介活动有着双重规定，也就是物质规定和信息规定。因为，在实践结构中，每一要素的内部结构都是以物质因素和信息因素为硬要素和软要素。比如，从工具的内在结构看，一种是作为物质态存在的，一种是作为信息态存在的。"主观工具即认识、改造对象的主观方式和方法。这类工具是潜存于劳动者主体之内的，作为劳动者的软件（信息）构成而被具体规定的。"同时，"客观工具已经成了劳动者的相关知识、技能、方法的物化信息凝结体。作为主观信息的物化凝结体，客观工具的本质便不能简单由其物质承担的因素方面来规定，而只能由其所凝结的主观信息的因素方面来规定"①。

这样，在信息认识论看来，主体首先是一个特殊的信息体存在，"认识主体的产生必须以信息凝结为中介"，而且，"个体认识结构的建构仍然必须以信息凝结为中介"。在认识过程中，感官也并不与认识对象直接接触，"主客体的相互作用首先被各种不同的信息场所中介着"，而在很长的一个哲学历史时期，这个"中介"问题被先验论者和经验论者简单地、形而上学地回避了。真正使认识构成一个现实的过程必须有主客体之间的"传播中介"，而这个"中介"不是别的，正是"信息"。正是"信息"在多重意义、层次和尺度上构成了人的认识发生和过程展开的中介传播环节。现代物理学揭示了构成物质的基本粒子不断地在进行粒子辐射，而粒子相互碰撞时普遍存在着粒子交换和粒子反射，就使任何物质都存在着一个不断运动变化着的"物质场"；物质场显示了另一种存在的间接存在性，即信息场的存在。在认识论意义上，物质只有通过信息场才能显示其自身的存在。因此，所谓认识不过就是具有信息意义的客体和主体

① 邬焜：《信息哲学——理论、体系、方法》，商务印书馆，2005，第330页。

经由中介传播信息所发生的相互作用过程。①

所以，社会真相其实是作为一种特殊的信息活动存在的，它是客体、主体与中介三元的信息循环反馈的结果。只有把握住这社会真相结构中的"三元信息变项"，才能真正坚持马克思主义实践观下的社会真相认识的符合论。

第三节　社会真相的三元信息差异建构

一　相互作用与差异

相互作用与差异是社会信息真相三元建构的动力机制。社会真相的本质是认识主体与世界的相互作用，社会真相的对象并不是等待人去发现的现成的对象，而只有当在世界之中的主体与客体和各种传播中介发生内在相互作用时才得以凸显。在这个过程中，客体对象本身并未进入对之进行认识的主体，能够进入主体意识的仅仅是已在诸多传播中介中几经变换、选择、建构过了的关于客体对象的信息，而对象的信息又只能是通过某种差异关系的对应呈现的。如此，社会真相又成为人可以从某种视角进行理解并能进一步加以操控的实践力量。这就是社会真相建构论研究的核心。

谁能赋予社会真相之真以合法性？表征主义的认识论和理论优位的社会信息的传播及其真相认为社会真相是独立于主体而存在的，但由此在存在论与认识论之间产生了一系列难以逾越的鸿沟。为了跨越存在论与认识论的鸿沟，逻辑经验主义企图诉诸经验观察，而观察渗透理论的论点迫使从形而上学层面进一步反思表征主义的认识论的局限性。表征主义的认识论实质上是服务于抽象的大写主体的认识论，尽管人并未因上升为大写主体而成为具有超越、透视能力的造物主，却被赋予像上帝那样站在世界之外观察而不介入世界的姿态，这种隐藏着"上帝之眼"的社会信息的传播及其真相，实质上是基于本质主义的外在存在论和构成性的实体实在论，并进一步导致了独断论。这种思想必将以获得世界的唯一本质为目

① 邬焜：《信息哲学——理论、体系、方法》，商务印书馆，2005，154～167。

标。人的社会真相关系并非表征主义所暗示的那样为词与物的简单映射关系，其本质是人与世界的相互作用，只有当在世界之中的人与各种物质性力量发生内在相互作用时才能跨越这个鸿沟，使世界通过相互作用加以理解和操控。吉尔指出，尽管一些人的色觉有别于一般人群（如红绿色盲或只能感知黑白灰度者），但只能说一些人的色觉比另一些人更丰富，而不能说某种更正确，而且它们之间并不能相互转换。其原因在于，颜色与其说是对象的属性，不如说是对象与特定的视觉系统相互作用的结果，或许人们的视觉系统所提供的特定视角不同于他人，却不易相互比照。据此，吉尔认为，与人的视觉系统类似，仪器仅仅对某些特定的信息输入敏感，而可能无法感知其他输入，而且仪器的输出是由输入和仪器的内部构造共同决定的。①

其实，马克思早就从实践的范畴出发，明确地指出主体改变客体并使其转化为人的力量，社会真相认识过程是人的实践过程的内在组成部分。在马克思主义哲学视野中，作为认识对象存在的人化自然不是抽象、纯粹的自然，不是等待人去发现的现成的存在，而是在具体的实验和观察中由人参与其中而呈现的可以感知、描述和操控的现象。这就是说，社会信息真相是复杂的矛盾关系体，是多种要素、方面、规定的对立统一关系，是在人与世界相互作用的互动关系中生成的。

社会信息真相的三元建构表现了社会真相的唯物辩证法本质和社会真相本质属性之间的内在本质关系，因此，社会信息真相是一种复杂的生成性的关系态存在；多元变项信息只有在特定差异关系中才能被人们所辨识、所认识。可以进一步讲，没有差异关系就没有信息，没有信息之间的差异关系就没有对信息进行辨识性认识的信息显示和对社会真相信息的把握。因此，在实在论的研究中，多元论者不得不放弃外在论或形而上学的实在论，转而沿着普特南的内在实在论（internalist realism）的理路，提出了能动者实在论（agential realism）等基于主体的能动因（agency）与世界的相互作用的整体论意味的参与实在论。女性主义者巴纳德（Karen Bard）认为，② 应以操作性的形而上学（performative metaphysics）取代表

① Ronald N. Giere, *Science without Laws*, The University of Chicago Press, 1999, p. 7.
② Karen Bard, Posthumanist Performativity: Toward an Understanding of How Matter Comes to Matter [EB/OL], http://www.nchsr.arts.unsw.edu.au/TwoCultures/Barad.pdf.

征主义，主张所面对的世界建基于能动者的内在相互作用（agential intra-action）。受到康德的物自体与现象二分和玻尔对量子测量的解释的启示，巴纳德指出，首要的认识论单位不是独立的客体而是现象，而能动者实在论的主旨在于强调现象不是观察者与被观察对象之间的区分标志，而是基于能动者内在相互作用的不可分割的存在论构造，或者说现象是存在论意义上的原初关系——没有预先存在的关系者的关系。

因此，鉴于还原论重实体、轻关系和过程，对关系与过程做某种局域化和静态化的处理的弊端，从社会信息真相作为一个三元变项建构的关系体而言，需要在"差异"中把握三元变项关系及其过程，也即提倡"多元求异"。首先将实体复原为异质性的关系与动态过程网络，也即应该将实体视为导致整体关系与过程的结果，而不是将关系与过程视为实体的属性，唯有如此，才可能获得对整体的认识。社会真相的三元信息变项的差异建构根源于物质的普遍差异性。任何物体，一方面，比较于其他物体具有无限差异性；另一方面，作为本身，它又存在着内部成分、结构、层次的无限差异性。由于这两方面无限差异性的存在，使任何物体所产生的场都会具有与其他物体所产生的场相区别的差异的结构、状态和特性，从而也赋予了物质场携带显现本身与他物、与自身无限差异的特质信息。

任何社会真相的认识都只能首先是在主体的认识结构所提供的思维模式的规范下进行的。应该说，认识结构模式在不同的人甚至同一人的不同时期都存在着普遍差异性。这种差异性便造成了不同个体及其不同时期的社会真相活动的不完全同一性。"仁者见仁、智者见智"并非只是一句无关紧要的俗语，而是生动揭示了由主体认识结构的普遍差异性带来的人的认识的普遍差异性这一事实。需要说明的是，这种社会真相认识的相对性不仅仅是指人的认识是相对于人的肉体结构而成立的，而且是指相对于人的历史的、社会的认识水平和程度而成立的。这种历史的、社会的认识水平和程度既取决于主体及其所采用的传播中介手段的认识水平和程度，又取决于人类认识与实践的客体本身发展的水平和程度。我们应该坚持的是主体、中介和客体三元变项的社会的、历史的统一。

下面，将进一步说明在社会信息真相结构中的三元信息变项。

二　社会真相信息结构中的传播中介

对社会真相的探寻，与社会真相的"距离和中介'系统的发展密切相关。从口语时代到文字时代、从印刷术到计算机的发明，社会信息传播速度不断加快，覆盖面不断扩大，同时，人类所接受与处理的信息量也不断增大。在当今的"地球村"，时间与空间距离获得突破；网络中介系统的进化，对现实世界的影响、事件、人物进行加工、取舍，为我们建构一个社会真相的"虚拟环境"。传播中介对物质与社会真相，或者说主客体"距离"的塑造就是把"距离"看作沟通的屏障来控制、消解，还把它看作一种"时空资源"来建构、利用。"中介距离"就调控主体与客体之间的距离来说，这种中介距离已包含了中介的支配性地位的含义。

由于中介对社会信息真相创制具有巨大影响，使社会真相对传播中介有着天然的依赖，在社会信息真相的内容中，一定程度上，传播中介是决定社会真相信息创制的核心。因此，首先讨论一下社会信息真相结构变项中的中介信息。

马克思说："如果事物的表现形式和事物的本质会直接合而为一，一切科学就都成为多余的了。"[①] 这说明了一个事实，即任何直接存在之物都首先是通过外化信息场来显示自身的，而所有的信息场都只是在信息的多级运动过程中表现出来的现象。信息场的这种信息多级运动产物的意义，导致了作为直接存在的信息的间接性程度越来越高，信息的显示比该物体的直接存在的显示更具间接性。所以，一方面，古往今来的哲人大家尽管给人认识能力、人的主体地位以充分的肯定，但在一定意义上人的认识能力确实是很有限的，世界客体有太多对人来说神秘的东西。而科学研究也表明，人在视觉、听觉、嗅觉等方面，还不如动物灵敏。所以，人类为了实现对神秘的世界客体的认识，获得对象的社会真相信息必须"善假于物也"。也就是说，认识信息活动是一个系统，不仅有主体、客体，而且还必须具有沟通主体与客体的手段，即工具中介。列宁曾摘录过黑格尔在《逻辑学》中的这样一段话："在探索的认识中，方法也就是工具，是在主体方

---

① 《马克思恩格斯全集》（第25卷），人民出版社，1974，第923页。

面的某个手段，主体方面通过这个手段和客体相联系。"① 通过列宁摘录的一段话说明方法与工具关系，也说明了传播中介之于认识活动的重要意义。

不可否认，由于科学的发展，科学实验与观察都需要仪器、工具等中介。既然这诸多中介传播环节本身的变化和发展是认识本身变化和发展的原因，那么，主体对客体认识的规模、程度和样态就不能不依赖于这诸多中介传播环节本身。的确，特定的工具中介只对现象的某个方面是敏感的，并不存在一种能够记录自然对象和过程的所有方面的仪器。在量子世界里，测量活动的观测仪器与测量对象间的相互作用使两者不可分割，意味着只能在特定的中介情境、视域和视角下，通过对现象的作用去把握社会真相。其实，中介信息参与、影响到了对象信息本身。在实验哲学、新经验主义研究中，就强调了科学仪器、工具和技术在实验和观察中所扮演的介入者和调节者的重要角色。新经验主义认为，实验及其技术过程使得自然对象和过程首先被纳入一种可以控制的运行机制之中，进而转换为一套由常量和变量构成的模型，而模型在实验中既是"技术的"又是"认识的"——它们用"某物如何工作"来描述"某物为何"。② 哈金指出，实验为科学实在论提供了最有力的证据。这并非因为可以验证关于实体的假设，其原因在于那些原则上不可观察的实体可以被有规则地操控并进而用于产生新的现象和探究自然的其他方面。它们是用于行动（doing）的工具和仪器。③ 皮克林和哈金还进一步主张将假说、仪器和理论模型视为一种整体性的弹性资源，认为它们在实验中体现出的相互包含、调节乃至博弈构成了一种连接信念、理论和行动的整体，将朴素的实体实在论提升为一种"知行整体论"。"人们的理论至多对于那些从仪器抽象出来的现象来说是真的，而这些现象的产生就是为了更好地契合理论。仪器运作中所发生的修正过程，无论是物质性的（对其进行固定），还是智力性的（对其进行重新描述），都在致力于人们的智力世界和物质世界的契合。这就是科学的稳定性。"④

---

① 列宁：《哲学笔记》，人民出版社，1993，第189页。
② Karl Rogers, *Modern Science and the Capriciousness of Nature*, Palgrave, 2006, pp. 2 – 58.
③ I. Hacking, *Representing and Intervening*, CUP, 1983, p. 262.
④ 〔美〕A. 皮克林：《作为实践和文化的科学》，柯文、伊梅译，中国人民大学出版社，2006，第59页。

即便是像速度、温度、时间这些基本的概念也只有在仪器、工具等中介传播环节等成为可实现的技术之后，才成其为科学社会真相的概念。事物并不是随随便便就向人们呈现它自身存在的真相的，要认识特定的事物，要认识特定事物的特定层次、特定方面的社会真相信息，就必须运用与之相适应的认识工具、仪器、设施等中介。探索社会真相的活动越来越呈现出它的本质并非如自然之镜一般被动地反映现成的世界，而是在仪器与工具（包括计算工具）所允许的水平上介入对象、影响对象。应当说，由于人类发明了延伸自己本质力量的中介系统，从而大大超越了人类认识器官的局限性。

社会信息真相中不可避免的中介信息正是根源于实践中介活动的合中介性。"劳动，就其起源来看，它是由于在动物和自然相互作用的关系中增加了一个中介传播环节——工具而开始的。劳动的目的性和借助于工具与自然对象发生作用的性质，不仅规定着人之所以为人的本质，而且也规定着劳动中人与对象发生作用的间接性。"[①] 在劳动实践中，实现对象的客观规律的观念化转换，需要属人的方法、工具为核心的现实的工具中介，以克服主体生理及其认识活动局限。由于"已经得到满足的第一个需要本身、满足需要的活动和已经获得的为满足需要用的工具又引起新的需要"[②]，实践从不断扩展着的需要中得到不断的扩展。实践中介活动往往是具体的、特殊的，这其实也根据不同的中介选择，因合中介的不同规定性而具有特殊性。这一特殊性表明，主体只能将其中一部分被改造的对象的规律现实化展开。

从人类认识发展史来看，认识活动的传播中介是从无到有、由少到多、由简单到复杂、由低级到高级的发展过程。而由于人类在不同社会历史阶段具有不同的生产力水平，便从根本上决定着认识活动具有不同程度的传播中介，这是从纵向来看的。从横向的空间范围来看，尽管认识主体处在同一历史阶段，但由于生产力水平的不平衡性，认识活动的传播中介也会具有一定的差异性，这种差异性就直接决定着每

①　邬焜：《信息哲学——理论、体系、方法》，商务印书馆，2005，第321页。
②　《马克思恩格斯全集》（第3卷），人民出版社，1950，第32页。

一时代与同一时代的获得与处理的信息的差异。一般说来，认识活动中介系统的信息化程度越高，越有利于人类更好、更多地揭示和获得社会的真相信息。

三　社会信息真相变项中的主体

距离逻辑不仅是人都能感知到的具体的时空存在，同时又是社会、文化与心理等差异的体现，它的核心概念是"心理距离"。这种"心理"并非先天规定或随时加载的，而是后天学习或实践沉淀下来的结果。换言之，这种心理距离在于它不单代表个体心理，更是一种文化心理或者主体性的体现，因此，社会真相与距离关系问题的核心在于主体之间的距离。需要注意的是，随着网络传播技术的兴起和虚拟主体的出现，传统的"主体"概念及其内涵已经发生了重大的变化，原来比较容易辨别区分的人际、群体、组织等类型之间的界限正在模糊。换言之，现在的主体已经带有越来越多的群体、共同体的特点。

那么，什么是主体？传统观点认为，只有用实践的方式把握了客体世界，实现了人的活动，使人的意识外化为实在的感性的对象性活动，人才成为现实的主体，人的主体地位才能得以现实地确立。而随着生态文明的兴起，更重要的是看到了环境危机，从而在对人的行为及其理论的反思基础上，也有学者突破实践的界定，强调"自然主体观"。从信息角度看，凡是存在着信息活动，发生着相互作用的双方都是作为"主体"而存在，对主体问题的研究不应该是以人为本体的方法。因为信息相互作用是客观世界中普遍存在着的，并且，客观世界中普遍存在着的"主体"间的相互作用关系又是人类据以产生并能展开其主体性活动的基础。自然的主体地位与普遍发生着的主体间相互作用不以人的主观意志为转移。

然而，从社会存在论的意义上看，自然史与人类史不同。人类史是有着人的主观意识活动参与其中的社会运动，"人不仅仅是自然存在物……他必须既在自己的存在中也在自己的知识中确证并表现自身……正象一切自然物必须产生一样，人也有自己的产生活动即历史，但历史是在人的意识中反映出来的，因而它作为产生活动是一种有意识地扬弃自身的产生活动"①。人类的意志"正是人自身物质机体与周围世界相处过程中必然存在的现象，人需要同周围世界进行物质的、能量的、信息的交换，于是便出现了人的意志的各种表现。这些意志的表现往往与周围世界相抵触，客观必然很难满足人的意志"②。但"人靠自然界生活"③，自然界给人提供了维持其生命存在的生活资料以及为获取生活资料所必须依赖的材料、工具，这样，自然界也成为作为主体的人的对象。"人有现实的、感性的对象作为自己的本质即自己的生命表现的对象；或者说，人只有凭借现实的、感性的对象才能表现自己的生命。"④

因此，人类从自然走入社会，从原始时代到信息时代，作为"自然－人－社会"系统中的人的主体地位发生了从自然主体到实践主体的飞跃。如此，主体的确立及其程度也就表现为在实践中其所把握的一定的信息的进化与累积过程，所以，可以提出信息主体概念。比如，信息社会要求个人有选择、创造、更新知识的能力；现代教育必须有与之适应的教育信息手段、网络化生存能力等，其实也就是一种主体的信息结构在质和量上进行优化。作为主体的人所具有的一定的"信息"标志着人的主体性。作为信息主体的个体与群体所具有的一定的信息一定条件下具有相互转换的关系。比如，个体所拥有的一定的信息将会唤醒、促进群体的认识，群体的认识又将有利于个体深化认识，从而实现信息主体的发展，所以，在信息主体的发展、进化中必须很好地协调个体与群体的关系。同时，从宏观意义上整个人类的主体地位确立没有最终的标准极限，人类的主体地位的确立程度随着历史的演进而不断提高。信息的发展、进化是一个无限的过程，从人的认识信息活动看，人的认识能力也是无限的，人的认识水平是不断提高的。对于同一确定的认识对象，人总会在反复认识的过程中不断地获得新的认识、新的见解，从而使主体所获得的一定的信息总是在更新、发展着。

---

① 《马克思恩格斯全集》（第42卷），人民出版社，1979，第169页。
② 王卓民：《自由与认识效率》，《山西师大学报》（社会科学版）1995年第2期，第9～14页。
③ 马克思：《1844年经济学哲学手稿》，人民出版社，1985，第52页。
④ 马克思：《1844年经济学哲学手稿》，人民出版社，1985，第124页。

亚里士多德曾把理性分为"被动理性"与"主动理性"。他认为，"一种理性类似于质料，因为它变成所有事物；另一种理性类似于动力因，因为它制造所有事物"①。前者是被动理性，类似于感性认识过程，外部对象的形式传达到感觉主体形成观念，这种观念与对象同一。于是，被动理性也变成了自己的对象。后者是主动理性，它类似于理性认识过程，它作用的是被动理性，是脱离质料的"纯形式"。主动理性先于身体而存在，并且可以不依附于身体而永恒不朽。他说："主动理性必定是上帝……正是上帝作为主动理性，才使潜在的认识对象成为现实的认识对象，并同时使本身只具有认识潜能的被动理性能够现实地去认识，恰如阳光使潜在可见的成为现实可见的，并且使具有视觉潜能的眼睛现实地看见。"②"主动理性"蒙上了唯心主义的神秘面纱。然而，摒弃这种唯心主义，关于"主动理性"的思想给予的启示是，从感性认识到理性认识，或者作为社会真相认识活动，从信息认识论出发，看到"主体同样是认识的客观条件之一"，③ 比如，主体的认知结构是一种工具性和方法性的思维结构，它具体表现为凭借实践建立起来的概念框架。一定的思维结构总是和一定的认识能力相联系，它一旦相对地固定下来，就作为从事认识活动必不可少的信息工具。否则，对象的现象只能永远是自在的，无法进入主体的感性框架之中，感性表象世界背后隐藏的对象的本质和规律也就无法被主体提取。

当然，并不是所有的认识都是社会真相认识，认识是一个发展的过程，对于不同的主体及其思维结构发展的各个阶段来说，认识是多层次和多维的，这个过程所把握的信息并非都是社会信息真相。社会真相渊源于感性认识，而感性的东西既包含单一的东西，又包含一般的东西；既包含偶然的东西，又包含必然的东西；既包含现象，又包括本质。但这并不能否认社会真相从反映个别、偶然、现象的信息到反映一般、必然的信息的发生和形成过程不是主体自身的思维认知结构对感性材料进行选择、过滤、处理的结果。事实上，主体之所以能作出这样或那样的反应或信息建

① 〔美〕W. D. 罗斯：《亚里士多德》，王路译，商务印书馆，1997，第165页。
② 〔美〕W. D. 罗斯：《亚里士多德》，王路译，商务印书馆，1997，第16页。
③ 邬焜：《信息哲学——理论、体系、方法》，商务印书馆，2005，第183页。

构，是由于主体具有能够同化对象的认知结构。

因此，社会信息真相中不可避免地有来自主体认知结构的信息。正由于主体的这种参照系作用，就使人的认识具有了来自主体本身的某些规定性。客体的映象是在主体状态对客体信息的整合和规范下在主体中建构出来的，主体对这个建构出来的客体映象并不是一个纯粹外在的观察者，而是一个直接内在的建构者。① 事实上，当代对科学实践哲学起推动作用的SSK（Sociology of Scientific Knowledge）学者，如布鲁诺·拉图尔、卡琳·诺尔－塞蒂纳以及安德鲁·皮克林等人通过对"科学实践"的分析，把实践理性从具体操作中抽象成为一种认识论上语境相关的重要概念，并且把实践中介活动置于文化场景中，将科学视为人与世界相互作用的方式而不仅仅是观察与描述的方式，认为所有的现象都被人的行动所包围着，都在与人的力量相互冲撞中使其自身和人的力量得以显现。在传统的表征主义认识论那里，一方面，有认识却无认识的主体，或者说只有一种上帝的视角（God's Eye Point of View）；另一方面，又将科学活动简单投射为科学语言实体与世界之间的关系。若将关注点转向科学实践，就应该从真实的表征活动入手，关注能动者，即那些进行表征活动的科学家。鉴于科学家是有目的和目标等意向性的能动者，表征活动可以形式化地表述为：科学家 S 出于目的 P 而用 X 表征世界 W。②

由此，即便固守传统科学哲学所关注的语言实体与世界的语义关系和证据关系，对这些关系的思考也应该从主体基于其旨趣而对假设的接受与拒斥出发。

以上这些观点从理解科学知识的角度，对理解社会真相的主体性产生了重要的激励和直接的影响。社会信息真相内在地包含着的主体方面的信息可以概括为以下几个方面。

第一，主体价值信息。对社会真相的追求可以说总是根据主体的需要，都体现和反映着人的生存发展和自我完善的价值需要。而每一具体主体在信息认识中总是贯穿和渗透着主体的兴趣、愿望、情感、意志，这归根到

① 邬焜：《信息哲学——理论、体系、方法》，商务印书馆，2005，第185页。
② R. N. Giere, "How Models Are Used To Represent Reality", *Philosophy of Science*, 2004, 71 (5): 743.

底也是从不同侧面反映了主体的各种价值需要。通常认为，价值是与社会真相相对应的概念，因此社会真相本身并不包括价值，把价值包含在社会真相中就会走向主观关于"真"的理论。其实，价值本身也是一种客观的关系，价值关系的真假问题是一个现实的问题，它属于社会真相的范围也是明显的。需要指出，相对于自然科学来说，人文社会科学更直接地反映和表现着主体的需要、情感和意志等价值信息，但不能因此而认为人文科学就不是社会真相认识。人文社会科学总是同主体的生活经验、情感体验、价值评价联系在一起的，总是贯穿着各种各样的主体价值信息。在这种情况下，把主体价值信息排除在外，就容易抹杀人文社会科学的特殊性。

第二，反映主体能力信息。在社会真相文明的演进过程中，人类活动的总体水平总是要体现在各种认识成果中，反映了主体活动能力的各个方面的信息。如反映主体活动的水平、方式、手段、效率及其差异，总是可以从一个时代的社会真相文明成果中看出反映这个时代的认识与实践能力的信息。这尤其表现在社会真相的物质文明形成中，"人化自然"一定意义上是人类能力的标志。

第三，反映主体社会关系信息。人们只有在一定的社会关系中才能认识，因此社会真相不可能不反映主体间的社会关系。实践中介活动都是在一定的社会关系的前提下展示出来的。正如马克思所说："在生产中不仅仅同自然界发生关系。他们如果不以一定方式结合起来共同活动和互相交换其活动，便不能进行生产。为了进行生产，便发生一定的联系和关系；只有在这些社会联系和社会关系的范围内，才会有他们对自然界的关系，才会有生产。"① 因此，马克思认为，人的本质在其现实性上是一切社会关系的总和。他看到了社会因素对于认识社会真相的重大作用，并揭示了社会信息真相的社会性本质。

在范·弗拉森看来，社会真相是一个"自然而然"的概念，它只要求其在经验上是适当的，而不强求在不可观察范围内的绝对性，也即在可观察范围内的理论的有效性。但是，这不等同于把时空、基本粒子、场等描述中的可能性看作实在，相反，这种可能性只是经验适当性的描述，而

---

① 《马克思恩格斯全集》（第6卷），人民出版社，1961，第486页。

不是理论与实在之间的绝对对应。因此，所谓"经验适当性"作为社会真相概念的特定表述，是通过测量的经验性或可观察性被自然地表达出来，从而使得科学研究所提供的社会真相直接与测量主体的背景信念、价值取向、时空境遇相关联。

需要指出的是，社会信息真相中所含有的主体信息存在着不同程度上的差异。各种类型的社会真相认识在对主体的反映程度上存在着各自的差异；有的认识强烈地反映主体某一方面的信息，而对另一方面反映较弱。所以，必须具体情况具体分析。考虑到社会信息真相中主体信息反映的复杂性，不能因为反映程度上的差异而否定反映的全面性，而这里的问题关键是"有"与"无"。否定社会真相的人类学特征的人通过混淆理解"社会真相不能脱离主体"，推出这否定了物质第一性、意识第二性的唯物主义基本原则，其实这是个误解。马克思主义的物质概念比旧唯物主义的物质概念要宽泛得多，它不仅包括自然存在，而且包括社会存在。而从信息视角看，社会信息体作为认识的高级形态，是包括自然的自在、自为与再生"三态"信息的统一。总之，"任何高级形式都包含所有低级形式……物质存在的最高质的形式——社会存在，实质上能够包含所有其他（低级）水平的物质，即实际上包含整个自然界。"[①] "观念的东西不外是移入人脑并在人的头脑中改造过的物质的东西而已。"[②] 马克思这里所说的"物质的东西"显然包括了人，作为主体的物质存在，认识结果作为对"物质的东西"的反映，也就包括了对主体不可避免的、"客观"的信息的反映。

四　作为社会信息体的客体世界

柏拉图最早提出了"天赋观念说"，而亚里士多德表现出了对这种唯心主义先验论的反动，认为灵魂被称为心灵的那个部分，在尚未思维的时候，实际是没有任何东西的。"感觉就是从个别对象出发并抵达灵魂。"[③]

---

①　〔苏〕M. A. 帕尔纽克：《作为哲学问题的主体和客体》，中国人民大学出版社，1988，第142页。

②　《马克思恩格斯全集》（第23卷），人民出版社，1972，第24页。

③　苗力田：《亚里士多德全集》（第3卷），中国人民大学出版社，1997，第21页。

"并没有什么先前就有的前在的知识。……如若说知识也许是与生俱来的，那么对诸科学中最强大的科学却毫不知晓那就奇怪了。"① 他又说："比如要把圆加工成面积相等的正方形，如果这个过程确实是一种知识对象，虽则它本身作为一种知识对象是存在的，但关于它的知识却仍未产生。"②

可见，在亚里士多德看来，"就感觉来使感觉成为现实的东西都是外在的，如视觉对象、听觉对象，以及这一类的感觉对象"③。这种认识充分体现了亚里士多德的反映论思想。列宁曾对此给予极高的评价，"亚里士多德紧密地接近了唯物主义"，"这里的关键是'外在'——在人之外，不以人为转移。这就是唯物主义"④。

在讨论社会真相认识活动时，这里仍然坚持唯物主义反映论。然而，特别指出的是，作为一个反映过程的社会真相认识活动，其"相互作用与差异建构"机制，以及无法超越认识的诸多中介传播环节去直接认识客体，意味着这诸多中介传播环节在实质上构成了认识产生的参照系背景，关于客体的信息在这个参照系背景中被选择、变换、改造和建构。如此，通常所反映、把握了的"客体信息"或者说"社会真相客体"都总是不可避免地在不同程度上受到了某些扭曲、变态。这样，社会信息真相实际上是"诸多信息方面（客体信息、诸中介传播环节中的信息、客体环境的信息、主体神经系统之外的体内环境信息等等）的相互作用的分析综合中产生出一种新的信息样态来，这个新的信息样态是它赖以分析综合的诸多信息方面所不简单具有的"⑤。

关于"客体信息"将从三个层面进行说明。其一，社会信息真相中的社会真相客体作为一种社会信息存在；其二，客体世界同样可以作为社会进化、发展的尺度；其三，"澄明客体"。（由于关于"澄明客体"的内容涉及"社会真相的自觉"问题，所以，把它放在了"第五章"进行详

---

① 苗力田：《亚里士多德选集》（形而上学卷），中国人民大学出版社，2000，第37页。
② 〔古希腊〕亚里士多德：《工具论》，李匡武译，广东人民出版社，1984，第27页。
③ 苗力田：《亚里士多德全集》（第3卷），中国人民大学出版社，1997，第44页。
④ 列宁：《哲学笔记》，人民出版社，1974，第318页。
⑤ 邬焜：《信息哲学——理论、体系、方法》，商务印书馆，2005，第174页。

细说明。)

　　一定的客体总是处于一定的认识关系结构中的客体，脱离认识的主客体相关性来谈论离开主体而存在的所谓"对象"，是被抽象地孤立地理解的、被固定为与人分离的"对象"，对人来说也是无。马克思说："对象如何对他说来成为他的对象，这取决于对象的性质以及与之相适应的本质力量的性质；因为正是这种关系的规定性形成一种特殊的、现实的肯定方式。"① 所以，从认识意义上主体与客体存在着密切的相关性，主客体的相互生成是一切认识活动都具有的一种特征，正是在这种认识主客体的相互规定中，客体才成为客体。实践确立了主客体关系，植物、动物、石头、空气、光等作为认识客体一旦同人发生联系，一旦被纳入实践领域，它们也就成了人的生活和人的活动的一部分了，这样它们也就从自然存在转化为客体。客体的社会性归根到底是由实践造成的，实践把客体同主体的社会需要连在一起，使客体主体化和主体客体化。不可否认，实践的信息活动意义是明显的。因为，实践实际上既是主体信息在客体中实现的过程，又是客体信息在主体中实现的过程。② 因此，正是在这个意义上，社会实践才能生成与检验着社会真相认识，成为社会真相的现实承担者。也正因为肯定实践的信息运动意义，社会真相认识现实存在的范围只能在"社会信息"之中。因为，"社会信息"是在实践的社会历史进程中反映着并相对独立，形成了与实践互动既具有社会普遍性又具有历史连续性，同时也具有鲜明时代性的特征，成为一定的理论、知识的本体承诺及其现实性基础。这样，在存在论视角下，把认识范畴从物质世界分割给了信息世界。所以，周围的感性世界绝不是某种开天辟地以来就已存在的、始终如一的东西，而是活动的产物，渗透和体现着主体的需要、意志和主体活动的水平。虽然在人的活动范围之外还存在着自在对象，但是自在对象可以向客体转化。自在对象一旦进入人的认识领域，同人的需要、目的相联系，也就成了认识活动和实践中介活动的客体，从而成了一种"社会信息"存在。

---

① 《马克思恩格斯全集》（第42卷），人民出版社，1979，第125页。
② 邬焜：《信息哲学——理论、体系、方法》，商务印书馆，2005，第165页。

应该承认，在社会进化过程中与主体相对应着的客体世界同样可以作为社会进化、发展的尺度。因为从认识论看，认识的主客体是相互生成、相互缠绕、相互渗透的关系。一方面，人的主体地位的确立及其程度是由人的认识能力决定的。在认识信息活动中，不同的主体从不同的甚至相同的对象获得的信息是有区别的。但是，人的认识能力的先天遗传因素正是前人认识能力通过遗传形式的积淀，当然，在遗传过程中也会使前人认识能力的积淀发生一些变异，甚至会发生质的变化；而人的现实的认识能力主要是由后天决定的，先天遗传只能使人拥有或优或劣的潜在的认识能力，它仍然需要后天开发，才能成为现实的认识能力。但后天的认识能力形成，或者说主体的认识能力的形成，不能不和认识的客体有密切联系。另一方面，人类的认识主体地位及其程度也是随着社会历史的发展才得以确立的。每个人都是人类发展过程中的一分子，每代人也都是人类发展过程中的一个环节、一个阶段。马克思说："人同自身的关系只有通过他同他人的关系，才成为对他说来是对象性的、现实的关系。"[①]"意识一开始就是社会的产物，而且只要人们存在着，它就仍然是这种产物。"[②] 他所理解的社会历史，其实就是作为既定的时代客观条件，也就是作为先在客体而存在着的。这样，从客体方面看，作为主体的人，或者时代所能获得的既定的"信息"都必然要受到他们所处的社会历史、时代客观条件的影响和制约，也就是一定意义上受对象客体的决定。

当现实的客体进入认识活动过程中，就与认识发生着相互联系，认识成果（即所获得的信息）就包含着客体本身显现着的信息。由于相互联系的普遍性，一个客观事物总是与其他客观事物处在千丝万缕的相互联系之中，客体本身在内部矛盾运动的推动下，总是在不断发展变化着。这就意味着，要从范围、程度上穷尽对客体的信息的把握是困难的，因此，对客体信息的把握是没有极限的，而认识信息活动触及客体的范围愈广泛，程度愈深入，主体所得的信息便愈多，反之则愈少。世界不外是从与人相关和不相关两个方面开始进一步研究的，应该说，这也意味着世界将或潜

---

① 《马克思恩格斯全集》（第 42 卷），人民出版社，1979，第 99 页。

② 《马克思恩格斯选集》（第 1 卷），人民出版社，1995，第 81 页。

在或现实地作为人类主体的"客体"而存在。所以，人所面对的并不只是有限的现实的客体世界，还有更大量存在的无限的潜在的客体世界。而人们的活动不断开辟新的领域，把握新的对象，即现实客体将越来越多，虽然潜在客体是无限的，但潜在客体不断转变成为现实的客体，而且，这种转变过程越快，人类所把握的现实客体越多，由此，人类所获得的关于客体的社会信息真相便越多。这样，世界作为客体，是一个动态无限发展的过程，人类通过不断地挖掘它、把握它，不仅会成为现象世界客体的主体，而且也会成为本质世界客体的主体；不仅成为现实世界客体的主体，而且成为发展变化中的世界客体的主体。人类主体将所把握、改造了的世界客体进一步符号化、理论化，赋予其以普遍代示、人为中介的各种关系以意义，也就是使其信息体化。而人类的主体地位的发展不可能停留在某一固定的水平上，或达到某一极限，从而主体所获得的世界客体的一定的信息总是更新、发展着。如此，客体世界越来越被烙上人类主体的"烙印"，赋予其以新质。在这个意义上，世界作为客体，其发展、进化的过程及其程度集中体现着人对世界的改造能力，集中显示着人类社会的本质，从而直接体现着人类社会文明、进化的尺度。

第三章 社会真相：距离与中介

第一节 中介与实践中介

一 中介：主客体关系的理论缺环

事物是在多重因素（质量流、能量流、时空流、信息流等）的协变中演化的。这种多重因素的协变的演化，依赖于物质世界本身固有的一种存在方式，这就是事物内部和事物之间普遍存在着的相互作用。[①] 中介在相互作用中，作为产生它的物的某一环节、某一部分、某一方面的规定性而存在。作为一物向他物转化时所发生的现象，它的功能就是在对象相互作用过程中显示某物自身的规定性。需要指出，由于中介具有本身的性质（质－能分布的结构、功能、属性、状态），在相互作用关系中，中介又是一个纯粹的他物，一个纯粹与产生它的那个物脱离出来的东西，是一个有自身规定性的存在。在现实性上，主体与客体的互动关系是"无穷无尽地交织起来的画面"中的一种具体关系。[②] 这种具体的主客体互动关系归结于事物发展变化的终极原因——相互作用，如果以主体和客体关系的存在形态为尺度，主体和客体的间接形态的互动关系的现实发生，必然以中介为现实根据。对于这一点，黑格尔曾明确表示，间接关系以第三者他

---

① 邬焜：《信息哲学——理论、体系、方法》，商务印书馆，2005，第200页。
② 《马克思恩格斯选集》（第3卷），人民出版社，1995，第733页。

物为中介。① 恩格斯认为，对立两极的互相过渡，依赖于中介。② 列宁进一步指出，一切都是经过中介连成一体。③ "仅仅'相互作用'＝空洞无物。"④ "相互作用本身还只是空洞的方式和式样；所还需要的，不过是把那已经既是自在的又是建立起来的东西外在地转合起来"⑤，用列宁的话说是需要有中介，这就表明，主体与客体相互作用的互动关系的逻辑之所以能够现实地发生是以中介的实际生成和存在为唯一根据的。依照马克思的观点，"最初在两极间起媒介作用的运动或关系，按照辩证法必然会导致这样的结果，即这种关系表现为它自己的媒介"⑥，中介"把两个对立面综合在一起"，使自身在"较高次方"上表现为完成的相互作用的互动关系，⑦ 这就表明中介对两极具有自为的统摄能力。所以，中介对事物发展变化的决定作用和地位并不是"一般的中间环节"，而是具有决定意义的。

问题是，在自然界普遍存在着的于扬弃中获得的"亦此亦彼"性的中介，使处于两极的自然主体和客体的贯通成为可能，主体和客体的相互作用，因中介的存在而不再是"空洞无物"的了。那么，人对中介的占有是否具备现实性和必然性呢？答案是显然的，中介的现实占有是人类主体对象性活动的辩证法的必然性结果。因为，人的本质属性表现为对对象世界关系的主体性，正是由于人具有主体性，才构建起了主体和客体的对象性关系。也正如马克思指出的，在这一关系中，真正的"主体不是以纯粹自然的、自然形成的形式出现"，"而是作为支配一切自然力的那种活动出现"⑧。不过，需要说明的是，在现实中人对中介的占有表征为主体所占有的一种中介尺度。因为，整合了主体尺度和对象尺度的合理的质，包含两极合理的本质规定的全面性的独立的存在，具有独立的地位和形态的中介，成为规制着主体与对象两者关系的尺度形态，即中介尺度。

---

① 黑格尔：《小逻辑》，商务印书馆，1980，第281~286页。
② 《马克思恩格斯选集》（第3卷），人民出版社，1972，第535页。
③ 《列宁全集》（第38卷），人民出版社，1986，第103页。
④ 黑格尔：《逻辑学》（下卷），商务印书馆，1976，第230页。
⑤ 黑格尔：《逻辑学》（下卷），商务印书馆，1976，第230页。
⑥ 《马克思恩格斯全集》（第46卷上册），人民出版社，1979，第295页。
⑦ 《马克思恩格斯全集》（第46卷上册），人民出版社，1979，第295页。
⑧ 《马克思恩格斯全集》（第46卷下册），人民出版社，1979，第113页。

这一中介尺度，是比主体尺度更高的尺度。对中介尺度的占有，是在其对象性活动中，不以其主观意志为转移的、无法让渡的必然占有。

通常，在对认识的哲学研究中，首先是以主客体的对立矛盾关系为出发点的。这样，主体和其所认识的客体就构成了同一认识过程的矛盾着的两极；所谓认识，就是在这个两极的相互作用中产生出来的。其实，无论是在共时性还是在历时性的认识活动中，认识主体和客体的互动关系的现实性，表征为主体—中介—客体的相互作用。信息科学研究表明，认识的发生是通过信息中介来实现的，而这已经为科学界所公认；没有信息中介的生成及其客观性，主体和客体的认识关系就根本不能发生。因此，主体和客体认识关系的现实构成，依赖于信息中介决定的间接关系的转换。这时，也可以说主体和客体的"直接关系"成为现实。应当说，任何所谓"直接"关系的构成规定于中介的实际生成，都是中介的间接关系的转换。所以，正是中介的生成和发展，使认识主体和客体构成了现实的相互作用的互动关系。在当代，认识中介贯通主体和客体，推动认识发展变化的决定性地位越来越受到重视。其实，列宁就非常重视中介在认识的主客体关系中的决定性地位，他说，"要真正地认识事物，就必须把握、研究它的一切方面、一切联系和'中介'"①。

在自然领域，主体和客体的间接互动关系，表征为经由传播中介的物物的自在的相互作用，而自人类出现后，物的主客体相互中介作用关系的现实发生产生了以实践为中介的人与自然的统一关系。

二　实践中介：马克思物质观的核心

马克思主义哲学在世界观问题上阐释了一种唯物一元论的学说，即以物质范畴为其整个理论体系的始源概念。当然，对于物质范畴的界定，往往重视具体的物质形态，没有彻底摆脱具体物质形态的纠缠。而马克思主义哲学在物质观上的历史贡献就是发现了人类物质性的生产劳动或说人与物质世界统一的实践中介。正如有学者所分析的，"马克思对物质观的划时代的贡献是他开辟了物质存在的新领域，把人与人之间的社会关系也看

---

① 《列宁选集》（第4卷），人民出版社，1972，第453页。

成是一种物质存在，并且对人类社会来说具有本体论的意义，唯物史观正是建立在对社会物质的正确理解上"①。也正如马克思《黑格尔法哲学批判》一书中所写的，"抽象的唯灵论是抽象的唯物主义；抽象的唯物主义是物质的抽象的唯灵论"②，这里马克思认为以前的唯物主义物质观的最大缺陷是把物质与人的生命和感觉分离开来。恩格斯在《政治经济学批判大纲》一书中谈到18世纪思想的片面性时，也提到了"抽象的唯物主义和抽象的唯灵论相对立"③。当时，马克思和恩格斯把凡是与人的感性活动相分离的哲学都看作抽象的，不管是唯物主义还是唯灵论，而他们尤其关心的则是对抽象的唯物主义和抽象的物质观的批评。

　　所以，在《1844年经济学哲学手稿》一书中，马克思提出现实的自然界是经过工业中介的自然界，现实的物质则是经过生产实践中介了的物质，马克思把脱离人的实践中介活动和这一活动的物质观视为抽象的东西。马克思曾批判过从前的一切唯物主义（包括费尔巴哈的唯物主义）的主要缺点。④ 他批判"费尔巴哈不满意抽象的思维而喜欢直观；但是他把感性不是看作实践的、人的感性的活动"⑤。应当说，费尔巴哈虽然批判了前人的抽象的物质，但他自己仅诉诸感性，并不能使人、物质、自然界现实化。而在马克思看来，只有从现实的人的社会实践中介活动出发去考察人、物质、自然界才是现实的。上述论断表明马克思的唯物主义与旧唯物主义的物质观的本质差异，马克思强调要从人的现实的实践中介活动出发去理解这种抽象的物质观。因为，实践一直是在一定的社会中进行的，社会是实践中介活动的实现。"只有在社会中，自然界对人来说才是人与人联系的纽带，才是他为别人的存在和别人为他的存在，只有在社会中，自然界才是人自己的人的存在的基础，才是人的现实的生活要素。"⑥这样，物质概念本身也就有了社会性的本质规定。

　　马克思把物质概念引申到社会领域，把基于生产关系的社会关系也看

① 张奎良：《马克思的物质观新探》，《自然辩证法研究》2004年第11期，第12～16页。
② 《马克思恩格斯全集》（第1卷），人民出版社，1956，第355页。
③ 《马克思恩格斯全集》（第1卷），人民出版社，1956，第597页。
④ 《马克思恩格斯选集》（第1卷），人民出版社，1995，第58页。
⑤ 《马克思恩格斯选集》（第1卷），人民出版社，1995，第56页。
⑥ 《马克思恩格斯全集》（第3卷），人民出版社，2002，第301页。

成是具有物质客观性的一种形态，强调了社会关系在唯物史观中的突出地位，指出客观存在着的社会关系也有如物质对人和人的生活一样，具有先在性和决定性，也是不以人的意志为转移的。正如马克思在《政治经济学批判》序言中所经典表达的，"人们在自己生活的社会生产中发生一定的、必然的、不以他们的意志为转移的关系，即同他们的物质生产力的一定发展阶段相适合的生产关系。这些生产关系的总和构成社会的经济结构，即法律的和政治的上层建筑竖立其上并有一定的社会意识形式与之相适应的现实基础"①。从这个意义来说，生产关系和更广泛的社会关系都是实践的产物，实践中介实现了物质、自然与人的统一。的确，物质自然界产生了人，而人在其自身的发展中使物质自然界空前人性化，使"自然界对他来说才成为人"②，如马克思所说的，劳动力首先是已转化为人的机体的自然物质。③ 的确，作为一种对象化的活动，实践其实是一个要在对象中不断复制自己、不断地把自己的本质力量赋予对象的过程。正如马克思所说："对象成为他自身。"④ 马克思有时又换成另一种说法，说对象或自然界成为"人的现实的生活要素"⑤，或"人的精神的无机界"和"人的无机的身体"⑥。

其实，在对物质观的理解中，西方马克思主义研究者们，如卢卡奇、葛兰西、施密特等，已经说明了马克思的物质观与抽象、机械的物质观的区别，他们强调马克思物质观的实践功能，批评把马克思的物质观与庸俗唯物主义的物质观混为一谈的倾向，不应当就物质自身来考察物质，要看到在生产中关涉到的是具体的、从量和质上规定了的物质的存在形式。马克思从不抽象地谈论物质概念，他总是从现代社会的生产活动的要素的角度去谈论物质及物质的具体表现形态。正如海德格尔对马克思的唯物主义的本质所理解的，"一切存在者都显现为劳动的材料（Material）"⑦。所

---

① 《马克思恩格斯选集》（第 2 卷），人民出版社，1995，第 32 页。
② 《马克思恩格斯全集》（第 3 卷），人民出版社，1995，第 301 页。
③ 《马克思恩格斯全集》（第 23 卷），人民出版社，1972，第 201 ~ 202 页。
④ 马克思：《1844 年经济学哲学手稿》，人民出版社，2000，第 86 页。
⑤ 《马克思恩格斯全集》（第 3 卷），人民出版社，1995，第 301 页。
⑥ 《马克思恩格斯全集》（第 3 卷），人民出版社，1995，第 272 页。
⑦ 转引自俞吾金《马克思物质观新探》，《复旦学报》（社会科学版）1995 年第 11 期，第 3 ~ 9 页。

以，在马克思的物质观中，最为核心的是马克思是从人的实践中介活动，特别是生产劳动所蕴含的对象化理论出发去说明物质。因此，只从客体的或直观的形式去理解物质是优先的、自为的、与人无涉的，而不再前进，就只能是旧唯物主义而不是马克思的唯物主义了。马克思说："被抽象地理解的，自为的，被确定为与人分隔开来的自然界，对人来说也是无。"①

从实践中介的立场出发，反对"与人无涉"的物质观，也就是这种没有被对象化的物质不是人生活在其中的现实物质自然界。旧唯物论以纯粹的物质世界为精神的本原，力图把精神还原为自然，用自然来解释人类的精神活动，从而把物的尺度当作人类全部行为的根据。相反，唯心论试图把自然还原为精神，把精神的尺度当作人的全部行为的根据。由于旧唯物论以自然为本体，只是从被动的、直观的观点去理解人与世界的关系，坚持的是一种单纯的、自在的客体一元性的社会真相原则，一定意义上，取消了人的能动性，而唯心论以精神为本体，抽象地发展了人的能动性。因此，旧唯物论和旧唯心论固执于社会真相的"本体"问题上的物质本体与精神本体的抽象对立，造成了社会真相的客体性原则与主体性原则的互不相容，从而造成了各自无法克服的局限性（旧唯物论无法容纳能动性，旧唯心论则只能抽象地发展能动性）。结果造成了自然本体与精神本体、客体性原则与主体性原则的抽象对立和互不相容，并构成了"非此即彼"的形而上学的思维方式。马克思在《关于费尔巴哈的提纲》中对全部旧哲学的批评，揭露了这种两极对立的哲学的根本"缺点"。

重新理解马克思物质观的意义应从"物质变换"入手去考察物质，必须通过人的生存实践中介活动的中介去思考物质问题，同时，也要站在现实的、实践中介的立场上去理解社会真相。这样，"一切对立都经过中间环节而互相过渡"②。作为联系的环节，实践中介是主体"按照任何物种的尺度来进行生产"，"用内在固有的尺度来衡量对象"的根据。所以，它是贯注着人的主体性的，合主体需要和目的与对象本质和规律统一的中介尺度，体现着对象尺度和主体尺度的双重规定，但又不等价于主体尺度

① 《马克思恩格斯全集》（第3卷），人民出版社，2002，第335页。
② 《马克思恩格斯全集》（第20卷），人民出版社，1971，第554页。

和对象尺度，而具有双向的、能动的规制作用。正是在这种意义上，社会真相才内蕴着人、社会与自然，主体与客体，物质与精神的统一。

第二节　认识：阻隔的抑或连续

在认识史上，无论是认为水是最终实在的泰勒斯，万物由气组成的阿那克西米尼，或者是火的赫拉克利特，还是主张世界是由原子构成的德谟克利特，都在主张以某种单一的物质作为万物的始基和本质，而在世界好像是什么和它实际是什么之间进行了区分。"一旦做出了这种基本区分，一个完整的新世界，一个位于现象背后（或之上、之下）的'真实的世界'就展现在了面前。"① 可见，在人的认识中，世界发生了分化。比如，所谓现象与自在世界之间的二分。而在当代学术争鸣中，"客观实在"问题又衍生出了既严格区别又密切相关的所谓定域实在和非定域实在、确定性实在和非确定性实在、经验实在、因果实在、概率实在、隐实在和理论实在等概念问题。于是，如果一次认识活动以物质作为其最终的认识对象的话，那么，从认识的主体所能够直接感知的现象到认识的对象，以及获得社会真相认识就存在着明显的"距离"或鸿沟阻隔。

对于横亘在认识中的鸿沟，可知论者承认可以实现"距离"的跨越，而不可知论则否定了把握自在本体的可能，也即否定了物质与精神之间的连续性。比如，康德承诺了两种"本体"的存在，既把"自然本体"作为认识的对象性前提及其消极界限而承诺下来，同时又把"精神本体"作为认识的主体性根据和积极界限而承诺下来。在认识领域内，与其说康德是消解了自然本体与精神本体的对立，毋宁说他是在证明二者对立的不可克服。然而，康德哲学的意义在于证明了不仅两极对立的"本体"都是不可或缺的，而且它们之间是不能简单还原的；人的认识只能成立于对立两极的统一；它要求从主体的活动出发去体认自然与精神、客体与主体的交互作用。事实上，对一个所谓人存在之前就已存在的自然界的追溯，必然导致以与人割裂的方式去考察物质与精神之间的连续性问题。因此，

① 〔美〕所罗门：《大问题》，张卜天译，广西师范大学出版社，2004，第129页。

进入马克思关于物质与精神的关系的哲学问题，关于社会真相理论的真正的问题域，把握物质与社会真相之间的连续性，要求在实践中介活动中把握人与自然（物质）和人与人的对象化关系问题。

在现实中，无论主体尺度对象化，还是对象尺度主体化，都是主体从主体尺度出发，首先是主体对对象的真实信息的把握，正如马克思所说，建筑师"在用蜂蜡建筑蜂房以前，已经在自己的头脑中把它建成了"①。所以，这种人对社会真相的占有蕴含着现实性的主体尺度对象化和对象尺度主体化的自由的实现。世界并不能全部满足人。当主体决心以自己的行动改变这个世界时，只能依赖于具有"亦此亦彼"性的社会真相，也即只有社会真相既具主体目的性又具客体规律性，是因主体的运用而具有使自在客体向合主体"条件性目的"方向发生转化的逻辑基础。

社会真相在其现实性上，也只能是在以实践中介作为现实性活动的过程中消解物质本体与精神本体的抽象对立。社会真相作为实践的内在环节，它是合规律性与合目的性的统一。然而，黑格尔仅仅把概念作为客观主观化和主观客观化的中介传播环节，以概念自身的生成和外化去实现思维与存在、主观与客观、真与善的统一，就把概念发展变成了"无人身的理性"的自我对置、自我运动，从而也就把人与世界现实的辩证关系神秘化了。因此，不是用概念的辩证运动去说明人类的实践中介活动，相反，要用人类的实践中介活动去解释概念的辩证发展，把神秘化了的概念辩证法扬弃为实践辩证法的内在环节。所以，马克思对黑格尔真理观实现了从"理性的颠倒"到"实践的颠倒"，② 他不仅以实践范畴去扬弃旧哲学中的物质本体与精神本体、客体性与主体性的抽象对立，而且把实践中介活动本身视为人与世界对立统一的根据，用实践的观点去解决包括社会信息的传播及其真相问题的全部哲学问题。这样，主体目的对象化，是以合中介的"亦此亦彼"的社会真相为现实根据的。人作为真正的主体不是以纯粹自然的、自然形成的形式出现在生产过程中，而是作为支配一切

---

① 《马克思恩格斯全集》（第 23 卷），人民出版社，1972，第 202 页。
② 高家方：《从"理性的颠倒"到"实践的颠倒"——马克思对黑格尔真理观的继承和发展》，吉林大学学位论文，2006。

自然力的那种活动出现在生产过程中。① 因此，社会真相生成于自然或经过加工、改造、制造、转换或驯养而具有主体和客体二重规定的实践中介，成为"主体目的"对象化现实的中介形态。

总之，实践具有直接的现实性与间接性，是主观见之于客观的活动，是自在的客观世界对主体世界的相互生成。它既源于人和自然，又是统摄二者的存在；既是物的尺度与人的尺度的和解，又是合规律性与合目的性的统一。这样，既不单纯地属于人，也不单纯地属于自然的中介本性才使实践成为物质与精神双向生成的中介。所以，它首先是具有客观意义的主观目的性，即以"社会真相"为根基的"价值"的要求。这种"价值"的要求在社会真相中达到了物质与精神、客观与主观的统一，是人类以自身为中介而扬弃了自然与精神之间的"距离"阻隔，实现了物质与社会真相之间的连续性。

最后，可以通过有限的、暂时的、具体的社会真相认识来认识无限发展着的物质世界。正如恩格斯所指出的，"对自然界的一切真实的认识，都是对永恒的东西、对无限的东西的认识，因而本质上是绝对的"②。然而，尽管一切事物都可能成为主体认识的客体，并转化为主体的思想内容，从而使主体的认识、思想成为社会真相的认识，但这个转化过程将是无限的，因为在无限发展着的物质世界中，社会真相总是有限的、暂时的。所以，物质与社会真相之间的连续性是一个有着无限多样的、不可穷尽的序列。

第三节　距离：从物质世界到社会真相

有一种论断认为，物质世界作为一种存在，它不会随着人的主观意志的转移而转移，它是先在于人的认识的存在。人类认识的目的就是试图揭示它如其所是的真相，获得其真实的描述。所以，对于社会真相的科学理解，尤其是对物质世界与社会真相的关系，最方便的方法就是把社会真相

---

① 《马克思恩格斯全集》（第 46 卷下册），人民出版社，1980，第 113 页。

② 《马克思恩格斯选集》（第 4 卷），人民出版社，1995，第 341 页。

或者社会真相的内容还原于物质世界本身。这样说来，就产生了一个悖论：社会真相虽然是人类社会及其认识的结果，但科学地把握社会真相不是作为人们的感觉和经验存在，甚至是与人的存在无关的。这种悖论的原因，正如有学者认为的，在于这种论断是从对立的两极去思考物质世界与真理或者本体论与认识论的关系，并以还原论的思维方式去说明二者的统一，阐发其间的辩证转化。①

20 世纪以来，由于认识深入到超出人类直接经验的微观、高速领域，关于"认识能否反映客观实在的本来面目？"这个古老的哲学难题变得更为复杂。其实，在哲学史上，以及在哲学研究中，往往对人的认识能力尤其社会真相的把握能力进行限制。比如，康德指出了"为我之物"与"自在之物"之间存在着原则上的区别，并由此得出"物自体"不可知的结论。在我国，也有学者提出客观实在可分为三个层次：①本体实在。它的核心是物质客体。②经验实在，即感性现象，也称为经验。③理论实在，即知识体系，包括理论基础、逻辑演绎过程、推导出的各种结论。② 这些分类说明了在认识论视域中，客观实在的领地进行了距离的分化或分割。

在某种程度上，在传统社会信息的传播及其真相研究中，没有深入讨论社会真相的距离逻辑或距离中介所具有的从物质到真相进化中的距离建构和控制。因此，对于人类认识的真理性的理解与确信，以及从"改变世界"的立场出发，应该强调距离逻辑的作用。具体说，就是要在社会真相问题研究中，首先弥补主客体关系的中介缺失，昭示距离中介，以及距离逻辑在社会真相结构中主客体互动关系发生过程中的重要意义。

一 社会真相的距离逻辑

"距离"，这个概念常常存在于日常生活的理解中，并成为世界结构中的一个要素。芝加哥学派的创始人之一帕克把距离定义为团体或个人之

---

① 孙正聿：《从两极到中介——现代哲学的革命》，《哲学研究》1988 年第 8 期，第 3～10 页。

② 钱时惕：《"本体实在"及其在不同认识层次的投影》，《哲学研究》1992 年第 11 期，第 11～19 页。

间亲近的程度，并把社会距离划分为心理距离和空间距离。他认为有六种因素影响着社会距离：①居住空间的远近；②社会地位；③文化特征；④生理差异；⑤职业和教育；⑥制度。这六个影响因素中大部分是对心理距离的影响。① 通常，从人类特征看，它被用来描述社会群体或个人在政治地位、空间位置、文化背景、心理状态等方面的差异。从距离的社会意义上来讲，在社会宏观层面的文化距离，与中观层面的社会关系距离和微观层面的心理距离有着密切的关系。比如，相互关系和心理活动受所处的社会文化因素影响。反过来，从实践个体来看，心理和社会关系距离又会加大社会文化的差异与距离。如果把距离作为哲学范畴，从哲学上定义，距离是标志差异的量度。概括来说，距离既有客观的属性，也有主观的属性，它是客观存在的距离。对距离各种不同的把握与反映，既是客观时空距离作用的结果，也是文化与主体作用的结果。因此，"距离"的内涵，至少应包括时间空间距离、社会关系距离和心理距离。从社会宏观层面上讲，还应包括文化之间的距离和世界观之间的距离。

在社会真相认识过程中，很容易观察到空间距离是由能够同时呈现于视觉或触觉的某种秩序所组成。相反，时间距离是一种抽象，而且，它每一次只能以一个部分呈现给认识主体。重要的是，时间的任何两个部分永远不能如空间般并存，在记忆中，时间距离中的各部分往往难以推测任何一长串或一系列社会事实或事件。而且，由于时间的各部分在实际存在中不能并存，记忆中的这些部分必然是孤立地出现，因此，时间方面的任何距离分割就比空间方面的同样距离在认识中引起较大的间断。而决定心理距离的核心是利益。利益范畴的"接近性"原则反映了主体头脑中的社会事实与价值的距离。而"接近性"原则可以进一步细分为空间、时间和心理上的，如此，以"利益"为中心的"差序"距离格局沿着多级利益逐次一圈一圈地由内向外推演。所谓"差序"，差即差异，序就是等级，这是利益距离的产物。它既是横向层面的分布，同时也是纵向上等级化的、倾向于强权的。价值观和生活态度的距离影响着主体的现实的和长

---

① 《"距离"在传播学中的概念及应用——关于大众传播中"距离"的讨论》，陈力丹主持，《国际新闻界》2009年第6期，第33~37、90页。

远的、隐性的意识形成，还代表一种特殊的关于世界的观点，培植着一种社会真相世界和生活哲学建构着我们的文化。社会真相与利益的"差序"距离格局不仅影响到社会真相的一般传播空间分布情况，而且经文化心理乃至体制化直接地反映在社会真相创制的环境及其文本内容中。所以，社会真相的距离逻辑，一定意义上通过社会事实和价值之间的"利益距离"体现出来。

一定程度上，"距离"与人的理性认识以及情感、想象力等有密切关系。因为，距离让我们与事物之间有着分明而清晰的界限，而认识总是要与距离保持一种辩证优势，才会接近社会真相。

如果一个对象与我们是那样远隔，或者如果失掉这种辩证优势，对它的把握就很可能变得越发微弱而模糊。因为，对于主体来讲，无论是接近着的对象还是远隔中的对象，由于它们与主体认识上的间断，对其的观念往往微弱和不完全，而且越是远隔，越表现出认识的相对性。远隔的对象通常要比接近着的对象受大得多的距离影响。因此，在社会真相的发现过程中，对远隔的对象，过去的或者将来的，抑或空间距离层面上的，总有机会和好运的因素。然而，像纯粹的决定论一样，太多的偶然性给社会事实真相的认识带来混乱。实际上，处于存在的混乱中，人类记忆不会完全忘记存在其中的此距离点和彼距离点，要求认识主体总是在其应有的距离秩序和位置下来考虑它们。如时间和时间距离都居于其中、周而复始地建构或重建社会和自然现实中何以更接近社会事实。因此，正视社会真相与距离的角色定位及其影响，才会接近社会真相，才会有利于主动发现距离中的社会真相。

在从物质世界到社会真相的连续过程中，距离是达成三元变项的理解和互动的空间，贯彻了三元相互适合的思想。其中，中介起着主体与客体的双向沟通与衔接作用。因为，当反思我们与远隔的任何对象时，必须要经由中介传播，或者说先要经历位于此与彼距离点之间的一切对象。这样，社会真相认识从来不跳到与之远隔的其他对象，而总要检视所经历的一系列距离中介。设置中介的条件、资格，以及可操作性和执行力目标一定意义上就是为了控制认识主体与客体的距离。当然，缺陷很容易因此堕入中介的陷阱中去，把传播中介意图强行灌输到主体的认识中去，或传播中介往往会从正面或反面放大主客体之间的距离。这种中介陷阱、不被信任的窘境在多级中介中体现得最为明显。

距离逻辑的确立也许会对机械的决定论带来理解上与实际上的混乱。事实上，在当代社会，同一个社会事实的多个方面，一个矛盾的多个侧面，在传播过程中会发生部分放大或部分损失的情况，出现了明显的偏差甚至噪音，一定程度上，媒体的选择会使利益相关的社会真相的文本超越地理、空间时间距离的差异。不可否认，社会真相一定程度上受着操纵，这是一个关于社会真相的"距离逻辑"的潘多拉盒子。因此，要正确把握主体与客体在中介之中的距离逻辑，立足于理解、把握距离必须承认距离的客观性和接受其他人与其不同的差异性，以及建立在平等基础上的多元化。如此，在社会真相的距离逻辑下形成结合过去和未来、今天以及空间距离的历史的、实践的文本过程中，探索物质世界的真相信息，使认识客体更加丰富准确，实现信息真相在传播上的共享。

无论是自然的还是社会的，都是不可重复的，因此很难得出经得起"超距离"（如时间和空间）考验的、适应广泛的结论。所以，距离逻辑既是社会真相的障碍，也是支撑。也正因为如此，距离逻辑意味着应该以平等的、理性的规范与论证的普遍推理原则为基础。通过这样做，理性与平等的规范性因素纳入社会真相的实现之中，社会真相的距离逻辑才具有超越性与普遍的价值性。当然，一个严峻的社会事实摆在眼前：社会真相，总是一段时间空间距离中的认识，总是有限的，所谓普遍的社会真相实际上是一种差异和独特性，它实际上是以包含有不同特质的内容对独特性、差异或者任何一个具体的、针对个别的差异进行的描述、表达。其距离逻辑的生成机制在于社会真相总是一定距离逻辑下的概念，距离网络总是在变化，因此，网络中必然存在差异。同时，它也与具体实践有关，毫无疑问，历史实践是一种独特性的活动。

这样，社会真相就把"距离"看作沟通的屏障来控制、消解。其实，距离本身也带有意义。比如，现代空间研究理论认为，现代空间已经不仅仅是容纳各种生产活动的场所，通过对空间的控制，空间本身也成了生产资料，进而距离也成为一种资源，而这种资源在现代背景下尤为重要。

所以，社会真相还把"距离"看作一种"时空资源"来建构、利用。

"距离"是社会真相一种积极的建构性的因素；这种积极的以"距离"为核心来建构社会真相的逻辑认为，距离是社会真相赖以存在的基础，"没有距离就没有社会真相"。

总之，社会真相的距离逻辑意味着，社会真相作为实践的结果，作为人类自我联系的一种方式，并把自己看作自然的对立面，一方面，一个关于社会真相的总的陈述，或者确切地讲是详尽解释，要反映出在距离逻辑中的具有概括性和普遍意义的述包含适合实践的最有效元素和原则，也即要寻求一种距离逻辑下的共同性和普遍性。另一方面，获得最终的社会真相的证据十分有限，试图达到只有一个真相，需要一个过程。因此，必须在有共同实践以及一定的学术规范和知识储备的基础上，对社会真相大胆假设、小心求证。

二　时间与社会真相的文本

在主客体关系被合理地理解为有中介的距离关系时，从而建构、发展出一种社会真相文本写作，社会真相的中心既在主体又在客体，也就是主客体处于平等对话和交往状态。无疑，在社会真相的文本中，在一个称为"时间"的维度，时间距离中介承担着构成文本信息动力的功能，应成为理解文本的逻辑框架。

时间，被视为一种距离的存在。它是哲学和科学的共同范畴。这个最为常见的概念在人们的经验中是直接的，但对于时间概念的界定是困难的，也是多样的，如时间是"人类发展的空间"（马克思语），是"一切存在的基本形式"（恩格斯语），是事物存在的"根本条件"（列宁语），是"计量运动的数"（亚里士多德语），是"一种接续的秩序"（莱布尼兹语），是事物变化"绝对的均匀的数学的流逝"（牛顿语），是"感性直观的方式"（康德语），是"变易"和"现实存在着的抽象"（黑格尔语），是"绵延"（柏格森语）。汪天文在其著作《时间理解论》中把对时间的认识分为三种基本观点。第一种观点坚持时间是客观的，甚至是本体的（有的只承认时间的客观性，而不承认时间的本体地位），不以人的意志为转移，可以归纳为客观时间观。第二种观点坚持时间是主观的或虚幻的或内秉的，总之是意识的产物，可以归纳为主观时间观。第三种观点可以归纳为多元时间观。这是对前两者的综合，倾向于把时间分类、分层，认为不同类别和层次的时间具有不同的内容，既有主观的内容，也有客观的内容。他认为，这三种观点各有优点，但是缺点也是不可避免的，客观时间观忽视了人自身认识时间的心理机制和主客过程，主观时间观没有充足的证据，多元时间观从原则上讲是不可取的、不符合逻辑的。

从生物学角度上说，人脑构造上的相似性，这是人类理解能力具有共通性的物质基础，当然也是理解时间概念、相互探讨时间本质的共同前提。从生理心理学角度看，人的大脑在处理电脑内存等待处理的信息时，需要有一个严密的"顺序"，这个"顺序"是时间概念的原生基础。著名心理学家皮亚杰通过研究儿童心理后，发现人的时空概念不是先天就有的，是在后天的实践当中动作和操作逐渐内化而形成的。在空间、时间、因果性等概念中，时间概念的形成要晚于空间概念，一般要到十多岁后才能慢慢形成。他还认为，时间概念的形成和人的生存活动的各种因素紧密相连，包含情感、心理、宗教、理性等因素在内。

因此，所谓时间，是从主体认识客体和主体间交流主体自我认识过程中抽象出来的，反映距离逻辑中的顺序性、因果性和持续性的一种主体认知与实践框架，并以此作为认识客观世界变化发展进程和主体间交流的尺度。时间逻辑通过主体的时间感来实现，即主体对时间信息的感受，这因人、因境而异，千差万别。应该说，不能绝对地认为具体时间感的对错，主体总是通过已经有的时间感与时间观去认识世界。而时间距离逻辑的社会维度在于人类在实践中创造了时间概念，而它反过来又成为制约实践的模式。在对社会时间信息的认定上，这是一种在实践中通过认知不断补充、修改乃至否定之否定的社会信息。所以，对时间概念的认识不仅要从生物学角度来把握，还要根植于人的社会实践活动。

在社会真相文本的写作过程中，"真实"的现实性力量表现为一种相互制约、共同推进的最基本的潜在的"运动节律"，其结果是各种概念距离间运动速率相对固定的时间距离关系，这就是文本的时间逻辑作用的结果。

事物的发展是有序无序混杂的，因此社会真相文本中的时间动力存在必定是对客观世界的一种"距离格式化"。严格地说，这种"格式化"的要求写作主体控制各个对象的距离关系，从而也形成了文本的有序性。在文本中时间距离具体分为如下几个层次。一是写作主体和客体之间的时间距离。因为，当客体被主体所意向之后，就获得了相对独立性，其意义也是自足的。二是主体和中介之间的时间距离。三是客体与中介的时间距离。四是中介之间的时间距离。五是主体与主体之间的时间距离。无论主体间有多强的理解能力，也无法完全穷尽对另一主体的存在与意义的把握，因为主体都是独立的。

在文本写作中，人的认识功能和特点决定了对世界图景的感受，也就决定了对对象的描绘。所以，时间的意义在于分割，一定意义上，如果没有人类的认识，客观世界似乎并不需要时间。而如果没有认识主体对社会真相的文本的交流与发展的比较和认定，那么时间的客观意义也必将削弱。所以，人们以时间为量度来分割外界，而从逻辑上说，社会真相文本中社会时间的设定就有绝对的合理性与必然性。这样，从另一层面上看，时间又是文本的界限，是人为设置的一个障碍，在这个界限内人的智慧得不到充分自由的发挥。因此，理论框架、模式的每一次突破，都会给人们认识上带来新的光明和飞跃。因此，从距离逻辑关系上思考社会真相文本中的时间问题，是把时间意向作为理解距离分割的关键。

通常观点把因果关系理解为两个事物之间在时间上的前后相续，由此证明结果的"真"是以原因的"真"为依据。然而，原因与结果之间在出现时间上的不对称性导致了我们无法把这两者看作同时发生的，但这并没有保证从原因的真值条件可以推出结果的"真"。同样，说一种原因带来某种结果，这并不具有逻辑上的必然性，因为这种结果也完全可能影响到原因，或者这种原因完全可能产生其他结果。所以，因果关系的非必然性说明了在社会真相文本中，写作主体对存在的时间的分割及其理解对于解释因果关系的重要意义与价值。

社会事实，一定意义上都在运动变化着，看似静止的事件都会转瞬即逝，因此，文本总是与此时此刻的社会环境紧密相关。从距离逻辑的角度来理解社会真相信息，社会真相信息的内涵是借助时间的进化论式的划分来建构它的文本，也即社会真相的文本对社会事实陈述的"真"还在于文本陈述系统具有在真值上的信息动力连续性，正是这种连续性保证了这个陈述的真。这样，社会时间文本中的"真"，就在于能够认识到是否可以最终断定这个陈述的社会时间存在的必然性与连续性。而且，这个陈述的"真"完全是由文本信息体组成部分的"真"确定的，这样，文本中的每个句子的真假是相对于每种社会事件分割可能的物质世界的情况而言的。就是说，如果一个时态中的陈述为真，那么，对每种可能的时间连续性情况而言，现在有证据可以说明基于社会时间距离形成的真值联系，作为获得"真"观念的手段且这种证据不仅仅是关于时态的应用。陈述只有在某人在相关的社会时间分割下证实了它，才可能是真的，也即当一个在时间逻辑结构上获得可靠的论证，或关于陈述的证实或证明，首先需要充分地说明这种陈述的时间分割，以及如何理解这种分割。

如同社会事实与文本的转换一样，时间经历了从时间、时段到社会时间的转型，可以说，并不存在着一种绝对的、抽象的时间。在社会真相文本中的"时间分割问题"，即相关的事物变化、因果关系以及世界的可能性等问题，既不是物理学上的时间，也不是心理学上的时间，而是与形而上学密切相关的一种社会时间。它更是社会现实的一种建构，是在主体认识客体和主体间交往，以及主体自我认识等过程中抽象出来的，反映距离逻辑中的顺序性、因果性和持续性的一种主体认知与实践框架，并以此作为认识客观世界变化发展进程和主体间交往的尺度。作为人类重要的发明，"社会时间"被创造出来，既可以帮助组织社会现实，同时也制约着人们的社会行为。在一定意义上可以说，范式或模式只是在某一距离中循环，如在许多时间、空间路线中的一条路线上。如果希望作出对现实世界有现实性力量的写作，就必须承认由社会时间多重性的相互作用形成的"时间距离"的辩证关系，以及社会时间作为在社会真相文本写作中的主要认识论工具中介的地位。

也许是对无限变化中的令人迷惑的细节，晦涩难懂、纷繁的世界威慑的反动，人们把精力集中在所谓真相的"零距离"的写作上。然而，从"时间距离逻辑"的角度理解社会真相，"时间距离逻辑"在文本的宏观或微观结构中都影响显著。

在社会真相文本的写作中，记忆使世界的界限密切地呈现于思维。在这个过程中，思想通过接近距离中的各个部分而推移、过渡，于是产生了时态。然而，不论是对过去还是将来时态的运用，社会真相文本的所谓"零距离"写作都面临着风险，尽管想象有利于这种"零距离"观念的写作进程顺利推进。因为，将来或过去，根源于通过一定时间点的参照而依次运动，把以后发生的事情提前叙述，或者顺着时间的接续方式考虑任何已成社会事实的对象，想象似乎是顺着时间之流移动的，依照一个似乎很自然的顺序达到那个对象，永远好像是从一个时间点进到它随后的那个时间点。但是，实际上，任何行为都不能改变过去，过去已经定型了，也正是经由时间中介，当从现在来考虑将来和过去的两个同样距离的点时，抽象地考虑起来，它们与现在的关系几乎是相等的。因为将来在某时候会成为现在，过去也一度是现在。所以，时间中介的这种性质使过去和将来的同样距离有一种类似的影响。无疑，在文本中无论是用过去时态还是将来时态，都是违反时间的自然进程的。因为，当一个对象是过去抑或将来的，那么由现在进到它的那个思想进程是由一个时间点进到先前或其后的一个时间点，这都是与自然的进程相反的。如此，社会真相文本写作充满着"零距离"的风险。

这样，"零距离"文本宣称把社会事实以书面形式无距离地忠实地撰写出来、记载下来。实际上，对于社会真相发展整体，"零距离"的写作只是堆砌在一起的一个建筑，是时间距离逻辑对其只起微乎其微作用的一种现实，它至多在时间和空间上只把握住了某段片刻的固定距离，只是抓住了变幻莫测的现实的一部分，甚至是最具欺骗性的时刻。

总之，在社会真相的文本中，时间被想象成为一种历史的现实中介，在词汇层次上的表现诸如以序列、期间、阶段、起源和发展等技术性术语来对时间或时间性的关系加以概念化，的确，时差之中都孕育着"内在的、本质的或偶然的"真相的表现。一定意义上，文本就是一系列特殊的、通过相互衔接的时间分割。社会时间观强调特定文化环境下的社会真相的认识过程，这样，虽然人们从没有真正地对普遍性的时间问题给予满意的解决，但"真相"并不能在文本中消失。

三　社会真相的三阶距离信息结构分析

从社会信息论的角度看，如果把"为我之物"或"人（社会）化之物"脱人化后的东西称作物质世界或自在本体的话,那么,相对于人的认识活动的"自在本体"只能是"自在信息"。"自在信息"产生之后便展开了自身的同化和异化运动过程,也即现象化过程,这是信息传播、使物质的信息得以进入主体认识的基础。

对于认识,现象化是其初始条件,它是一种从自在信息到自为信息的信息态。例如,月亮、太阳的形象,就是通过光直接作用于人的眼睛,由中介信息和人的视觉直观识别建构起来的。

"从自在信息上升为自为信息,揭示出现象是一种'为我而存在'的本质,没有认识主体对认识对象的直观识辨活动,现象就无从谈起。从这个意义上现象体现出了物质、自在信息的客观性与认识的能动性在信息认识活动中的统一。"① 所以,从信息活动意义上看,认识的内容首先只能是现象。而关于社会真相的认识活动的范围不仅限于对自在信息的接收、识辨、储存的直观认识的阶段上,它把对自在信息的识辨和改造提高到了符号信息及其逻辑推演的高度,这意味着,现象还不是认识的终点。这说明人类的认识始终无法摆脱一个局限,即无法直接看到或观察到躲藏在现象背后的存在,只有靠理性思维间接地去把握自在世界。所以,社会真相本质上应是对现象的一种理性思维的距离超越,也即只有通过现象中介才能建构自在世界的"信息",具体地说,只有从根本上通过社会实践中介活动才能获得具有真相性的"社会信息"。

作为信息活动的高级形式区别于其他信息活动形式,区别于他类动物精神活动现象的本质是人类思维。应当说,认识的最为丰富多彩和创造性的一面就是它的思维活动,也即对社会信息中的再生信息方面。

其实,马克思早就批驳了旧唯物主义"'市民社会'的单个人的直观",指出"旧唯物主义的立脚点是'市民'社会;新唯物主义的立脚点则是人类社会或社会化的人类"②。这就是在马克思看来,社会实践对于认识问题研究的根本性作用,以至于社会实践实际上承载、生成与检验着社会真相认识。也正是在社会实践的信息运动的意义上,"社会信息",

① 王哲:《现象的三阶构成与认识的三道距离鸿沟》,《新疆社会科学》2007 年第 5 期,第 1~5 页。

② 《马克思恩格斯选集》(第 1 卷),人民出版社,1995,第 61 页。

作为社会实践中介活动的信息外化存在，其实规定了社会真相认识现实存在的范围。所以，任何对社会真相认识都应置于社会信息化基础之上，肯定社会信息是一切人的理论思维活动的不竭之源。

"社会信息"，作为意义的世界无疑首先是对"自在信息"的超越。从本体论上看，"自在信息"总是有着向"自为、再生信息"转换的可能，因此，"自在信息"一定意义上可以视为潜在的"社会信息"。同时，在"自在信息"与"社会信息"之间也不存在绝对无法逾越的鸿沟，因为，"自在信息"在获得现实形态与意义，也即实现从"自在"到"社会"的飞跃过程中，"为我之物"仍有不依赖于人的意识及其活动的一面。这种不依赖人的规定包含着某种"自在"性；这意味着"信息"由实践过程而外化于现实的存在，即"社会信息"仍然有其"自在信息"的必然构成。而从根本上人作为信息活动的主体，其存在本身即以"自在"为其本体论的前提，这一社会事实决定了人在走进社会的同时难以割断与自然的联系，这实际规定了"自在、自为、再生"三态信息之间具有连续性、统一性。这就是社会真相认识到达物质世界实现了的"自在、自为和再生"三态信息的相互作用和规定，是人类认识的真理性与现实性力量的根源与保证。

同时，正如邬焜教授指出的，信息实际上有着三个性级质的规定，而第三性级的信息一旦通过人的劳动实践外化出来，就是对世界的创造。[①]这样，自为、再生信息必须以自在信息为其内容的根据和条件，而主体的自为、再生信息活动必须以某种相应的信息自在同化过程为其基础。因此，主体将它所把握、改造了的自然、自在信息进一步符号化、理论化，并赋予它们普遍代示、人为中介的自然关系以意义，由此社会信息真相所规定着的自然的新质集中显示着人类社会的本质。在对象和意识构成一个统一的系统后，信息的第一、第二性级的质就在这个系统的认识结构中被部分揭示，而社会信息真相一经被认识所把握就必然同时被意识揭示出它那经由社会实践实现了的第三性级的质的内容。于是，人的本质、意识的能动作用就在这个社会信息真相的"三质"（即信息的三种性级的质）统

---

① 邬焜：《信息哲学——理论、体系、方法》，商务印书馆，2005，第61~64页。

一中被创造性地显现出来了。

因此，从认识作为信息活动来看，从物质世界到社会信息真相经过了三个基本的、具有实质性的变换过程，即从物质体到其自在信息体阶段，从自在信息体到自为信息（即现象阶段），和从现象到社会信息体的飞跃阶段。如此，社会真相认识通过了三道距离鸿沟才到达物质世界。这三道距离鸿沟首先表现为认识结构中的自在信息体是物质体的第一阶距离的间接存在，而由自在信息到现象（自为信息）则形成了它的第二阶距离的间接存在。

自在信息与现象是截然不同的两种信息存在，现象的本质是自为信息，它是经过人脑的加工、虚拟、再现的主观存在。如果从物质到自在信息是一个自然的、被动的过程，那么从自在信息到现象则是一个属人的、能动的"建构和虚拟"过程。在这一过程中，部分自在信息被损耗，部分新的属于认知主体或者其他中介的信息被加入其中了。这意味着在主客体以及中介之间的自在信息的交换很多，但它们并没能够全部形成人的感知，进而成为现象。并且，从自在信息到现象的过程不同于由物质直接同化形成自在信息的过程，现象不是自在信息的"原型"，而是发生了变形。正如库恩所主张的，世界有赖于所接受的科学理论，世界本身和所知觉和经验的现象世界是有区别的。（这是库恩与康德的不同。康德认为此岸的现象世界是人的先天时空观作用于物自体的结果，对人而言是不变的；而库恩认为现象世界是可变的，范式的改变会导致人对外在世界的经验的改变。）

总之，对于认识来说，从现象层面到对社会真相的认识，或者从自为信息到社会信息体发生了根本性的飞跃，这就恰恰说明了认识结构中社会信息作为自为信息的第三阶距离的间接存在。这样，社会真相在本质上是一种实现了的社会信息。从人的认识作为信息活动看，从物质世界到社会信息真相经过了三个基本阶段，或者说跨越了三重"距离"，即从物质体到其"自在信息"体阶段，从"自在信息"体到自为信息（即现象阶段）和从现象到社会信息的飞跃阶段。如此，社会信息真相在其三个基本阶段的发生、发展过程中，相互构成、相互作用，完成了意识的再认识、再创造，从而实现了信息的"三态""三质"的统一，即集中体现着社会信息真相的"三阶信息结构"。如此，社会真相信息体由两个因素组成：事实性与道德规范性或从其中获得的实用性结论，这种社会真相信息体的生成模式在所谓的自然科学形式中具有代表性，也在人文社会科学形式中具有代表性。

在社会真相三阶距离信息结构体中，道德与认知的不同是为区别规范性的再生信息与自在、自为信息。对真相的认识由基本的感知的自在与自为信息决定。距离逻辑区分了道德规范和社会事实的不同。通常看来，认知与道德的区别似乎是显而易见的。它们分别遵照不同的距离逻辑，所以关于社会真相客观性，要强调认知的自在性而不仅是道德性，从而需要思考规范性信息与经验性信息的区别。然而，事实上，社会真相信息的人类学与实践特征使社会真相信息体中的道德规范性信息与经验性信息的界限变得模糊。

社会真相信息体中的道德规范性与真理性一体化最简单的例子是真相的共识。社会真相的共识是人的主观性与身份的自我关系相联系的道德规范性与社会事实性的结合。由于这种逻辑性，社会真相共识要由道德规范和经验信息共同决定，把两者分开是忽视它们一体性的错误做法。社会真相的共识对于范式与秩序具有很大的道德规范与支配作用。如果把社会真相共识看作由具有道德规范力和经验性的感知同时决定的，对这种差异的阐述是为了强调经验和道德规范性信息的联系，而不是把它们分开，它们用来解释与社会事实和道德规范性相联系的社会真相共识的生成模式，不仅描述起初发生的事情是如何演变的，而且对今天以及将来的生活都有意义，代表了对过去、现在和将来的距离穿越。

社会真相的共识把这三个时间段编织成世界有序活动推动力的连续体，这样，真相的共识是有强制道德规范力要求的认知。就此而言，认知与道德的绝对区别是没有意义的。经验的拓宽使它和道德具有一致性，即抽象的、普遍的真相告诉人们做具体的事情时将会发生什么，以及从特定环境下的人类活动中可以推断出什么。应当说，对生活而言，经验领域的信息十分有限，它缺乏对生活世界本身所经历的多样性与扩展性。多样性伴随着社会复杂性的增长而增长。因此，它不能在更广泛的不同类型的社会生活中起作用也是可能的。如此，社会真相的共识成为掌握生活真相世界中命题的总和，甚至包括了那些不"真"的命题或回避询问真理性的前提。

第四章　网络"虚拟"中的
社会真相

在网络"虚拟"时代，社会信息真相有两个存在领域，一个是现实的社会生活和社会实践领域，另一个就是网络世界里的虚拟领域。一方面，社会信息真相要在现实世界里展开自己的逻辑，丰富自己的内容；另一方面，也在虚拟网络世界里拓展着生成、存续和发展的道路，在虚拟网络中显现自己的价值，从而实现对虚拟世界的引航。因此，研究社会信息真相在网络世界、虚拟领域的生成、存续和发展轨迹，对于更加深刻把握和有效地利用与发展社会真相具有十分重要的理论和现实意义。

第一节　网络"虚拟"时代的"现实"与
社会真相的问题

马克思指出："随着新的生产力的获得，改变自己的生产方式，随着生产方式即保证自己生活的方式的改变，也就会改变自己的一切社会关系。手推磨产生的是封建主的社会，蒸汽磨产生的是工业资本家的社会。"① 每个社会形态都有自己的时代标志，无可置疑，这个时代的重要标志就是出现了"网络"。与网络相关的是一个非常重要的名词——"虚拟"，它是人的本质能力的展现，从根本上说虚拟是创造的手段，是人脑极其重要的功能，人类的创造活动离不开"虚拟"。虚拟推动社会

---

① 《马克思恩格斯选集》（第4卷），人民出版社，1995，第142页。

的进步和人的发展，而主体虚拟能力的差别区别出人作为主体的层次和价值等级。

一定程度上，虚拟社会生存使人类的"自由时间"成为现实，从而对人的生存、全面发展尤其是精神层面需求的满足具有历史性价值。按照马克思的观点，只有当人不再是自己物质需求的奴隶并开始自由发展自己的智力、精神和审美能力，即当他不再是按照劳动时间的规定，而是按照自由时间的规律来发展时，人道的社会主义社会才能够实现。马克思认为，"自由劳动"并不是世俗存在所追求的超验价值目标，而是现实状况最终运动的结果，是悬设着先在的解答。这种答案不是通过认知现实获得的理论结果，而是一定的社会利益关系的"超理论"强制，因为社会"不可能将现存关系革命化而同时不提及一种价值，在这种价值的名义下所有现存的东西都是被否定的"①。从主体的网络化生活与实践看，人们也需要特定观念和思想来对抗庞杂、恐怖的客体世界，支撑和提升命运共同体（阶级的、阶层的）的生存世界和精神世界，就像齐泽克所说的"要建构起现实，主体至少需要一点理想化，从而忍受恐怖的实在"②。同时，人类也"需要一种有创造性地思考历史时间另一端主体位置的全新乌托邦思想，一种已经把阶级组织、商品生产和市场、异化劳动和超出人类控制之外的历史逻辑的不恰当决定论置于其后的社会秩序"③。如此，人们会产生一种与现存共同体系统崭新的"活生生"的联系，并且始终保持一种超越时空的对现存世界的信奉和认同。更为重要的是，"虚拟生存"被赋予了"自由、民主、理性"的因子，成为未来社会建构的共同意识和推动人类社会进步的价值基础，并因集体行动和目的的合理性和合法性成为一种普遍价值。

因此，"现实世界与虚拟世界，自然平台与数字平台，相互交叉，相

①　Manfred Frank, The World as Will and Representation, Deleuze and Guatari's Critique of Capitalism as Schizo-Analysis and Schizo-discourse, 2003, p. 173.

②　〔斯洛文尼亚〕斯拉沃热·齐泽克：《幻想的瘟疫》，胡雨谭、叶肖译，江苏人民出版社，2006，第79页。

③　Fredric Jameson, "Imaginary and Symbolic in Lacan: Marxism, Psychoanalytic Criticism, and the Problem of the Subject," *Yale French Studies*, No. 55/56, *Literature and Psychoanalysis, The Question of Reading: Otherwise*, 1977, pp. 338 – 395.

互包含，从而使人的存在方式发生了革命性的变革"①。正从根本的意义上改变着人的社会实践方式，改变着人对世界的贡献方式。当然，从人类社会存在的现实性而言，需要指出，虚拟网络以直接或间接的方式成为人类社会的真实映射，是人类社会的组成部分。它就像一个多面镜，实时的以最小时延真实地映射出人类社会的方方面面。虽然在网络所看到的东西可能会被夸张放大了，但毫无疑问的是真实社会的映照。把"虚拟化"与网络等同于完全的"虚幻化"，按"虚幻化"的方式认识和理解网络"虚拟"是非常片面的。

实际上，综观人类发展史就会发现，人类的发展史也是不断提高虚拟能力的历史。在人类历史的早期，人的信息活动能力还没有得到发掘与有效展现，人类的思维、知识、文化等非物质文明还处于较低的形态，与此相对应，人类对本体的理解也仅仅局限于物质甚至是物质的具体实物（实体）形式。所以，在中国古代有著名的"五行说"，在古希腊有水、火、土、气的本体说等。随着人类社会的发展，对本体世界的把握才逐渐地明晰起来，物质对于精神和思想具有本原和决定意义。但同样存在也有其作为信息的维度，信息也是精神和思想的根据和本原。信息虚拟虽然最终离不开物质，但在现实性上它已经以完全独立的形态开辟了一个全新的、无与伦比的非物质世界，是人类历史迄今从来没有达到的新起点！

正如马克思在《资本论》中所说：事实上，自由的领域，只是在有必要和外在目的规定要做的劳动终止的地方才开始，按事物的性质来说，也就是只是存在于真正物质生产领域的彼岸。……只有在这个领域的彼岸，以本身作为目的的人类能力的发展，真正的自由领域，方才开始。②物质和能量本身是守恒的，但是物质和信息、信息与信息之间的变换已经显示出不守恒的趋势，人的精神、思想、理性、意志、激情、知识和文化日益从物质的从属状态下解放出来，越来越多地获得了独立性质。这是物质世界自身发展的巨大进步。物质自然界产生了人，而人在其自身的发展中又消解了物质自然界，同时又使物质自然界空前人性化，使"自然界

---

① 陈志良：《虚拟：人类中介系统的革命》，《中国人民大学学报》2000年第4期，第57～63页。

② 马克思：《资本论》（第3卷），人民出版社，1973，第962～963页。

对他来说才成为人"①，这就是物质和精神、人和自然界之间的辩证法。

　　社会真相问题既是最一般意义上的哲学理论问题，又是最一般意义上的社会实践问题。任何哲学、任何科学都回避不了社会真相问题，任何生活、任何实践也同样回避不了社会真相问题。社会真相，构成了哲学和科学的轨迹，描绘了人类生存与发展的历史。② 网络的发展、虚拟技术的不断进步，为社会信息真相的认识带来机遇的同时，也使得对社会真相的掌握变得越来越困难，"迷失在和真实事物'一样真实'的电子表象中"③。这为认识社会真相带来了新的研究问题。正如有学者所说的，网络正在改变哲学的研究与发展方式和社会真相的存在与演进方式。④ 概括起来，网络"虚拟"时代关于社会真相的问题有：①社会真相的网络"虚拟"生态环境究竟怎样？它给社会真相的生成、存续和发展提供了什么样的生态？②社会真相拥有什么样的存在和发展形态？怎样实现自己的存在和发展？③在网络"虚拟"时代，社会真相对人的发展、社会的进步具有什么样的价值？社会真相与虚拟实践之间是什么样的关系？等等。而其中的核心问题，是社会信息真相的"虚拟"创制问题。传统意义上的"虚拟"是那些人的自然感官看不见、摸不着的，在物理世界中并不存在的人的创造活动及其成果。而现在所说的"虚拟"则是指一种虚拟技术、一种社会现象、一种实践形式、一种新的创造。通过这种技术可以创造出看得见的虚拟存在，甚至有了可以与真实的感觉没有什么区别的、感觉得到、摸得着的已经具有了人的感觉的真实形式。因此，这种意义上的"虚拟"已经不是个体性的、内在性的，很难与别人分享的了。

第二节　社会真相的网络"虚拟"创制

　　从历史的逻辑来看，人类的思维中介系统已经发生了三次革命，而基

---

① 《马克思恩格斯全集》（第42卷），人民出版社，1979，第122页。
② 董玉整：《网络与真理——网络时代的真理问题研究》，武汉大学学位论文，2004。
③ 〔美〕马克·斯劳卡：《大冲突：赛博空间和高科技对现实的威胁》，黄铁坚译，江西教育出版社，1999，第199页。
④ 董玉整：《网络与真理——网络时代的真理问题研究》，武汉大学学位论文，2004。

于"虚拟思维方式"的虚拟实践，用数字代码来构成事物现实性和可能性的过程是人类迄今思维方式、认识方式和社会实践方式的最高实现。因此，在现实世界中所看不到的对象的现象、属性、功能等，在虚拟世界中却能看到，那么，虚拟世界中所创造的、存在的"现实"与现实世界中的"现实"之间是一种"符合"关系吗？虚拟世界"符合"现实中的现实世界吗？究竟哪个更真实，更是关于世界的社会真相？如此等等，都触及是否有一种"虚拟社会"真相以及社会真相的"虚拟"创制，现实实践与虚拟实践，以及现实社会真相与"虚拟社会"真相的关系等问题。关于"虚拟社会"真相存在的合法性根源于社会真相生成、检验于实践，所以，首先从哲学与信息论的角度对虚拟实践作一相关说明。

一　是否有一种客观"虚拟社会"真相？

对"虚拟社会"的认识是在虚拟环境中进行的。这种认识有没有真假之分呢？或者是否存在一种"虚拟社会"真相？答案是肯定的。如果虚拟认识不存在社会真相问题，虚拟认识就是虚拟认识，那就很难解释人类进行虚拟认识和虚拟实践中介活动的认识论、创造论和价值论的依据是什么，就很难说明为什么网络世界也要秩序，虚拟的活动也要逻辑。进行虚拟活动，开辟人类认识和实践的新领域，没有正确的方向指引，人类就会自己毁灭自己，成为自己所创造的虚拟世界的牺牲品。所以，必须肯定虚拟世界、虚拟认识中的社会真相问题。

随着人类认识的复杂性程度以及虚拟性程度的增强，社会信息真相的获得越来越依靠于逻辑与思维，或者说社会真相，作为一种特殊的"社会信息"，也生成于虚拟实践中介活动中。因为，从认知角度看，由于主客体之间没有直接的接触，认识是在中介中被建构的，虚拟实践的信息建模是观念的东西转化为物质的东西的中介。但模型这种设定或设想不是抽象的、模棱两可的，而是具体的、由某种规划构成的定型化的程式。通过虚拟手段所进行的信息建模可以不受现存事物存在与否所局限，不是客观存在的一种直观反映，或者说是现存事物的直接翻版，而是存在的一种信息结构，是主体、中介和客体三元变项的"积极互构"。这种建构不存在固定的逻辑通道，它突出地体现出世界的无限可能性。如果通过某种方式收集足够的关于对象本身的信息，通过计算机的信息计算模拟，便可能带来关于对象的社会真相认识。所以，本质上，虚拟实践中介活动是一种虚拟"社会信息"活动。如果把在虚拟实践中生成的有社会真相意义的"虚拟信息"称为"虚拟社会"真相，那么，可以把"虚拟社会"真相视为一种特殊的"社会信息"，把"虚拟社会"的真相问题看成一种对"社会信息体"的"真"的认识的问题。在确定了"虚拟社会"真相的信息存在后，它与客观的现实社会并不是直接同一的。也就是虚拟认识的对象和认识的客体直接同一或者发生了直接接触的说法是不可接受的。比如，为什么说"虚拟社会"中的谬误是"谬误"呢？这仅在信息的角度，在认识论的范畴里是。因为，从认识论的角度认识的主体和认识的客体没有直接接触，客体本身没有"进入"人这个主体的身体内或者大脑内，进来的是关于客体的信息，认识主体根本不可能对客体的直接存在有任何的影响。谬误对认识对象的歪曲是在认识论意义上的，也就是说，人脑在对来自客体的信息进行"加工"时没有遵循客体应有的，及其存在条件下应该的、普遍的和必然的联系而已。这样，就可以把"虚拟社会"真相的概念定义为一种在实践中确立的"信息度"，是"真"的"多级间接存在"。这里必须指出，"虚拟社会"真相是人的认识；这里所讲的认识的主体和客体专指人化世界，超出这个前提，离开认识论说人和世界没有直接接触是不符合经验的。

如果把"虚拟社会"真相仅限定在认识论里讨论的话，那么它之所以为社会真相和其客观性，就是因为社会真相"含有"对象的所谓客观的信息。但是，社会真相的内容不是"全部是"客观信息的，也就是说全部都为"百分之百"的"真"信息。承认"虚拟社会"真相有人的创造性、想象、谬误等，甚至还有非理性的成分。"虚拟社会"真相可以是主观形态的感知、表象、想象、信念等，也可以是客观形态的句子、陈述、命题、理论甚至艺术。从其"度"上因其"真"的成分的质与量的规定，即其"真"度规定才使其为"虚拟社会"真相。此时，其他的非真成分处于矛盾的次要地位、非主要方面，一个事物的性质是由其矛盾的主要方面决定的。"虚拟社会"真相包容着"真"信息和"假"信息，把"谬误"性的东西也作为它的一个成分。"虚拟社会"真相就是由现象、现实的一切方面的总和以及它们的（相互）关系构成的。

"虚拟社会"真相不是人的认识的全部，也不是信息的全部内容。由于"虚拟社会"真相作为信息的动态的"度"的规定，区分了谬误与"虚拟社会"真相的界限，所以，"虚拟社会"真相与谬误的界限也是相对的，二者是可以转化的。"虚拟社会"真相和谬误的对立"只有相对的意义"，从本质上说，"虚拟社会"真相是一个包含有体现"虚拟社会"真相"符合"本性的真和谬误的矛盾体存在。正因如此，"虚拟社会"真相才有其"真"度有规定，"虚拟社会"真相是一种信息的"度"的特殊规定，并且又是一个动态的，在具有信息活动的实践中确定的信息"度"。应该说，掌握"虚拟社会"真相的关键是把握信息的"度"，在"虚拟社会"真相之"真""度"上"过"犹"不及"；全是真的所谓百分之百的"真"度未必是"虚拟社会"真相，而"假"的未必不是"虚拟社会"真相的成分。相对"虚拟社会"真相是唯一现实存在的，相互联系中的历史性是"虚拟社会"真相的客观条件之一。

在虚拟信息意义上的社会真相不是主观随意的，"因人而异"的，它仍然具有客观性。① 长期以来，在社会真相问题上，辩证唯物主义同唯心主义、形而上学的斗争的核心是围绕着"客观真理"，或者社会真相的客观性。（有的人把社会真相的客观性和客观真理对立来看，本质上是一回事。）我国哲学界对社会真相究竟是客观的还是主观的，抑或兼而有之，存在着三种不同的主张。传统的马克思主义哲学原理教科书主张客观关于"真"的理论，认为社会真相是客观的。与此相反的另一种观点认为社会真相是主观的，它自身不具有客观性，而只能说社会真相的对象是客观的。第三种观点认为，社会真相的内容是客观的，社会真相的形式是主观的。而对于"客观真理"的含义到底是什么，在我国哲学界也是见解纷呈的，具体说来有下面几种：客观真理是指物质世界、客观事物；在一定意义上客观真理就是客观存在；客观真理是指社会真相的客观内容；客观真理是指客观的客观实在性；客观真理是指社会真相的客观性；客观真理

---

① 对于"虚拟社会"真相的客观性的说明在笔者已发表的论文《试论社会信息视阈中的虚拟社会真相》（《理论与现代化》2009 年第 1 期，第 22～25 页）中有详细论述。这里我们选取了该文的核心论证。

就是对客观现实的正确反映；客观真理是被当作再认识和研究的对象时的社会真相。还有的人认为，在知识论范围内，真理是一个客体性范畴，是进一步审视（即再认识）的对象，而认识论中客体的客观性就转化为真理认识的基本事实依据，真理认识与其对象之间具有内容上的对应关系，客体之内在的本质和规律就转化为真理之内在的普遍性和必然性，即真理的客观性。①

回答这个问题的关键是认清什么是客观性。黑格尔在其《小逻辑》一书中就已作了区分。他说："客观性一词实具有三个意义。第一为外在事物的意义，以示有别于只是主观的、意谓的或梦想的东西。第二为康德所确认的意义，指普遍性与必然性，以示有别于属于感觉的偶然、特殊和主观的东西。第三为刚才所提出的意义，客观性是指思想所把握的事物自身，以示有别于只是的思想，与事物实质或事物的自身有区别的主观思想。"②

我国有论者认为，"大致说来，对于客观性可以从三个不同的层次来理解。第一，在本体论上，客观性是指客观事物对人而言的实在性，即不依赖于人的主观意识而独立存在的特性。第二，在认识论上，客观性是指认识客体对主体而言的先在性、外在性或对象性，而客体不仅是指物质客体，还包括精神客体。第三，在知识论上，客观性是指作为认识结果的知识、理论、思想、观念等与认识的对象相符合相一致因而具有普遍性和必然性"③。

还有的人认为，"客观性至少应包括三个不同层次的涵义：第一，本体论意义上的客观性，是指物质世界具有不依赖于人而独立存在的特性，等同于物质的本原性。这种客观性的载体就是独立存在的物质实体。这是客观性最原始、最一般、最基本的涵义。第二，认识论意义上的客观性，具有两层涵义，一是指处在主客体关系中，作为认识客体（对象）相对

---

① 封来贵：《论真理的客观性和主观性及其统一》，《上饶师范学院学报》2001年第2期，第1~9页。
② 黑格尔：《小逻辑》，商务印书馆，1980，第120、397页。
③ 封来贵：《论真理的客观性和主观性及其统一》，《上饶师范学院学报》2001年第2期，第1~9页。

于主体的外在性。这种客观性表现为客观对主观的决定性，它的载体就是主客体关系中的客体；二是指作为认识结果的客观性，也就是客观性的第三个层次。第三，关于'真'的理论上的客观性，是指作为认识结果的真理与认识客体（对象）相符合、相一致的真实性，这种真实性就在于主观认识同事物及其本质和规律相符合，其中不包含同客观实际相违背的主观成分"①。

综合以上的看法，从信息的角度看，客观性首先意味着纯粹的、外在的"自然信息体"的存在；其次，客观性是"社会信息体"的历史的、社会性的存在；最后，客观性是人的认识对"社会信息体"的"真"的符合，也就是说，"虚拟社会"真相含有"客观内容"。

"绝不是任何客观存在的东西都可以称作社会真相。"社会信息真相不能被混同于一种纯粹的"自在之物"。所以，虚拟社会真相的客观性就使以下两个理由成立。第一，"社会信息体"是历史的、社会性的物质存在；第二，人的认识是对"社会信息体"的"真"的符合。首先，从认识论意义上看，社会信息体就是"生生不息"的人类现实生活世界的信息存在，从结构上它就是一个历史的、社会性的存在。信息在一定意义上是通过一个个具体的人来实现的，但人的意识本质上是一个类的、社会的范畴。其实根本上或者"辩证唯物"地说，人类现实生活世界或者社会信息体统一于"世界的物质性"。其次，认识是一个在多级中介中相对运动着的信息建构或虚拟的活动。经过中介，在主体中建构出来的信息样态仍然保持着与客体特性的某种对应性。这是因为"虚拟社会"真相是相对于"现实社会真相"而言的，"虚拟社会"真相是虚拟世界中的社会真相，而"现实社会真相"则是现实世界中的社会真相。现实世界和虚拟世界，都是人所面对的世界，都是人所创造和进一步创造的世界，展现人的本质力量的具体确证。两种社会真相都属于人的社会真相，是人在现实世界和虚拟世界进行创造性活动两方面的成果，但在人的整体性与世界的关系中是相互作用、相互促进，共同发展的。虚拟社会真相要受到现实世

---

① 薛志亮：《"客观真理说"应该被放弃吗？——与李校利同志商榷》，《汉中师范学院学报》（社会科学版）1996年第1期，第1~8页。

界的制约和限定，不能"跳出"为它设定的存在范围，这也就决定了"虚拟"的社会真相信息的客观性和主观随意性区分开来了。其实，如果把社会真相仅限定在认识论里讨论的话，那么"虚拟社会"真相的客观性就是"含有"客观内容，而不是"虚拟社会"真相的内容"全部是"客观的，也就是说全部都为"真"信息，它包容着"真"信息和"假"信息，比如虚拟社会真相把"谬误"性的东西也作为它的一个成分。列宁甚至认为，"真理就是由现象、现实的一切方面的总和以及它们的（相互）关系构成的"①。可以预见，虚拟实践为社会信息真相的获得提供了更多的途径和更有效的方法，使得社会真相对对象的把握更加全面、更加深刻，为人的社会真相认识活动，社会信息真相的生成开辟了极为广阔的前景！

二 "信息合力"与虚拟实践的"性征"

在网络"虚拟"时代，对于网络、虚拟技术的需求越来越多，依赖性也开始加强了，虚拟实践已经是现实世界进步与发展的动力。当然，这里虚拟实践对于社会发展、进化的动力意义是在一种"信息合力"上成立的。

马克思有一个关于蜘蛛、织工，以及蜜蜂和建筑师的著名比喻，这个比喻深刻揭示了"还在自然物中实现自己的目的"②。应该说，劳动者的目的，在劳动者的观念中先已建构出来的关于劳动结果的表象、关于劳动过程的规划，以及始终决定和控制着劳动过程的注意力和意志、方式和方法等都有作为信息存在的意义，所以，一定程度上，信息是推动物质性活动的前提，有贯穿于物质性活动全过程的本质性环节的意义。

同样，马克思还指出"光是思想力求成为现实是不够的，现实本身应当力求趋向思想"③。而恩格斯在致弗·梅林的一封信中说道："与此有关的还有思想家们的一个荒谬观念，这就是：因为我们否认在历史上起作用的各种意识形态领域有独立的历史发展，所以我们也否认它们对历史有

---

① 《列宁全集》（第 55 卷），人民出版社，1990，第 165 页。
② 《马克思恩格斯全集》（第 23 卷），人民出版社，1972，第 202 页。
③ 《马克思恩格斯全集》（第 3 卷），人民出版社，2002，第 209 页。

任何影响。这是由于通常把原因和结果非辩证地看作僵硬对立的两极，完全忘记了相互作用。这些先生常常几乎是故意地忘记，一种历史因素一旦被其他的、归根到底是经济的原因造成了，它也就起作用，就能够对它的环境，甚至对产生它的原因发生反作用。"① 这意味着思想作为现实的引导与动力，而思想其实是社会信息，思想活动是信息活动的一种高级形态。这样，也等于承认了社会进化的信息动力。但是要说明的是，现实中信息作为社会进化的动力，总是作为某种"合力"而发生作用的。恩格斯曾分析的关于历史结果即为某种合力或总的合力的思想，② 正是此"合力论"的生动证明。恩格斯所谓的意志都是作为一种所具有的"信息"。所以，从整个社会看，每个个体具有不同的信息，但是，所具有的不同的信息经过相互作用和融合就成为体现着社会进化必然性的确定的社会信息；同样，每一单个的力都具有不确定性、偶然性，各个分力经由社会本质的必然联系的整合就产生了"合力"。因此，这种"意志合力"或者"信息合力"在促使形成社会直接的物质现实之前必将作为物质性事实的"间接存在"，或是必将转化为直接存在的物质性现实的必然的社会信息。这样，恩格斯的合力论思想，从信息进化的角度看就是一种"信息合力论"。

恩格斯在致康·施米特的信中提到，"既然这个人还没有发现，虽然物质生活条件是原始的起因，但是这并不排斥思想领域也反过来对这些物质条件起作用，然而是第二性的作用"③。所以，对于社会进化的信息动力的正确看法，一方面，高度重视信息动力的反作用；另一方面，信息作为物质的派生，信息动力总是"第二性"的。马克思与恩格斯所谓的"无论思想或语言都不能独自组成特殊的王国，它们只是现实生活的表现"④。虽然，"更高的即更远离物质经济基础的意识形态，采取了哲学和宗教的形式。在这里，观念同自己的物质存在条件的联系，越来越错综复

---

① 《马克思恩格斯全集》（第 4 卷），人民出版社，1995，第 728 页。
② 《马克思恩格斯选集》（第 4 卷），人民出版社，1995，第 697 页。
③ 《马克思恩格斯全集》（第 37 卷），人民出版社，1971，第 431 页。
④ 《马克思恩格斯全集》（第 3 卷），人民出版社，1960，第 525 页。

杂，越来越被一些中间环节弄模糊了。但是这一联系是存在着的"①。看到的事实是，"物质生活的生产方式制约着整个社会生活、政治生活和精神生活的过程"②。这也正是马克思所坚持的"批判的武器当然不能代替武器的批判，物质力量只能用物质力量来摧毁；但是理论一经掌握群众，也会变成物质力量"③。这样论断正说明了信息动力的"第二性"。

应当说，把握信息动力作为"第二性"的特征，对于自觉地坚持唯物史观的方法论具有重要意义。马克思和恩格斯在创立唯物史观的过程中曾对以前的唯心史观尤其是对黑格尔哲学进行了无情的批判，他们指出了黑格尔的历史哲学的泛逻辑主义和泛神论本质，并揭露了他把历史实体化所使用的手法，把意识作为第一性的错误。（黑格尔所谓的意识是信息的一种存在态）马克思说："不是意识决定生活，而是生活决定意识。前一种观察方法从意识出发，把意识看作是有生命的个人。符合实际生活的第二种观察方法则是从现实的、有生命的个人本身出发，把意识仅仅看作是他们的意识"④，而这种观察方法本身，作为理论认识活动的根本方法，也是有前提的，即它必须符合实际生活，"它从现实的前提出发，而且一刻也不离开这种前提"⑤。然而，在黑格尔看来，历史是理性借以完成自己的中介，历史上的个人、各个民族，以及黑格尔所说的"世界历史个人"、国家和民族精神都是理性的工具和体现。从根本上说，历史是从属于理性的，理性、绝对精神在历史领域以"世界精神"、世界历史的形式出现。之所以有历史，是因为理性要在其中认识、完成自身，理性只有呈现为历史的状态，它的意义才能显示出来，理性自我生成、自我发展的过程就是历史，而历史发展的动力根本上也在于理性自身。黑格尔说："由于精神是自在自为的理性，而在精神中理性的自为存在就是知识，所以世界历史是理性各环节从精神的自由的概念中引出的必然发展，从而也是精神的自我意识和自由的必然发展。"⑥ 理性在世界历史中的发展是为了实

---

① 《马克思恩格斯选集》（第4卷），人民出版社，1995，第253～254页。
② 《马克思恩格斯选集》（第2卷），人民出版社，1995，第32页。
③ 《马克思恩格斯选集》（第1卷），人民出版社，1995　第9页。
④ 《马克思恩格斯全集》（第3卷），人民出版社，1960，第30页。
⑤ 《马克思恩格斯全集》（第3卷），人民出版社，1960，第30页。
⑥ 黑格尔：《法哲学原理》，商务印书馆，1961，第352页。

现自身、认识自身，而世界历史的本质就是理性的展现过程，理性统治世界是通过个人的意志和行动实现的。"各个人和各民族的种种生活力的表现，一方面，固然是它们追求和满足它们自己的目的，同时又是一种更崇高、更广大的目的的手段和工具，关于这一种目的，各个人和各民族是无所知的，他们是无意识地或者不自觉地实现了它。"①

总之，历史理性成了历史的主体，"世界历史就是精神在其最高形态中的神圣的、绝对的过程的展现。通过这一分阶段的进程，它达到了自己的社会真相，达到了对自己的自我意识"。"'景象万千，事态纷纭的世界历史'，是'精神'的发展和实现的过程——这是真正的辩神论，真正在历史上证实了上帝。"② 由于黑格尔把历史看作"世界理性"的自我发展和自我认识，把现实的历史过程看成是精神的自我外化和自我复归过程，于是人类的历史就变成了"抽象的、绝对的思维的生产史，即逻辑的思辨的思维的生产史"③，物质的、现实的、世俗的历史成了精神的、神圣的历史，因而人的生活、生命的否定的辩证法只是精神的自我否定，社会历史的实在的矛盾和冲突都被转化成了思想自身之内的矛盾。所以，马克思深刻指出，在黑格尔那里，"历史的运动找到了抽象的、逻辑的、思辨的表达，这种历史还不是作为既定的主体的人的现实的历史"④，没有"人的历史"，只有观念的历史，这样，"历史所以存在，是为了给理论的充饥（即证明）这种消费行为服务。人为了历史而存在，而历史则为了证明社会真相而存在……人和历史所以存在，是为了使真理达到自我意识。因此，历史也和真理一样变成了特殊的个性，即形而上学的主体，而现实的人类个体反倒仅仅变成了这一形而上学的主体的体现者"⑤，所以，思辨的历史哲学作为意识形态（观念学），本身不过是人类历史的一个方面，⑥ 是对人类历史的一种反映，并不是现实的历史本身，可是意识形态不是完全撇开人类史，就是曲解人类史，并且到处"头脚倒置"地冒充

① 黑格尔：《历史哲学》，上海书店出版社，1999，第26页。
② 黑格尔：《历史哲学》，上海书店出版社，1999，第468~469页。
③ 《马克思恩格斯全集》（第42卷），人民出版社，1979，第161页。
④ 《马克思恩格斯全集》（第42卷），人民出版社，1979，第159页。
⑤ 《马克思恩格斯全集》（第2卷），人民出版社，1957，第100~101页。
⑥ 《马克思恩格斯全集》（第3卷），人民出版社，1960，第20页。

历史和现实，结果使得历史神秘化了。"人类的历史变成了抽象的东西的历史，因而对现实的人说来，也就是变成了人类的彼岸精神的历史。"①这显然与马克思主义唯物史观是对立的。从而，坚持正确的历史观，坚持社会进化的信息动力的"第二性"地位，对于正确地处理信息的地位，正确认识虚拟实践的"性征"，处理好现实实践与虚拟实践的关系等的意义是不言而喻的。

虚拟实践之所以可能，就在于实践的双重规定，也就是物质规定和信息规定，以及虚拟实践对信息的组织中介，模拟、建构功能和预见功能的充分实现。邬焜教授认为，任何一个系统都会有其相应的关系（联系）模式，因为这一模式是由信息沟通和交换来维持的，所以，这一关系模式称为该系统的信息结构。信息结构对于一个系统的确定和存在起着十分重要和关键的作用，正是信息结构将不同的组分、要素等整合为一个统一的系统。这种整合的作用恰恰就是一种组织功能。当某些直接存在的事件或物体已经消失或损坏之后，可以根据这些事件或物体尚存的信息通过实践的具体操作，再现这些事件的过程，重新修复或塑造这些物体。而当对某些较为复杂的事物或过程无法或不便直接进行研究时，往往可以选取这些事物或过程的某些研究者感兴趣的信息结构方面建立模型，通过对相应模型行为的研究来达到对所模拟对象行为的研究。人的思维创造力集中体现在对新的信息结构的建构上，这种建构可以超越于现存之物、现存之世界之外、之上，如果对其未来之发展趋势或方向进行合理性推论，那么，这就构成了信息活动的另一种功能——预见功能。② 而一般来说，实践的宏观结构是由实践主体、工具及实践对象"三要素"构成的，其中每一要素的内部结构是以物质因素和信息因素为硬要素和软要素。③ 于是，基于实践中介活动在信息活动意义上的本质规定，在当代信息科技革命发展提供的条件下，以数字化技术，按一定方法和程序虚拟实践的各构成信息要素及其结构，就形成了一种以数字符号为表现形式的不同于现实物理时空的电子网络时空，这样，虚拟实践方式就产生了。这是一个不同于现实

---

① 《马克思恩格斯全集》（第 2 卷），人民出版社，1957，第 108 页。
② 邬焜：《信息哲学——理论、体系、方法》，商务印书馆，2005。
③ 邬焜：《信息哲学——理论、体系、方法》，商务印书馆，2005，第 329 页。

的，在物理空间中进行的"感性的"物质性实践中介活动。因此，虚拟实践并不直接改变现实的世界，而是通过虚拟的方式，预演现实改变现实世界的过程、程序、条件、因素等内容，探索现实改变现实世界的种种可能及其价值选择。所以，虚拟实践的本质是信息活动，它是联系理论与现实实践的纽带，是物质的社会实现的重要中介。

从历史的发展来看，虚拟实践是人类实践中介活动的必然形式。不同的历史时期，有不同的实践中介活动形式，虚拟实践是人类历史发展到网络时代的必然形式，是人类实践中介活动进步的表现。从虚拟实践与现实实践的关系来看，二者是对立统一的关系：虚拟实践是现实实践的基础，现实实践是虚拟实践的现实实现，是虚拟实践的现实结果，但并不是虚拟实践的简单现实展现；虚拟实践并不一定立即导向现实实践，也不一定完全导向现实实践。在这种关系中，稳态单一的现实实践通道必然延伸、跃迁为多样化的虚拟实践，从而使主体在与环境的交往互动中获得更多的自由。

最后需要说明，虚拟实践的社会真相检验功能本质上是基于信息思维的一种逻辑检验，经由虚拟实践检验的成功生成了"虚拟社会"真相，但"虚拟社会"真相的真实性并不能完全代替经由现实实践中介活动检验的真实性。因为，虚拟实践所关联的"虚拟社会"真相的对象并不仅仅是现实形态的对象，还有虚拟形态的对象。一定意义上，虚拟实践并不具有现实实践中介活动的诸多复杂性和多变性，不能实现完全的现实实践的社会真相生成与检验过程，作为一种关于社会真相的正确认识，它的生成与检验往往离不开现实实践。其实，这里"虚拟社会"真相的特性正是由虚拟实践作为一种信息活动的特有"性征"决定的。因此，虚拟实践并不能在最终的意义上代替现实实践，相应的，"虚拟社会"真相也不是追求的最终目的。

三　网络"虚拟"与社会信息真相创制及其主体创新

网络空间从其最一般的意义上来讲，可以看作一个人为设计和构造出来的虚拟性的社会信息世界，虽然这一社会信息世界在本质上仍然是对人类现实生存世界的理性折射，但是，这一社会信息世界毕竟不同于以往人类对其生存的现实世界的感性、知性反映的情景。据此，有理由将这一网络空间信息世界看作是人设计和构造的虚拟的信息世界。

应当说，网络"虚拟"中的世界使现实对象获得了虚拟的形式，但并没有真正使现实世界变成为虚拟的，现实世界的真实性并没有在网络中丧失。相反，网络"虚拟"使得现实世界的真实性又获得了在虚拟中的真实性的形式，从而使得现实的真实性更加多姿多彩。网络、虚拟技术世界的真实性获得了虚拟的支持，获得了网络的存在。一切可以被认识的现象都可以成为社会真相的对象。因此，作为社会真相对象的网络信息世界大大拓展了社会真相对象的范围，使社会真相的对象迅速扩容，带来了无限广阔的社会真相世界，使社会真相以虚拟的形式在无限广阔的世界里生成、存续和发展。所以，在网络"虚拟"时代，日常生活网络化，在网络"虚拟"环境里，通过网络及其虚拟活动仍然生成着社会信息真相，网络的出现改变了掌握、发现和运用社会真相的方式，丰富和拓展了社会真相的符合本质。

需要指出的是，随着网络的发展，繁杂无序的信息、有害的信息、多余的信息，确实干扰着认识和思维，影响着对于现实和未来的真实判断和对真相、社会真相信息的把握，从而对网络"虚拟"中存在的社会信息真相存有一定程度的怀疑、否定，不少人并不相信网络上有社会真相，通过网络"虚拟"会发展社会真相。其实，对网络的信任度不是很高，恰恰说明更在坚持社会信息真相的符合本质，希望网络"虚拟"世界的运行与发展更好地遵循和拓展社会真相的符合本质；另外，之所以还信任网络，是因为网络提供了、生成了、检验了真实的信息，成为人的全面发展和社会全面进步的现实力量。网络的积极意义在于通过提供极其丰富多彩的信息和知识，使得在更加宽泛的范围里、在更加坚实的基础上作出自己的抉择，建立并稳固对于社会真相的信念、对于现实和未来的信念。

在一定意义上说，主体是社会信息真相生成、维护有效运行的发起者。主体是社会信息真相"三元信息变项"中的一元，任何社会信息真相都是具体的主体所发现、掌握和运用、发展的，这就是社会信息真相主体性的具体表现。网络的出现使得人的主体性得到更大的发挥，在网络"虚拟"中社会真相信息的主观性因为主体交往与合作而消解，趋向于一致、趋向于客观。在网络"虚拟"环境下，主体是现实与虚拟的统一，是"现实社会真相"和"虚拟社会"真相的共同主体。网络中，没有绝对的现实，也没有绝对的虚拟。在这个意义上，"虚拟社会"真相基于现实主体的现实活动而具有了"现实社会真相"的价值，同时，"现实社会真相"基于虚拟主体进入网络，在虚拟世界进行虚拟活动而具有了"虚拟社会"真相的意味。可见，虚拟世界里离不开"现实社会真相"的指导，而现实世界里，"虚拟社会"真相也在发挥着作用，从而昭示着社会信息真相主体凝聚现实与虚拟的力量去创造一个更加丰富多彩的世界。正是在这个意义上，社会信息真相主体使得社会信息真相真正成为现实世界与虚拟世界相统一的社会真相，使得社会真相更加具有社会性存在、社会性实现，使得社会真相成为现实社会改革与发展的现实力量，成为和谐社会建构与完善的保证。这也是把社会真相视为一种社会信息体的价值所在。在这个过程中，普遍性的社会化网络交往为维护网络上社会真相的有效演化作出了应有的贡献。要使自己真正成为网络社会信息真相的主体，实现社会信息真相创制及其主体创新，主体就要不断提高自己使用网络的信息素养。在网络"虚拟"时代，人的能力主要体现在主体的信息素养上。信息素养的概念最早由美国信息产业协会主席保罗·泽考斯基于1974 年提出。一般来说，主体的信息素养主要包括文化底蕴、信息意识和信息技能三大方面，具体体现在主体的信息认知、信息获取、信息分析、信息加工、信息创造和信息协作等六个方面的能力。在网络"虚拟"时代，主体的最大变化就是以"人机交互"（Human-Computer Interaction）为特征的虚拟主体。人机交互是指通过计算机的输入、输出设备来实现人与计算机对话，是以直接操纵为主的、与命令语言特别是自然语言共存的形式，是一种基于多媒体的，包括基于视线跟踪、语音识别、手势输入、感觉反馈等的交互技术。人机交互模式大大提高了虚拟主体"自由"创新能力，通过计算机，虚拟主体实现了由输入设备给机器输入有关信息及提示、请示，回答问题等。"人机交互"实现了主体创造和利用虚拟能力的信息素养，同时也对主体的信息素养有了更多、更高的要求。总之，不断提高主体的信息素养，将现实的社会真相社会生成虚拟为网络中的社会真相社会生成，为社会真相的虚拟社会生成向社会真相的现实社会生成转变提供了有效的途径。

第三节　网络生态与社会信息真相传播①

社会真相，都是时代的、具体的社会真相。作为认识世界和改造世界的成果，以及不断建立和深化人与自然、人与社会、人与人自身关系的内在力量，社会信息真相的传播需要一定的条件支持。因为，社会信息真相的传播不是超越时空的，而是和现实存在与发展的社会历史进程密切相关。这就是说，社会信息真相的传播需要一定的生态环境。当前，网络正在对现实社会生活发挥着越来越多、越来越深刻的作用，一定程度上，正在"根本性"地改变着社会信息真相传播的内在逻辑。因此，探索网络生态环境与社会信息真相传播的生态环境之间的关系就具有了十分重要的意义。

一　社会真相网络传播中的主体与"社会真相认同"

在网络"虚拟"时代，出现了一个以往不曾出现过的现象，即信息爆炸。而参与并利用网络的人的数量也出现了海量增长，产生了一个颇具争议但又具最少怀疑的名词："网络社会"。而自"网络社会"这个名词出现后，网络发生了质的变化。这不仅是网络中"流淌"着的信息的质与量的变化，而且，因为网络就像空气、水一样了，所谓的"网民"这个概念将很快成为过去，绝大多数的"民"已经离不开"网"了。所以，网络打破了社会真相的时空限制，使得社会信息真相的传播更加快捷有效，正在成为社会信息真相存续、传播的重要领域。

在网络上，存在着三种社会信息真相的传播，一是有着特定主体指向的社会信息真相传播；二是有着相对较明确主体群体指向的社会信息真相传播；三是没有或无明确主体定位的社会信息真相传播。如此，这种社会信息真相传播生态使网络成了一个全球性、超时空、跨距离的大舞台，谁都可以在网络上展示各自独立、互不干涉的社会真相。于是，社会真相多

---

① 本小节有部分内容已在论文《社会信息传播的多维思考》[《华中科技大学学报》（社会科学版）2009 年第 5 期，第 88~91 页]中发表，这里的讨论一定意义上也可视为对此文关于社会信息传播问题的进一步讨论。

元化成了一种以网络虚拟形式存在的现实状态。其实，美国学者 M. 波斯特（M. Poster）在其《信息方式》《第二个媒介时代》等著作中提出了"信息方式"的概念，并且将信息方式划分为三个不同的阶段：第一阶段是符号的互应，即口头传播阶段；第二阶段是意符的再现，即印刷传播阶段；第三阶段是信息的模拟，也就是电子传播阶段，该阶段的持续不稳定性使自我失去了中心化位置，呈现分散化和多元化状态。①

应当说，社会信息真相的网络传播经过了网络传播主体的转换。网络使社会信息真相的主体传播更加成为可能与现实，而网络上的社会信息真相传播主体则分别以个体与社会群体形式存在着。社会真相网络传播是为了社会传播，使社会真相获得现实的和虚拟的社会形式和内容，成为现实的和虚拟的社会运动的指导和推动力量。所以，社会真相网络传播的社会群体是社会信息真相主体传播的一个有机组成部分，是社会信息传播的一个新形式。然而，不可否认，社会信息真相尤其"虚拟社会"真相的个体传播是社会信息真相传播生态中的积极主体力量，是社会信息真相传播极其重要的形式。没有社会真相的个体传播，就没有社会真相的社会群体传播，就没有社会真相的现实传播价值。强调社会真相的个体传播，也就是强调个体对于网络世界、虚拟社会里的社会真相传播所要承担的责任。由于有了网络，个体所掌握的社会信息真相与社会群体所掌握的社会信息真相处于相同的信息平台。在这一点上，作为传播主体的社会群体并不比个体具有更大的优越性。但是，由于个体的信息素养与信息技术等方面的能力以及实际的运用远不及群体的能量和作用，这就制约了个体对于社会信息真相传播的量度和深度。不确定性与确定性是社会真相的本质辩证关系之一。于是，猜测所有的不确定性，是社会信息真相在个体网络传播过程中出现频率最高的现象。因为猜测，就有了各种各样的传言，各种各样的谣言与辟谣。传言与猜测越来越多，而真相、社会真相却不知道在哪里。

在网络时代，社会信息真相的传播一方面越来越有赖于网络传播；但是，另一方面，网络又使得社会信息真相传播主体之间的交往既实际又虚

---

① 丁素：《从生产方式到信息方式》，《哲学动态》2002 年第 2 期，第 37～38 页。

拟,既接触又远离。因此,网络中社会信息真相的传播,突出地表现出了个体主体传播的弊端,即对社会信息真相统一性的解构。在网络上,个体不易直接形成正确的价值评价能力,因此,在多元价值的攻势下,个体往往会对多样、多元化的信息表现得无所适从,从而丧失了批判性。当然,这并不是说取消社会信息真相传播中也作为"主体"的"个体"。离开了个别性,所谓统一的、客观的社会信息真相也就不存在了。而就社会信息真相网络传播中两个主体的关系来说,社会真相网络传播经由个体中介向社会群体传播的转变不是完全对应的。主体对信息的接收、对信息的理解、对信息的传播方式和途径等,都会影响到个体信息传播向社会群体传播转变的过程、效果和结果。所以,社会信息真相的个体传播有的止于网络,有的部分转为社会传播,有的是全部转为社会传播;有的是及时转为社会传播,有的是延时转为社会传播;有的是真实转为社会传播,有的是经过过滤后转为社会传播。

就社会真相网络传播的效果来看,经过了双主体的中介传播转换,社会信息真相所获得的适应网络形式的样态,从其信息的质与量上讲,客观上会存在三种情况:一是保持原社会信息真相的质与量;二是社会信息真相在传播中,经过多重传播中介使社会真相具有更多的现实意义和价值,使社会真相具有更丰富的内容和更有效的形式,从而发展了社会信息真相;三是与第二种情形恰恰相反,使社会信息真相层次降低、价值受损,社会的信息真相流失。我国学者董玉整认为,网络传播过程中社会真相流失的主要原因有:①信息污染,大量虚假信息充斥网络,真假难辨;②信息爆炸,信息太多,使人难以选择,变得茫然;③对信息采取主观实用的选择标准,过分主观化、功利化,出现网络传播失范的现象;④信息发布、管理过程中,存在着"数字鸿沟"的现象和"信息霸权"行为,妨碍社会真相的全面性、客观性和有效性的展现、发挥;⑤社会真相意识和社会真相信仰淡化,丧失对社会真相尊严的尊重,淡化对社会真相追求的热情。[①] 其实,从这里他给出的原因来分析,社会真相网络传播过程中,影响社会真相网络传播效果的制约性因素主要在于社会信息真相传播主体

---

① 董玉整:《网络与真理——网络时代的真理问题研究》,武汉大学学位论文,2004。

方面。因为，信息的真假难辨，难以选择，对社会信息真相主观实用的选择标准，信息发布、管理过程和基于社会真相意识与社会真相信仰的考虑都有社会信息真相传播的主体维度规定。这样，主体对社会信息真相网络新形态的认同问题，即"社会真相认同"是社会真相网络传播效果的制约因素。

随着网络"虚拟"的发展，会越来越多地通过虚拟而不断地提高自己的认识效率，达到对事物更多、更完整的把握，因此，社会信息真相网络传播将越来越多地成为获取和掌握社会真相的重要方式。社会信息真相在网络中的传播一定意义上赋予了社会真相以网络形态。与现实时空中的存在形式相比，社会真相具有更多的虚拟特征。而且，随着信息化的推进，社会信息真相的传播形态更有以网络虚拟态的方式代替现实的存在方式的倾向。而对社会真相网络信息形态的"社会真相认同"是形成社会真相认识，接受和运用社会信息真相的前提和基础。对社会信息真相的网络形态的认同，本质上是虚拟认同。虚拟认同，也就是认同虚拟，肯定虚拟具有与现实的一致性、真实性。主体对虚拟认同的态度、虚拟认同的程度，以及虚拟认同的方式等，都将影响到社会信息真相在网络中的传播和展现。因此，主体具有虚拟认同感和观念，是保证虚拟认同过程实现的前提条件，是社会真相在网络中得以生成、传播和发展的前提。

那么，影响对社会信息真相网络新形态的认同的原因是什么呢？概括来说有以下两个方面。第一，社会信息真相本身网络传播的生态特性。在社会信息真相的网络传播中，由于网络对传统时空观的变革，社会信息真相对传统现实时空的依赖大为减弱了，所以，有的人甚至认为，网络上提供的社会信息真相不是社会真相。不能否认，社会信息真相在网络上的传播来源广泛，可以比较、选择的信息很多，而似乎每一具体社会信息真相较之现实时空中传播的社会信息真相总是有缺陷的，当然，也不一定是真正的社会信息真相。于是，对网络的不信任与困惑也反映在了对社会信息真相网络形态的否定上，影响人们对于网络传播中的社会信息真相的认同。

第二，从传播的接受角度来看，即从受者对社会真相网络传播的获取方式来说，社会信息真相点击化、瞬间化。网络为寻找社会信息真相提供了最为便利的途径和手段,与海量信息相对应的是社会信息真相的瞬间万变,令人目不暇接,没有耐心去感知社会真相,深究社会真相,并在理解和接受的基础上坚持社会真相,运用和发展社会真相。所以,社会信息真相的存在变得越来越短暂、越来越不稳定。由于信息过多,传播过快,个性张扬过度,不假思索,人云亦云,越来越多的人只是满足于网络上的社会信息的"点击",成了社会信息的毫无保留的中转站。于是,对于掌握和发展社会真相的自觉意识弱化。如此,使得对社会真相整体性掌握的实际努力减弱,对于社会信息真相的占有呈现"片段化"特征。而个人坚持自己的"一己之见"的"社会真相",并急于在网络上传播,以显示自己的网络能力、表现的价值等,只会对社会信息真相的整体性造成破坏。

总之,每一次传播革命都对社会进步具有重大的推动作用,将人类带进一个新的境界。信息时代的社会真相网络传播模式的变化与社会进化和时代观念的变化应该是一致的,所以,网络的普及运用,正在社会信息真相的传播中发挥着无与伦比的作用。的确,以网络、多媒体技术为核心的社会信息传播的独特个性吻合了自我表达以争夺话语权的心理需求,它以"跨距离""零时间"为特征传播着社会真相,改变着社会的现实运动和历史进程。社会真相的价值存在于、运用于社会实践和社会生活中,因而越来越多的人认同、接受、运用社会真相,并在网络传播过程中发展社会真相,则是社会信息真相传播价值的具体实现。

二 网络生态中社会真相传播的距离逻辑

互联网的发展,对社会真相信息的传播有许多值得称道的地方。如传播手段的改进,加速了跨文化交流和全球化的进程,有利于不同文化背景的人之间相互理解,对社会真相信息的主体予以认同。

在网络中,社会真相的信息传递是有多级中介的。在这个过程中,经由不同的中介,就可能丢失信息甚至对信息造成误读。可以说,经由某一中介过程,就意味着一种"选择性接触"与"程度设置"功能。在这个过程中,距离逻辑起着重要作用。如同社会真相的生成机制一样,社会真相的传播动力机制也把"距离"看作沟通的屏障来控制、消解,还把它看作一种"空间资源"来建构、利用。

社会真相传播的距离中介是不断发展的。从口语传播到文字传播、印刷传播再到电子传播，信息量不断增大，传播速度不断加快，覆盖面不断扩大。在当今的"地球村"，电子媒介已使传播的空间距离获得突破。

在网络信息的传播过程中，"距离"可用来描述社会群体或个人在政治地位、空间位置、文化背景、心理状态等方面的差异及量度，它可分为空间距离、社会距离和心理距离三部分内容。对于社会距离，可以从两个方面来阐述。一方面是不同文化间的文化差异。这是由于种族、民族、文化、语言等的障碍所造成的信息传播的一些阻隔。另一方面是不同阶层之间的文化差异，这可能是最重要的。心理距离是传播距离的核心，空间距离和社会距离其实最终都是由心理距离引发的。心理距离又可以分为认知距离、情感距离、态度距离。社会真相距离的引发除了上述原因之外，还有不同中介形态所造成的差异，这里的距离差异往往指事实和价值之间的距离。

受主体条件的限制，如建构距离和控制距离的能力，对信息的掌握往往是以自己的身体距离为核心，进而放大到整个世界的网络传播中。社会真相有其信息度的规定，其大小与"接近性"有着明显的关联。"接近性"就是主体头脑中的新事实与中介以及价值的距离，这是主体头脑中产生的事实与客体之间的接近。身体的组织属性、客观性的建构原则以及大众媒体非针对性传播的特点决定了社会真相的客观性原则往往让位于"接近性"原则，从而决定其信息度的规定的大小。距离逻辑是社会真相信息体的内在建构逻辑，为了实现这种逻辑，主体往往会通过叙事来控制主体与社会真相的关系。以中介为中心的距离关系构成，体现了真相主体与客体在中介之中通过距离"交流"的特点。例如，主体需要立足于如何理解、把握距离，从而使客体更加丰富准确，实现传播上的共享。再如，按照客观性原则，新闻的传播者往往在叙事的角度上有意拉大距离。

在网络中，各种类型的距离是达成三元变项的理解和互动的空间，贯彻了三元变项相互适合的思想。在社会真相的网络传播生态中，其三元变项中的距离具体分为如下几个层次。一是主体和客体之间的距离。无论主体有多强的理解能力，也无法完全穷尽客体的意义，因为客体是独立自足的，其意义也是自足的。也就是说，当客体被主体制作出来之后，就获得了相对独立性，正是这种独立性，使跨越时空的超距传播成为可能。二是主体和中介之间的距离。社会真相信息中主体与客体之间的距离是间接的，需经由中介建构。基于距离逻辑，主体会根据自己与中介系统的距离对社会真相信息进行再选择、接触和接受。随着科技进步和中介系统的进化，对现实世界的影响、事件、人物进行加工、取舍，为人们建构一个社会真相的"虚拟环境"。从这个意义上来说，中介缩小了社会真相的距离。三是客体与中介的距离。客体是经过中介工具选择加工过的现实，它不可能完全再现现实原貌。四是中介之间的距离在网络传播生态中，各种中介有自身的语境，从而导致不同的网络传播情境。五是主体与主体之间的距离。需要注意的是，一方面，随着网络传播技术的兴起，传统的"主体"概念及其内涵已经发生了重大的变化。原来比较容易辨别的人际、群体、组织、各种网络传播类型之间的界限正在模糊。换言之，现在的主体已经带有越来越多的群体、共同体的特点。另一方面，主体距离的核心概念是"心理距离"，这种"心理"并非先天规定或随时加载的，而是后天学习或长期生活实践沉淀下来的结果。换言之，这种心理不仅是一种个体心理，更是一种文化心理，因此，是人类传播活动中大众都能感知到的存在，同时又是不同文化差异的体现。

在网络中，信息不对称大致有由时间距离引起的信息不对称、由空间距离引起的信息不对称和由社会距离引起的信息不对称三种情形。信息在时间距离中的传播，由一个时间部分进到另一个时间部分时，要比它在空间各部分的推移困难得多，与此同时，对信息不对称的消除效果要好得多，这是因为空间在感官看来是比较顺利和方便移动的。实际上，通常经由历史考验过的社会真相在我们看来是那样的珍贵，并且比在同一时间距离上的空间中最辽远的地方所带来的东西都显得更有价值。因此，网络信息传播中的"厚古薄今"，意味着时间距离比空间距离有更大的效果。如此，人们更多地愿意去考古、去澄清前者的历史和年代。

由于距离对社会真相信息制作具有巨大影响，使社会真相对距离有着天然的依赖。因此，在网络传播生态中，一定程度上，距离是决定社会真相信息创制的核心。距离往往会对社会真相进行正面（同时也可能是反面）的放大。决定距离的核心原因，大致有两点：A 利益，B. 舆论。网络中人们对社真相的关注，很大程度上受媒体的影响，媒体的狂轰滥炸将本属常规的事件放大，使媒体及其受众关注出现了明显的偏差甚至噪音。媒体的选择会使利益攸关的事件超越地理空间距离，但在三元变项中，发挥最核心作用的仍然是主体本身的心理距离。距离有心理距离、空间距离、社会距离和叙事距离的区分，而且距离也产生于不同的对象之间，尤其是后者更容易形成混乱。不少人在使用传播距离的概念时，并不刻意区分距离产生在哪里。应当说，一定要注意到在网络传播生态中，影响不对称的因素主要不是客观的外在的时间与空间上的距离，而是社会与心理距离因素。因为，虽然自然与生物的内在性质和原则无法抵抗，但当人类寻找某种抵抗，并且有勇气遇到可以滋养它并运用它的思想或行动的场所时，人的社会性与价值观便迅速地投入其中了，结果常常就是决定逆着自然之流而行。因此，同一个事实的多个方面，一个矛盾的多个侧面，在传播过程中会发生部分放大或部分损失的情况，这也形成了传播效果因社会、地理、心理距离而与预想发生偏差的机制。也就是说，在网络中，社会真相传播经由多级信息中介，形成了沿着"差序"距离逐次一圈一圈地由内向外推演的"差序"格局。所谓差即差异，序就是等级，这更多的是社会的产物。它既是横向层面的分布，同时也是纵向上等级化的、倾向于强权的。一般而言，跨文化的社会真相传播必须以文化的差异与"差序"为前提，才能缩短传播距离。因为，社会真相信息的传播困难在地理空间上透过信息科技、网络等就可以克服了，但是社会真相在主体之间心理距离和社会距离的弥合，其实是一种跨文化的信息交流。换句话说，如果能具有与传播对象的"同理心"，自然可以拉近彼此的心理距离，缩短对社会真相信息的距离。

实际上，信息的传播在于信息不对称。所以，从积极角度看，社会真相的传播也需要距离，要重视和强调"距离"在网络传播中的重要意义。一般来说，网络信息传播中，由于信息的丰富化、巨量化，在距离非常短的时候，对消除社会真相信息的不对称的努力就相应地减弱了许多，或者说，这种情况反而削弱了传播的力量。因为短距离有种减弱的情感及对事物接受意愿的倾向，但是在出现一个超长距离时，不对称性便扩大并提升了传播的难度。而只有在伴有一个适当的距离时，信息传播才会顺利。从距离逻辑上看，信息传播的距离存在一种高低流向，由低的对象向高的对象推移时，似乎产生了重力效应，不免有一种受挫之感，感到一种困难。因此，信息流向的困难在于向上前进，易于循着下降的方向后退。

从接受角度看，即从主体认同视角来看，社会真相竞争，"外来的和尚会念经"，对从外地来的人物特别是远道而来的人物总有些敬畏的心理，觉得他一定是一个学者或是一个专家或是权威，代表社会真相。因为，与对象的距离使我们对他格外敬慕。显然，单纯观察和思考任何距离巨大的对象，或者说当任何远隔的对象呈现于意识中时，不论是接续着的还是占有空间的，都会扩大思想的时空。"博大精深""宏伟""永恒"等不仅使人愉快，产生美感，更重要的是，一般来说，传播中的距离也会产生思想的创新。当然，这种传播中的距离不一定是具体时空中的距离，如当一个对象能借着观念的自然联结把它转移到任何巨大的距离，比如两个概念间的距离越远，即从一个观念转到另一个与之相关的远隔的观念，对这段距离所发生的联系也体现了概念的创新与进化史的进步。

从情感上看，在社会真相的网络传播过程中，人性中有一个引人注目的"逆反"的性质，就是除非任何一种阻碍完全使人受挫乔，否则，反而会有一种相反的效果，即其以一种超乎寻常的力量灌注于所谓"越挫越勇""屡败屡战"，在集中精力克服阻碍时，鼓舞了灵魂，使人发生一种在其他情况下不可能有的昂扬之感，感觉到了自己的力量。这样，对社会真相信息的传播可能产生了积极的作用，更有利于社会真相的接受与传播了。

当前，由于传播媒介技术的进步，"社会真相信息分享"中的社会分化加剧了。社会弱势群体、受教育程度较低人群的信息与社会上受教育程度较高人群的差异变大，不同人群间缺乏交流，保持着明显的对社会真相信息的距离感。而在后现代社会中，随着传媒资本垄断的加剧，席勒所阐述的"文化帝国主义"现象越发明显。话语权过分集中，使文化上占优势的民族在世界事务中的影响力越来越大。而在一个操纵与控制较强的网络生态中，"社会真相传播距离"以"强权"为中心的"差序"格局不仅影响到社会真相信息传播活动中一般的传播空间分布情况，而且直接在社会真相信息传播领域有相应的文化心理乃至体制化反映。在中国，虽然党和国家对传媒体制有强大的控制力，但在网络传播生态中，民众的意见领袖、精英，权威崇拜心理和向心意识正在冲击着对官方社会真相的认同。另外，在社会真相发展形成的"差序"格局里，在"秩序"的规范下，还形成了一些相对封闭的"圈子"，加剧了秩序的固化。在体制上，对等级、权力的极端强调，已经预先规定了社会真相信息发展中的空间距离关系。这些问题影响着我国互联网中多层次、开放的社会真相信息传播与生成机制，需要加强相关研究。

三　强权与操纵：社会真相网络传播生态的冷思考

信息社会，手机、网络贴吧、博客、"RSS"、网络晒客等的出现让人耳目一新，新媒介所带来的社会信息传播的新模式和方式是令人振奋的。应该说，社会信息系统的发展、进化，是人的心理和行为或者说人的发展、进化，而思维方法和交往工具的演化共同构成人的新进化。其实，每一种社会信息传播特有的模式和方式都是某个时代的表征。从网络信息社会传播研究的历史角度看，随着现代信息传播技术的进一步发展及运用，网络传播的民主性与平等性将得以最大程度的实现。的确，当前，社会政治、历史和文化等因素在网络传播新技术的产生、发展和使用中扮演主要角色，传播正在由传者中心转向受众中心，强调传播的反馈与对话。而"子弹论"、"靶子论"或"皮下注射论"、"强大效果论"的传播理论让位于"使用与满足"的传播研究，等等，说明了网络信息传播中的民主与平等元素被"受众"发现和重视，体现了对单向线性传播的否定之否定，实现了社会信息双向流动的本质。

应当说，在信息社会，社会信息传播的多级中介与多级反馈可以得到更好的实现，而传播只有通过反馈，在双向流动中才能取得预期的效果。然而，曾几何时，"悠悠网事"，真的还是假的？这成了人们对网络中传播着的社会真相信息提出的一个问题。在信息社会，信息技术引起信息传播媒体的革命，日新月异的传播技术使我们拥有了众多的信息接收工具。社会信息真相的网络传播，在一定意义上，必须通过一定的中介，而中介的作用实际上是对社会信息进行必要的放大、整理、传播、转换、改变和激发。这种经过一系列的信息处理环节才达到主体感知的日趋"间接化"的过程，实质上也是社会真相网络传播日趋"高阶间接化"的过程。

因此，在网络中，出现了一种"网络强权"。正如有人评论道，互联网这个东西一直都是做加法、乘法的，每天每时每刻都有海量信息出现在网上。而现在，互联网出现了减法运算，每天每时每刻都有大量信息被删除或屏蔽。① 所以，网络公关、网络营销、拿钱删帖、"网络打手"和"网络刀客"等称谓出现萌芽，甚至被有关媒体称为"网络黑社会"的"崛起"，② 忽然让人感觉到了网络信息传播后面的"黑幕"。

"网络强权"主要是利用信息发布的主动权、选择权、优先权、传播权等，制造并散布自己的信息，并使得网民不得不接受，别无选择，成为它的接受者、追随者。不可否认，互联网在给民众带来资讯便捷、透明等好处的同时，也成为恶意攻击、抹黑他人，制造谣言、遮蔽真相，操纵、垄断或歪曲社会真相的一个工具。于是，在网络中，所谓公众正在翘首以盼的社会信息真相的传播已经合理地回归自由，这句貌似正确的真话，其实绕过了两个现实的问题：一个是，真自由吗？另一个是，社会信息真相自由传播的空间有多大？

网络使社会信息真相的传播更加方便、快捷、高效，甚至对社会信息真相的获取和运用具有决定性意义。而网络时空中的强权与操纵，使得一些人与社会真相越来越近，又使得另一些人与社会真相越来越远，网络使社会信息真相的传播呈现更多的层次，使得不同的社会群体之间对于社会真相的接受、内化，以及展现和外化等活动，出现了更多的选择和更大的

① 张书舟：《你发的帖子是怎么消失的》，http：//gcontent. nddaily. corr/f/8a/f8a7e9f5efd72a91/Blog/54a/8edd71. html。

② 2009 年 12 月 19 日，中央电视台《经济半小时》栏目播出了节目《揭秘"网络黑社会"》，直指有些网络公关公司成为"网络黑社会"。2010 年 3 月 15 日，消费者权益日当天，《经济半小时》又播出《揭秘网络灰色产业链——谁删了你的帖子》。央视在曝光网络公关行业时用了"网络黑社会"这样的称谓。在节目中，央视记者暗访的众多网络公关公司都声称可以运作删除大部分网站、论坛的负面信息，当记者按对方要求付费之后，果然指定的某汽车论坛中的商业负面帖子被马上删除。面对删帖要收取的几千到几万甚至数十万元的公关费用，这些网络公关公司的人坦言，"大部分费用是用来公关（这些）网站的内部人员"。见 http：//gcontent. nddaily. com/f/8a/f8a7e9f5efd72a91/Blog/54a/8edd71. html。

差距，网络开始决定个体以及群体的层次。更严重的问题是，现在，"网络霸权主义"已经成为强权在政治上取得霸权的一个十分重要的途径和手段，使得网络上信息传播的冲突越来越激烈，阻碍人们对社会信息真相的分享，也使对社会信息真相的占有与传播变成强权为自己谋利益的手段和工具。网络虚拟也是一个社会，也有正义和邪恶、社会真相与谬误的较量，在每天层出不穷的网络事件面前，网民们被一些社会真相制造者及其说客盲目牵着鼻子走，以为掌握了社会真相，实则沦为网络强权的"拥趸"，助纣为虐，而社会真相也被贬得分文不值。此外，还应该说，在"网络强权"那里，信守谁拥有网络话语权，谁就拥有了"社会真相"的社会真相。这样，霸权即社会真相，拥有网络优势的一方与处于劣势的一方之间对真相、社会信息真相的发言权有着显著区别。在不能掌握社会真相、没有或无法了解真相时，人们不得不听从于强权的摆布，甚至强权成为网络中唯一的依赖与信息源。于是强权获得了充分的权利，使其利益合法或合理化，使网络服务于其目的。正如有学者指出的，"数字化和网络化技术本身也是对人的另一种形式的异化和束缚，数字化技术在为人类带来福音的同时，也出现了人的主体性张扬失度，以至发生畸变或走向衰落，从而使人的全面发展面临新困惑的生存境遇"①。

当越来越多的人发现了被强权操纵了的社会信息真相后，社会信息真相的崇高感、优越感就会减弱，甚至会体味出一种荒诞感来，就会怀疑网络上社会信息传播者的态度是否真诚。由此，影响了人们之间基本的信任。大量事实表明，"信任感已经成为数字化经济中任何组织的一个重要的、显著的成功因素"②。美国先进人类科技公司创始人罗斯·道森指出，"在一个日益透明的世界里，信任的重要性是上升而不是下降了"。"真正的公关如今不再是仅仅以数字化联系为基础，而是两种重要的人为因素，这一点在现在比过去的任何时候都明显。这两种因素就是信任与关注。"③

---

① 高鸿：《数字化时代人文精神的反思与重建》，《石家庄师范专科学校学报》2003 年第 4 期，第 1~7 页。

② 刘现瑛：《建立网上信任感》，《学术月刊》2003 年第 7 期，第 56 页。

③ 〔美〕罗斯·道森：《网络中生存：超连接经济体系中的商务活动》，金马工作室译，清华大学出版社，2003，第 70~72 页。

美国戴尔电脑公司首席执行官迈克尔·戴尔也说："现代企业现在面临的最大挑战不是利润，而是信任感。"大量事实表明，"信任感已经成为数字化经济中任何组织的一个重要的、显著的成功因素"。进一步讲，在强权操纵下的社会信息真相的存在变得越来越短暂、越来越不稳定。对强权而言，社会信息真相的意义和价值只在于对自己有用，只在于自己的理解，只在于自己的选择。如此，社会真相的实用论在网络中获得了"新生"。社会信息真相成了一个又一个对自己有用的瞬间存在：有用时，社会真相就存在，不用它时，社会信息真相就被另一个所谓的"有用的"社会真相所代替。这将会导致信仰危机，使人茫然、浮躁、无知和产生偏见。不可否认，当前中国社会变革加速，在向现代社会转型过程中，文化、思想、价值观念等方面都发生了多元碰撞，使人必然要对信仰、信念进行重新的思考与选择。因此，也一定程度上存在着信仰危机，而网络中存在着的强权操纵放大了这个危机。在一定意义上讲，信仰和信任就是效益，就是价值。在网络时代，信仰和信任的价值显得越来越重要，而信仰与信任问题与对社会真相的认同、坚持和发展有着密切关系。

在社会信息真相的网络传播中，受者并非只是消极被动的，对传播的信息也并非兼收并蓄的，社会信息真相的传播价值最终能否体现不一定取决于传者，相反，更多的要取决于受者。而更重要的是，社会信息真相其实是一种社会信息体，社会信息是在社会中实现了的，它的传播是一种普遍存在的社会现象，社会性是社会信息传播的首要性质。但在社会还存在一定的阶级与阶层以及不同利益集团的情况下，社会信息还具有相应的利益归属性，简单地说，"普遍的、大众的、全民的"不是实事求是的立场。因此，从社会信息真相的传播作为一种社会信息的传播问题，研究它在网络中传播的生态，就要充分重视不同社会利益集团的诉求与它的传播生态的关系。同时，人进化的特点在一定程度上受科学技术制约，而科学技术却主要通过工具而成为人的进化所不可缺少的。所以，在社会信息传播过程中，无论采用何种模式和方式都不能没有中介工具载体，它和人类工具系统的进化、发展具有一致性、同质和同步性。"媒介即讯息"①，

---

① 石义彬：《单向度、超真实、内爆》，武汉大学出版社　2003，第217页。

"媒介也是人体的延伸"。"媒介作为人体感知的延伸，必然要形成新的认知世界的方式。"① 可以说，技术决定论者，对技术在传播中的深刻作用作出了精辟的论述。所以，网络作为社会信息真相的传播媒介，具有鲜明的工具中介性特点，深刻影响着人的认识、价值观和行为，并且通过其传播所生成的工具生态改变着人与社会。当然，"媒介技术或工具本身是中性的，它们本身并不必然导致某种'善'或'恶'。归根到底，媒介工具是人的创造物，重要的是人如何使用它"②。

网络强权之所以还会有市场，一方面是因为社会信息真相供求关系依然失衡，社会真相网络传播的通道特别狭窄。在一个不平衡的、资源掌握在最少数人手里的社会，在"供依然小于求"的背景下，社会信息真相不能传播到一个对于受者而言的合理位置。这样，网民与社会真相的距离就不会趋于正常和规范。另一方面是因为社会信息真相也有其基本的传播成本，在此过程中，如果传者无法实现盈利，社会信息真相传播自由必然会受到制约，此时，强权就会取而代之。当然，对社会信息真相的操纵往往未必以人的意志为转移。有时，社会信息真相传播的这种不可控制性趋势一旦形成，在惯性面前人力是很难阻挡的。最终，社会信息真相的传播在有序化过程中趋于稳定，事实逐渐水落石出，真相慢慢浮出水面，然而，社会信息真相传播的成本与效益却受到了严重损害。但又有了一个问题，社会真相之神圣是正确无误的，然而，由于社会真相表达的情境、时机不符，反而会引起误解甚至是反感。的确，在网络中，真话也要注意表达的时机和情境，唯有如此，真话才能够起到相应的作用。反之，真话也可能误导舆论而走向一种"噪音"。这样，似乎又要用必要的"强权与控制"这样的"真话"来给公众提醒。于是，这里对"强权与控制"的讨伐转向呼唤，对与网络和社会真相关系的厘清显得有些立场模糊。

社会真相网络传播生态的发展，在挑战人们的社会道德与安全的底线，这固然需要网民保持清醒的头脑，擦亮眼睛，去伪存真，奉行"仁

---

① 石林、冉华：《对麦克卢汉媒介思想研究现状的检讨》，《新闻与传播评论（2002 年卷）》，武汉出版社，2003，第 16 页。

② 陈浩、沈蔚：《传播技术理论的现代历程及文化反思》，《东南传播》2008 年第 3 期，第 24～26 页。

者爱人""己之所欲，推己及人；己所不欲，勿施于人"的底线，然而，在一个个没有道德底线的"网络强权与操纵"面前，每个人都有可能成为受害者。

我们需要真相。

一方面，网络的出现使人可以在更多的选择中认识社会真相，坚持社会真相，大大增加社会信息真相传播的社会民主程度，从而进一步维护、实现各种利益群体、集团的不同诉求，推进现实社会生活中的民主与和谐进程。从接受心理上看，人性中有一个很值得注目的"逆反"性质，就是除非任何一种阻碍完全使人受挫折，否则会取得一种相反的效果，即其以一种超乎寻常的力量灌注于所谓"越挫越勇""屡败屡战"，在集中精力克服阻碍时，鼓舞了灵魂，使人发生一种在其他情况下不可能有的昂扬之感，感觉到了自己的力量。这样，在网络上，对社会信息真相传播的阻碍或者说操纵与强权可能起到了积极的作用，即更有利于真相的"澄清"与社会真相的接受与传播了。

然而，另一方面，如果网络中的强权与操纵现象无限制地发展，最后必将严重地影响人类社会的民主、平等、公正、和谐，深刻影响人类社会的生存与发展。因为，网络信息传播中的强权与操纵干扰着社会信息真相的传播以及对社会信息真相的接受：真真假假、假假真真，"假作真时真亦假"，社会信息真相被肢解、被嫁接、张冠李戴，好像成了从天上掉下来的、打扮得时尚的明星，"被"流行，红了、凋谢、垮掉，社会真相不再是一个个坐标，而是变成废墟。没有了社会真相就没有了对人权和自由的保护能力！

不可否认，主流网络媒体在社会信息真相传播过程中要承担起正确引导舆论的责任，应"通达社情民意、引导社会热点、疏寻公众情绪"，实现、维护、发展好最广大人民的根本利益，激励全体人民创造美好生活。政府要从克服当代信仰危机、建构核心价值观的高度出发，坚持"以人为本"的理念，承担规范与引导我国社会信息真相的网络传播生态健康发展的责任。"以人为本"的传播理念导向意味着"传者"必须对其传播行为负责，它对我国的所有网络媒体工作者及参与者都有意义与约束力。所以，政府要打破信息技术垄断，打破因为政治、经济、文化教育等因素产生的信息垄断，缩小数字鸿沟，倡导网络上社会信息真相传播的平等和自由，实现社会真相网络传播生态的健康运行，促进社会进步。

四　求真与讲真话：当前社会真相的网络政治生态思考

求真，是个老命题，所谓"求真"就是直面客观现实真相。当前，无论是分配制度改革，还是柴米油盐价格；无论是房屋拆迁政策，还是化工厂选址方案……面对社会真相，公众更多地表示质疑与表达诉求。以《政府信息公开条例》的实施为代表，近年来公开透明的声音成为主流，真相的网络政治生态越来越好。如从最高领导人与网友在线交流到众多地方政府部门开设政务微博，从《物权法》《精神卫生法》征求社会意见，到开通全国反腐举报网站，等等。

新近发布的数据显示，截至 2012 年 6 月底，我国网民数已达 4.85 亿，微博用户数量骤增至 1.95 亿。在"人人都是通讯社，人人都有麦克风"的时代，新媒体的发展，为公众提供了较为广泛和通畅的网络政治参与渠道，公众可借此了解各级党政部门所掌握的真相。

讲真话，对于管理者来说，就是要讲愿意讲的话，讲不得不讲的话。"真话"至少有两种类型：一是真实地反映客观现实，经过实践检验是正确和基本正确的；二是发自肺腑之言，它可能是对的，也可能是不正确、不全面甚至是错误的。

真相是力量所在。今天，从社会运行和治理的角度来说，真话是社会良性互动、和谐运行的基础与润滑剂。通畅公民"求真"的渠道、掌握社情民意，是科学执政的首要前提。然而，就社会真相的网络生态来说，也存在质量不高，政府、公众与媒体三者关系动力不强等问题。因此，讲好真话，考验着各级管理者适应新的政治生态的决心与能力。

下面将结合当前社会真相的网络政治生态，从主体层面以及"讲好真话"的原则这两个角度，就如何创造更好的网络政治生态环境，管理者如何向公众提供更为客观的社会信息真相，为公众与媒体提供更多"求真"的条件，进行简要论述。

在社会真相的网络政治生态中，网络时代对社会真相的公开，就如同在聚光灯和放大镜下，掩盖几乎不再可能。同时，公众的权利意识日益高涨。对于管理者来说,今天对社会真相的公开而不是掩盖肩负着增强信任的重任。当对社会真相的质询被看作一项基本权利,对真相的"无可奉告"势必招来更多追问;当"宁信其有,不信其无"成为社会心理,掩盖与遮蔽已经很难服众。

如今,公众诉求就是执政力量,对真相的质疑也是宝贵资源。学会在对真相的质疑监督下工作,善于对社会的关切负责,以公开透明化解对真相的疑虑,以闻过则喜树立公信,以维护公众利益赢得民心,这既是现代行政的必然要求和提高执政能力的重要内容,也是党的公众路线的有力展现。

勇于面对质疑,善于触碰热点,真诚公开社会真相,而不是掩盖,体现了对公民知情权的尊重;公开社会真相,而不是掩盖,如此一定能够实现公信力的"保值增值",筑牢长治久安的执政根基。

对于广大民众而言,要善于求真,用好"人人都有麦克风"的发言机会。如在进行真相质疑开始之前整理争议,减少自己主观上对社会真相的误解。而对于社会事实,出于理性的考虑,可以就"求真"的事实进行必要的准备,避免预断。公众"求真"的范围不仅应当包括不利于管理者的证据信息,还应当包括有利于管理者澄清真相的证据信息,即包括掌握的全部证据信息。如果公众认为管理者掌握有应当公开信息的事实而未予公开的,可以要求管理者予以信息公开。同时,为了保证在社会真相的"求真"时能够有针对性地进行,有必要在认知行为中对复杂社会事实的争议进行整理。比如,在质疑某项行政行为的合法性时,可以提出异议并说明理由,对该行为的合法性进行确认。可以就社会事实问题进行简要说明,然后由双方就上述事项发表意见,双方可以就此进行协商。通过整理争议,能够对社会事实有全面的了解,有效掌控"求真"进程,起到调整"求真"秩序、提高"求真"效率的作用。

网络政治生态中媒体的参与在保证社会真相公开的公平正当、平衡力量方面起着重要作用。

相对于管理者来说,强大的国家机器是强权的象征。反对强权主要是针对弱势主体而言的。媒体的求真,目的是保障公众的知情权以有效地揭示真相。事实上,在当代社会,媒体是重要的真话的发声者和传播者。

媒体参与到社会管理之中，或者社会生活的各个方面，并坚持求真，已经是时代进步的重要标志。公众与管理者，一定意义上都在媒体中介下形成交集，而媒体也是管理者收集民意信息的重要途径，公众也往往通过对媒体提供的社会真相信息的确认来确证其真实性与证明力。所以，在纷繁复杂的社会现实和问题面前"求真"，媒体应采集和提供充足、连续的社会真相信息，让受众得到事实真相，正确认识社会现象，凝聚真相共识与合力。

结合当前社会真相的网络政治生态，管理者讲真话时需要把握好以下原则。

一是对象性原则，即谁来说，亦即明确传播者的身份，社会角色不同，传播的内容和方式也不同；对谁说，即研究说话的对象，针对不同的时间和空间，根据接受对象的不同确定传播方向和策略；说什么，即研究听话者的需求，确定说的内容。

二是主体性原则。面对大众传媒的"求真"，讲真话需要尊重传播规律和受众心理，讲究方式方法；面对公众的"求真"，讲真话需要摸透工作中的现实问题和尖锐矛盾，晓之以理、动之以情；面对问责的"求真"，讲真话需要点到痛处、说到重处。如果说敢"求真"主要体现的是一种参与与权利自觉的话，那么讲好真话则关键在于管理者的理性表达。

三是实效性原则，即怎么说，亦即研究描述和评论方式，提高说真话的效果。

管理者在新的对真相的质疑场中，不能"想到就说"，而是要"想好了再说"。要深思熟虑，表达有理有序，才能真正看到问题，有利于进一步解决问题，话语的力量也才会化为社会进步的动力。从某种意义上说，现在社会真相的网络政治生态中的困难不是"求真"，而是怎样把真话讲好。分析近年来政府与公众针对信息公开的事项可以发现，在与公众的互动交流中，那种公式化、万能式的对社会真相的公开而不是掩盖少了，对社会真相的公开而不是掩盖中的空话、套话、废话少了，类似"不明真相""别有用心"等词汇也基本不见了。这些都是保持良好的政府形象，构建健康网络政治生态的表现。

四是时间性原则。除了"求真"和整理争议，主体的平等参与还表现在时间逻辑上的一致。

合理的、一致的时间逻辑直接关系到社会真相"求真"的顺利完成。对时间逻辑的确定要考虑各方意见、进行协商后决定,这一做法有利于"求真"活动中主体的充分平等参与。就真相的公开来说,时间性原则意味着讲真话的及时性。"真相还在穿鞋,谣言已经跑遍半个世界",吞吞吐吐"挤牙膏"式的对社会真相的公开已经跟不上形势。正因如此,"及时公开透明"成为最优选项,"快报事实、慎报原因"成为发布原则,在及时对社会真相的公开而不是掩盖中引导公众参与,在良性互动中达成社会真相共识。

五是平等交往性原则。当"我说你听"变成"双向互动"时,"一个声音喊到底"已经不再可能。身处新时代,面对新挑战,对各级管理者来说,社会真相的"公开"已经成为一项基本原则,成为衡量其执政能力的重要标尺。对社会真相的公开而不是掩盖才有互动,互动才有互信。政府要善于与公众对话,对话不对立,凡事先具体问题具体分析,凡事不先入为主推卸责任。在倾听民众诉求中改善治理,正确的话有利于把握时局,认清形势,理性决策;片面或错误的话也有利于掌握动态,分析原因,从另一面或反面检查和改进工作。

总之,在网络社会中,随着公众参与意识、表达意识、监督意识的增强,"人人都有麦克风",对各级管理部门来说,重要的是对社会真相的公开而不是掩盖,面对信息爆炸的挑战,要做到"民有所呼,我有所应;民有所盼,我有所为"。

第五章　社会真相的自觉

所谓"社会真相的自觉"，是借用了我国著名社会学家费孝通先生关于"文化自觉"的思想而提出的。"文化自觉"这个观点在于处理与异域文化相接触的人的态度问题，指生活在一定文化历史圈子的人对其文化有自知之明，并对其发展历程和未来有充分的认识，换言之，是文化的自我觉醒、自我反省、自我创建。所以，"社会真相的自觉"意味着人在处理与世界的"真""假"关系时有一种"自知之明"，是对把握社会真相信息的自我"觉醒、反省"。具体来说，包括社会真相的主体价值自觉、对作为虚拟概念的"绝对真理"的辩证"自觉"、对客体"澄明"的自觉和关于"社会真相的标准"的自觉。

第一节　社会真相：主体与价值

一　作为多级传播形态存在的社会真相

在社会信息论域下，我们可以把社会真相的概念定义为一个与"社会信息体"的"真"相符合的哲学认识论范畴，是一种在实践中确立的"信息度"，是"真"的"多级间接存在"。

社会真相不是单纯的思想的"火花"和逻辑的推演，社会真相不是柏拉图认为的某种超验的永恒理念，也不是笛卡儿认为的天赋观念，社会真相的标准也不是观念自身的清楚、明白。同时，不是所有的真信息都是社会信息真相。如非人动物眼里的真信息，再如"M 时 N 处有一棵柳树"

"A桌子上有一个苹果"等陈述即使为真，一般也不会被人视为社会真相。当然，这里所说的社会信息真相的"真"质与在实践中确定的作为"社会信息传播中介"存在的社会信息真相的检验问题，显然与逻辑不可分割。所以，有"真"信息在社会信息真相中的存在是谈社会信息真相的前提，所谓百分之百"真"未必是社会信息真相，而"零真度"却肯定不是社会信息真相了。因此，社会信息真相的发展转化是一个"度"的、有其质和量规定的信息发展问题。这样，确定社会信息真相至少要做两方面的工作。一是确定质，也就是确定信息的"真"与"不真"或"伪"问题；二是确定量，即社会真相之"度"的确定。当然，这两方面工作都应是在实践中把握。尽管在认识具体事物时，可把质与量分开，或先认识其质而不认识其量，或先认识其量而不认识其质，但要准确认识事物的度，必须把质与量统一起来。

社会真相是一种信息的真"度"存在，这样界定的意义在于，一是社会信息真相含有"真"的成分，这是一要提醒注意的。二是"符合""一致"是在"度"上的规定，或者说社会信息真相与社会信息体不是同一关系，二者是反映与被反映的关系。如果二者是两个圆，那么，这两个圆不是完全重合为一个圆，社会信息真相的圆小于社会信息体的圆。社会信息体与社会信息真相之间存在着一定的张力，社会信息真相通过创造性的实践中介活动不断地逼进社会信息体的"真"。社会真相作为信息，从积极的方面看，它是从无到有，不断累积增长、进化的。

为什么在同一个所谓社会现象的认识上或者对象上的社会真相千差万别？答案就是人对社会真相的追求的类不同，而社会真相的属性随着社会真相的类而有所变化，与此相应，其价值与"真"度也是有不同的规定的。

现实中的社会信息真相本质上就是在具体实践中确立的、以"合理性度"为本质规定的信息存在，它由相对社会真相到绝对真理的发展趋势就是在实践中实现了的"合理性度"的逐步增加的过程。

其实，更进一步讲，"真"和"真的理论"、社会信息真相是有联系的哲学范畴，但二者不是同一概念。古今中外，对"真"问题的论辩纷繁复杂。一般来说，对于什么是真的或者真实的，包括社会真相，是主体对象之真质及其规律的正确掌握。如果把"真"定义为认识主体与认识对象之间的特定意义上的符合关系，那么，"真"仅能作为认识论意义上的范畴，且"真"与"假"并提。如果把"真"定义为直接存在的"实在"的东西，与"不实在"的间接存在的信息相对，它也可以作为本体论范畴。因为，如果说现实是实存的，那么意识就是虚拟的，人的信息活动就是虚而不实的，犹如水中月、镜中花。本来，意识绝不是与物理世界处于相同本体论地位的某种实实在在的东西，而仅仅是观念的东西或者说是符号。概念是与物理世界不同的存在形式，所以要发明众多的语词或符号，就是为了更方便地处理自然，就是为了更全面、更深入地反映现实，揭示现实的本质或规律。如果意识不能超越物质，不能与物质相区别，如果认识没有一套概念系统，对世界的认识将是不可想象的。因此，"真"兼有认识论和本体论的意义，而关于"真"的理论、社会真相，作为对对象之"真"的把握经由多级信息中介，一定意义上说仅是一个认识论的概念，本质上是一个人的认识的"信息问题"。在中文语境里，日常生活中常以"真"来代替"社会真相"。然而，"社会真相"释义为"真的理论"，往往只作为名词来使用；对于"真"，却至少可以作为名词、形容词与副词来使用。应该承认，"真"在汉语中是一个多义字，《辞海》释义是：1. 真实，真诚，这是与"假""伪"相对的用法；2. 本原，自身；3. 实职；4. 指"真书"；5. 姓。① 现在，主要在第一种含义上使用该字，指事实（理）的真实和心灵（态度）的真实，其形容词的用法即"真的"。也就是说，对"真"是在认识论意义上界定与使用的，而少有用第二种，即"本原，自身"意义的。

因此，假如"一"为真，"二"为真信息，"三"为社会真相，则"二"为中介，"一"经由"二"达到"三"，即"社会真相"。其实，对"真"和"社会真相"是有区分的，这一点已经被学者这样或者那样地认识到了。如认为，作为一个认识论概念的"真"又有两个基本含义："真"和"真"的理论。② "真"是泛指各种"真"，"真"指"真"的道理或"道理的真中的一种"③。"真"与"真理"在中文字面上是两个不

① 《辞海·语词分册》（上），上海辞书出版社，1982，第 117 页。
② 郭继海：《真理符合论的困难及其解决》，中国社会科学出版社，2003，第 29 页。
③ 张桂权：《"真"能代替"真理"吗?》，《世界哲学》2003 年第 1 期，第 100～104 页。

同的概念，具有不同的含义。① 还有学者认为，"真"绝不仅仅止于真实。仅仅有"真"是不够的，还必须有"理"。而这"理'正是由人创造、为人而存在的。② "脱离主体的所谓纯客体的现象不仅是不可理喻的，而且是没有任何意义的。"③ 正如有学者认为的，"事实（情）的'真'是现象的'真'，这是容易弄清楚的东西，而事理或道理的'真'就难多了，这才是古今圣哲贤人孜孜以求的东西"④。其实，马克思主张人不仅仅是作为一个认识世界的存在，更重要的是"改造"世界的存在。问题是，我们如何能够"改造"我们的世界呢？马克思给了答案，"自己的思维的现实性和力量"。一言以蔽之，人本身就是一个直接存在，本体意义上人的直接存在就是最"真"、最"实"，从认识论意义上看，人根本没有理由去揭示"社会真相"，显然这不是马克思主义语境下的"改造"世界的本义，显然也不是人类"改造"世界的本义。所谓"生态危机""全球问题"，都在证明"改造"世界别有深意。人类不是简单"服从""遵循"客观规律或者自然，它们只是前提，正如有的学者指出，社会真相"决不仅仅是顺应、认同、表象、摹写既定对象的活动"⑤。黑格尔曾指出："人还通过实践的活动来达到为自己（认识自己），因为人有一种冲动，要在直接呈现于他面前的外在事物之中实现他自己，而且就在这实践过程中认识他自己。人通过改变外在事物来达到这个目的，在这些外在事物上面刻下他自己生活的烙印，而且发现他自己的性格在这些外在事物中复现了。"⑥ 这样，我们看到了社会真相的人类学特征。

二　社会真相的主体价值自觉

在社会信息及其传播视域中，把"社会真相"概念看作属于与"假"

---

① 王路：《"是真的"与"真"——西方哲学研究中的一个问题》，《清华大学学报》（哲学社会科学版）2005 年第 6 期，第 7～13 页。

② 刘高岑：《超越"符合真理论"确立"实践真理论"》，《洛阳师专学报》1999 年第 1 期，第 16～18、22 页。

③ 贾玉树：《论科学活动中的真理与价值》，《河北师范大学学报》（哲学社会科学版）2001 年第 3 期，第 29～36 页。

④ 张桂权：《"真"能代替"真理"吗?》，《世界哲学》2003 年第 1 期，第 100～104 页。

⑤ 高清海：《突破真理论的传统狭隘视界》，《哲学研究》1995 年第 8 期，第 13～18 页。

⑥ 转引自《朱光潜全集》（第 10 卷），安徽教育出版社，1987，第 224～225 页。

相对的认识论范畴，那么"社会真相"的现实存在领域也仅存在于社会信息世界中了。也就是说，具体社会真相只能以社会信息为它的中介与对象；而对于"真"之符合论的理解就是对象信息和认识的主体信息在人类社会中实现了的对立统一，也可以说是在社会实践中的对立统一。实践与认识在信息活动上的一致性，把它们视为认识发生的一个完整过程。应该注重经由"社会信息"中介对"真"的把握有两方面意义：一方面，对"社会信息真相"确定不可能仅仅依据外界认识对象本身的具体存在样态和性质，从而避免了陷入直观"照镜子"式反映论的机械性模式；另一方面，对"社会信息真相"的确定也不能依据纯粹人这个认识主体的单方面信息，从而避免陷入人的"意向性"纯粹建构的简单化模式。如此来理解社会信息真相，社会信息真相中就不存在"不依赖于主体、不依赖于人、不依赖于人类的内容"了。因此，在社会信息真相的生成与发展中存在着自觉的主体能动性。

社会信息真相包含人类的目的和需要，或者说社会信息真相是以人的存在为前提的一种社会信息体，而自在的"真"信息就是那样的存在，它不能满足人类的需要，切合人类的目的。正如有学者所分析的，所谓社会真相，是指人类理性对其掌握对象世界的方式以及对人类自身从事的全部对象性活动及其结果所具有的合理性本质所作出并给予的一种主体性承诺。"合理性"则是指对象（自然、社会甚至人本身）合乎秩序、合乎必然性以及主体的目的性。人与世界的关系，必然是"物的尺度"与"人的尺度"的对立统一，"合规律性"与"合目的性"的对立统一。人所追求的社会真相体现的统一性，绝不只是单纯趋向客观性的那种客体本有的统一性，而应是以人的方式并向着人、主体所不断生成着的人与客观、人与对象、人与世界的新的更高的统一性。这样的社会真相也就必然是体现着人类的美好理想和追求的真善美的有机和谐的统一体。① 因此，社会信息真相未必就是百分之百的所谓自在信息意义上的"真"度的，社会真相从来都是实现了的信息的自在、自为和再生的社会信息体中的"三态"

---

① 袁祖社：《真理及其意义的人学解读：合理性的视界》，《教学与研究》2003 年第 3 期，第 27～32 页。

统一。纯粹自在的"真"信息不等于"社会真相"，自在的"真"信息是社会信息真相的成分，而社会信息真相还有着主体的价值信息构成。如此，才可以理解社会信息真相"天然的"有用性的根源。

不过，需要说明的是，凡是观念地展示了对象世界必然性的活动，在根本上都与人的利益的目的的内在一致。但这并不表明，任何解释世界的活动在利益上都是善的，只是表明观念地展示对象世界社会真相的活动，在根本性上的自觉的主体价值利益取向。

许多人都认为科学地认知社会真相应是价值中立的，主体价值在有的人眼里总是科学地把握社会真相的"绊脚石"。社会信息真相中不可避免的主体价值信息并不意味着社会信息真相是主观随意存在。社会信息真相是有不同类的，这个划分的标准应该是社会真相的内在价值属性。社会信息真相存在的客观的不可避免的主体价值性，正是社会真相客观性的原因之一。这样的社会信息真相是客观真理，但不是传统所理解的"三不依赖"的"客观真理"，这是把"主体"的客观存在的信息也包含在内的客观真理，对社会信息真相"'从主体方面看'，不能作任意主观化、随意性的理解与解释，而是要从主客体之间的全面联系、动态发展中，从主客体关系的矛盾运动中去辩证地反映、把握对象"①。因此，价值判断对认识的干涉，不因人是否意识到它而改变其存在。区别仅在于：当意识到它的存在，并有理智地控制它时，它将对认识发挥积极的作用，使认识更具有真性。当然，还有一种是主观随意的"价值"存在，在这个意义上任何把社会真相探索过程价值化的思想和观点都不仅是形而上学的，而且会阻碍人类认识的进一步发展。因此，主体的价值自觉不但不是"绊脚石"，而是科学地认识社会真相的必需。正如有学者指出的，"从感性到理性的发展，从理性（经过实践观念）到实践的发展，不是无缘无故的、自然而然的，而是跟主体的价值意识相联系的"②。社会真相的实践意义和人类追求社会真相的内在目的性都决定了必须把价值作为社会真相的一个内容。

---

① 孙伟平：《论马克思主义哲学的实践真理观》，《学术研究》2005年第11期，第43～47页。
② 林源：《关于突破真理论视界的商榷》，《哲学研究》1996年第8期，第33～39页。

　　其实，在科学社会真相的认识过程中是知道怎样处理对象的本来面目和自己的能动性的，或者说在客体信息、中介信息与主体信息的交叉上揭示最少的含有主观随意成分的信息，选择最优信息。马克思就对人的能动性有个说明："动物只是按照它所属的那个种的尺度和需要来建造，而人懂得按照任何一个种的尺度来进行生产，并且懂得处处都把内在的尺度运用于对象。"① 这里的"并且懂得怎样"正证明了人有人的智慧和能动性。也诚如有学者指出的，"由于自觉能动性发挥及其结果具有正负效应，所以自觉能动性又可以具体化为两种不同的情形：一种是正确的自觉能动性，一种是错误的自觉能动性，后者即是通常对主观性含义的理解——表面性、片面性、随意性、臆断性、虚妄性等。简言之，主观偏见或主观盲动性，它是一切错误的意识所体现的特性。前者则是一切正确的意识所体现的特性"②。因此，从本体上看，人知道存在着"真"，要在社会真相的问题上追求和逼进"真"，人在认识的过程中针对不同的社会真相而区别对待。所以，在自然科学的社会信息真相的获取过程中，人为了达到对客观对象本来面目的认识，会自觉能动地把自己的主体性或者主观随意性信息的干扰对"真"的揭示的因素降低到最小或无限地接近"无"。这样，主体作为科学地认知社会信息真相的一个客观条件是不可避免的，一定意义上，没有主体也就谈不上科学认知社会真相了。

　　在信息哲学的分类中，邬焜教授认为，信息是以三种形态存在的，即自在、自为和再生。再生信息，也就是以人成为认识的主体为前提的，当然，单纯的再生信息是不现实的，再生信息不是凭空产生的，它直接或间接建立在自在与自为信息之上。我们把社会真相定义为社会信息体的真"度"规定，是说社会真相是在社会中实现了的自在、自为和再生"三态"统一的信息体。对于自在、自为信息，它们一般来自直接的存在，与物质世界的"照面"，对于它们而言，说一信息"真"就承认有一"直接存在"对应"在"。然而，对于自为信息、再生信息和多级间接存在的信息，说一信息"真"未必就有对应的"直接存在"在。对于这样的信

---

① 《马克思恩格斯选集》（第 1 卷），人民出版社，1995，第 47 页。
② 封来贵：《论真理的客观性和主观性及其统一》，《上饶师范学院学报》2001 年第 2 期，第 1~9 页。

息的"真"问题，更注重认识论上对"真"的概念界定。人类认识本质上就在于揭示"真"，使自在、自为或者再生的"真"的信息通过理论的表达而显露出来，它的检验应该"具体问题具体分析"。正如黑格尔在探讨应该如何理解真时说："通常我们称真为一个对象与我们的表象相一致。……而在哲学的意义上，完全抽象地表达，真意味着一个内容与其自身相一致。这也是真的一种与上述完全不同的意义。""在日常用语中，也已经多少表现出关于真的这种更深的（哲学的）意义。例如，谈论一个真朋友并把他理解为这样一个人，他的行为方式符合友谊这个概念；也以相同的方式谈论一件真艺术品。""在日常生活中，正确性和真常常在相同的意义上使用，因此，在涉及一种内容的纯粹是正确性的地方，经常谈到它的真。"① 黑格尔提到了"真"的两种意义，一种是通常的意义，也即我们把"真"界定为"直接存在"的世界，社会真相包含着自在、自为信息；另一种意义则是"不是对象和表象的一致，而是内容与其自身的一致"。这个意义上的"真"就是更强调把"真"界定为特定的"符合论"的认识论意义，也即再生信息的"真"与"社会真相"问题。这只能存在于人类的实践中，是包含人的价值的有着"善""美"规定的。

在自为信息层面上，从"质"来说人和动物处在同样的层次，还显示不出人与动物的本质区别。这样的信息不仅人有，而且动物特别是比较高级的动物也可以有，当然可以是"真"信息，但这只是在以自在信息、自为信息为前提的信息层面上的。显然我们把区别于人的动物排除在社会信息真相的主体之外了，我们不承认其他动物（如马、狼、鸡等）也可以获得、掌握社会真相。所以，人之求真的本质在于使具有"真"质的自在自为、再生的信息通过理论的表达显露出来。而如果要把社会真相与自然界有所区分的话，那么，"前者"的认识仅存在于社会信息体中，其经由"社会信息"中介，对"真"的把握不仅仅依据客观物质世界存在着的东西，即陷入直观"照镜子"式反映，同时也不能依据纯粹认识主体的单面信息。

总之，物质体总是以信息来表征其存在，为人们所反映必须有这个信

---

① 转引自王路《论"真"与"真理"》，《中国社会科学》1996 年第 6 期，第 113～125 页。

息中介。没有人对信息的加工处理，从认识论上任何一种现象都不能被认识，任何一种理论都不可能被建构出来。而主体性价值信息不可避免，之所以获得事物如其所是的自身信息，实现最大的客观性，是由于物质存在方式和状态的信息的根源存在于物质世界本身，存在于物质的自身运动之中。正是这种物质自身显示的属性，才使这个世界成为可知的世界。所以，从人的认识是一种高级信息活动来认识是可以反映这个世界"真"面目的。进一步"对人的认识的中介予以扬弃，然后，将主观反映所认识的价值现象的客观内容复归到自然本身之中，再'以自然的名义'进行一种客观化的阐述。虽然，这种阐述不可避免地会带有以人的认识能力和水平为参照的特点，但是它所陈述的内容却可以是关于自然本身的，而不是关于人的认识的"①。因此，这样的社会信息真相仍然是客观的，然而不是传统理解的"三不依赖"的"客观真理"，而是要把"主体"的价值性存在也包含在内的。这里，"价值"从根本上说是"客观的""不可避免的"，它源于"人类""作为一个种的有共同的生理结构的"存在，同时，它与社会真相的"价值效用"在本质上也是不一样的，在"价值效用"意义上，任何把社会真相探索过程价值化的思想和观点都不仅是形而上学的，而且会阻碍对真相的进一步认识。

在信息时代，社会真相的价值自觉的突出表现为其生成与发展中的"信息利益"导向。对于利益概念，往往把它与"物质利益"等同为一个概念，然而，利益概念的内涵是什么？我国有学者认为，利益范畴是马克思研究社会历史观的一个最基本的范畴。马克思历史唯物主义揭示了利益范畴的科学含义：一是利益是指物质利益；二是利益与生产力发展相联系并受一定经济关系的制约；三是利益范畴具有二重性，即自然属性和社会属性。② 在终极意义上，利益范畴是一个物质范畴中的子概念，但在理解利益范畴的二重性上，所谓利益在其直接的现象形态中表现出来的规定性上，可以规定为物质性，如人类要生存和发展，首先要生活，要满足吃、穿、住等直接的需要。这些理应以实物形式表现出来的物质生活条件，是

---

① 邬焜：《信息哲学——理论、体系、方法》，商务印书馆，2005，第367页。
② 谭培文：《利益范畴的历史嬗变与现实解读》，《海南大学学报》（社会科学版）1999年第3期，第76页。

人类赖以生存和发展的永恒的物质基础。而且，这种物质基础，还包括社会物质性的基础。然而，在理解利益的社会属性时，最重要的是信息利益的存在。固然，信息利益以物质利益为最终的存在根据，但从物质与信息的双重存在及其演化上看，应特别注重人类的信息利益。的确，比如在当代社会，由于商品交换的高度发展，需要的满足不再表现为直接的实物形式，而表现为货币符号。如此，表现了利益的信息存在意义。可以说，信息利益的突出改变了需要对象，从而改变了人类的存在样态。事实也如此，在当代，人类社会实践的社会化、信息虚拟化程度越来越高，将越来越不直接地从事物质实践中介活动，因此，虚拟实践越来越占主导地位，并对当代人的生存状态产生着深远的影响。正如有学者指出的，"物质和能量本身是守恒的，但是物质和精神之间的变换已经超出历史的常规，明显地向知识和信息的天平倾斜。这是人类自身发展的巨大进步，是人类历史迄今从来没有达到的新的制高点"[①]。可以说，这里提出社会真相的信息利益自觉问题将为研究社会信息真相的生成与发展开拓理解与实践的视野。

社会真相的属人性、实践性、主体性等，简言之，就是社会真相的主体"价值自觉"。把主体价值自觉看作社会信息真相生成与发展不可避免的一个矛盾方面，它的意义在于当今世界不同主体在紧密合作的同时，有着较强的对立性。为了减少主体间的对立，必须通过谈判、沟通来增加主体间的共识。所以，在全球化交往背景下，以及人类生活和交往关系的社会化大发展的现实中，社会信息真相的主体间价值"共识"相当重要。应该说，这是在当今反对信息话语霸权、平等获得社会真相信息的重要途径。

第二节　作为虚拟理念的"绝对真理"的辩证"自觉"

一　关于"绝对真理"的历史认识速描

对于有没有绝对真理的问题，首先应该承认，这在社会真相问题的哲

---

① 张奎良：《马克思的物质观新探》，《自然辩证法研究》2004 年第 11 期，第 12～16 页。

学研究中存在着相当多的争议。对于亚里士多德来说，社会真相是对"纯形式"（神）的认识。哲学史上亚里士多德由对形式的认识最终达到对"纯形式"的认识，在一定程度上，表达了从相对社会真相走向绝对真理的认识过程。恩格斯在批判杜林社会信息的传播及其真相的形而上学性，在阐述社会真相是绝对与相对统一时，花了较大篇幅说明在现实的人的认识中，在科学发展过程中"最后的终极的真理很少"，而社会真相总是不断发展的，但他并没有简单地完全否认永恒真理（绝对真理）的存在。恩格斯说："不正是存在着如此确凿的、以致在我们看来表示任何怀疑都等于发疯的那种真理吗？二乘二等于四，三角形三内角的和等于两个直角，巴黎在法国，人不吃饭就会饿死，等等，这些不都是这种真理吗？这不就是说，还是存在着永恒真理，最后的终极的真理吗？"[①] "可以按照早已知道的方法把整个认识领域分成三大部分"，其中第一部分就是"研究非生物界"的科学领域，"如果有人喜欢对极简单的事物使用大字眼，那么也可以说，这些科学的某些成果是永恒真理，是最后的终极的真理"[②]。而原苏联学者 И. С. 纳尔斯基曾经详细地分析了相对真理的四个尺度和绝对真理的三种意义。[③] 对于绝对真理，他将它分为三种形式：第一，关于全部客观和主观现实的包罗万象的知识；第二，相对真理所包含的完全合乎真理的因素；第三，作为个别的，未来不会改变的"永恒真理"类型判断的终极知识成分。他还指出了向绝对真理无止境接近的可能性，也即：（1）通过发展绝对知识的成分；（2）积累绝对真理；（3）从无止境地发展着的人类思维和实践的绝对性中得出的，这与个别和世代的思维和实践所固有的有限性有区别。与三种绝对真理形式相适应也可分出三种相对真理的形式：（1）深入第一种形式的绝对真理的当前水平；（2）目前认为是合乎真理的知识的总和；（3）个别的、现时公认合乎真理的虽说还不完善的判断，它们无穷无尽地指出自己真理的条件和界限。

---

① 《马克思恩格斯选集》（第3卷），人民出版社，1995，第427～428页。
② 《马克思恩格斯选集》（第3卷），人民出版社，1995，第428页。
③ 〔苏〕И. С. 纳尔斯基：《相对真理的四个尺度和绝对真理的三种意义》，马积华译，《国外社会科学文摘》1981年第1期，第38～39页。

　　在我国，三十多年来，学者们多否定绝对真理的存在。如有学者认为，"绝对真理是个应当摒弃的概念"①。还有的认为承认绝对真理会导致把真理"一分为三"的尴尬处境。如有人认为，在实践基础上通过相对真理而日益接近绝对真理……这是从动态上把握和理解"相对真理"和"绝对真理"的一个典型例证。所谓通过相对真理而日益接近绝对真理，显然是"相对真理"是部分，"绝对真理"是整体。在认识真理的过程中，通过认识一个个的部分（即"相对真理"），而最终达到认识整体（即"绝对真理"）。这种把真理"一分为三"的做法，难道不是既在理论上说不通，又在实践上背离客观实际吗？②

　　其实，对于绝对真理问题，列宁曾指出："当一个唯物主义者，就要承认感官给我们揭示的客观真理。承认客观的即不依赖于人和人类的真理，也就是这样或那样地承认绝对真理。"③ 他还指出，客观的、绝对的真理的存在是无条件的，④ 针对波格丹诺夫的相对主义唯心论，列宁又指出："马克思和恩格斯的唯物主义辩证法无疑地包含着相对主义，可是它并不归结为相对主义，这就是说，它不是在否定客观真理的意义上，而是在我们的知识向客观真理接近的界限受历史条件制约的意义上，承认我们一切知识的相对性。"⑤ 列宁想告诉我们一个什么样的道理呢？分析这个问题必须清楚列宁这里所说的"客观真理"和"绝对真理"的具体含义。有学者研究认为，列宁把绝对真理理解为客观事物、客观实在或是绝对正确的认识；或把绝对真理等同于客观真理；有时又认为绝对真理是相对真理的总和。⑥ 还有学者认为，"客观真理"这一概念可以在不同的场合被使用，其含义是不甚明确的。其一是用于表述科学的观点或理论体系；其二是用于表述真理中所包含的"客观内容"；其三是用于表述作为反

①　谢维营：《绝对真理：一个应当摒弃的概念——绝对真理和相对真理意义辨析》，《上饶师专学报》1997年第5期，第1~7页。

②　崔自铎：《关于真理辩证法二题》，《理论探索》1996年第1期，第20~24页。

③　《列宁选集》（第2卷），人民出版社，1995，第92页。

④　《列宁选集》（第2卷），人民出版社，1995，第96页。

⑤　《列宁选集》（第2卷），人民出版社，1995，第97页。

⑥　谢维营：《恩格斯和列宁论绝对真理》，《上饶师范学院学报》（社会科学版）2002年第1期，第10~14页。

映对象的感性世界，即客观实在。① 这个语境中的客观真理显然和这个语境中的绝对真理是一个概念，是没有区别的。在本体论上看这只能是意指"是"与"应是"或者自然信息体的"真"和社会信息体的"真"。列宁的本体上的"真"和"绝对真理"是同一个内容的不同表达，在逻辑上推不出列宁在认识论上也承认有一个"真实存在的""实体的"绝对真理，否则就有柏拉图的"理念世界"的嫌疑了。

二　"绝对真理"：虚拟与辩证

关于绝对真理的有无的回答既肯定又否定，也就是现实中只存在一个"相对真理"，在认识论意义上，"绝对真理"是人基于自己的认识能力的一种"自觉"假定，或者说它是一种虚拟理念，仅是使用的一个抽象概念而已，正如现实中对"人"这个抽象的共性概念进行规定。这样，就否定了绝对真理的现实存在。绝对真理是虚拟的，但是也不是没有理由的空想，毫无根据的，它在认识论上有重要价值，在这个意义上，绝对真理理念的存在是客观的。这是对绝对真理的存在论肯定。绝对真理作为一个自觉的、虚拟的概念，它的意义，一是等同于全部的"是"与"应是"的直接存在的世界。二是类似于黑格尔的"绝对理念"，意味着真、善、美的统一。"绝对理念"也就是黑格尔的绝对真理，它是真理扬弃了过程与结果的全体。这种全体是真正的无限。真无限是有限与无限的统一，它扬弃了认识与实践、主体与客体、相对与绝对等矛盾双方的坚硬对立，成了自在自为的最高统一体。这种自在自为的最高统一体——绝对真理，表现在本体论上，它是无所不包的客观理念；表现在认识论上，它是贯通一切的辩证法，是真、善、美的统一，是自由。②

假定"绝对真理"存在，在理论上还应假定它有两种意义上的存在。一是大写的绝对真理（恩格斯所谓"大字眼"的"永恒真理，是最后的、终极的真理"），把握"是"与"应是"的直接存在的世界，或者对自然

---

① 封来贵：《论真理的客观性和主观性及其统一》，《上饶师范学院学报》2001 年第 2 期，第 1～9 页。

② 刁隆信：《试论黑格尔的真理观》，《西南师范大学学报》（哲学社会科学版）1997 年第 5 期，第 15～21 页。

信息体和社会信息体的"真"的把握；二是小写的绝对真理，把握"应是"的"真"，也只是对社会信息体的"真"的把握。"社会信息体"是一个历史的存在，社会真相现实地只能对它的"真"进行把握。实际上，即使在这个意义上对全部"应是"的把握也是不可能的。所以，具体来说，现实的却只存在相对的社会真相，相对于这个小写的绝对真理的，是通过小写的绝对真理来把握大写的绝对真理的。"是"与"应是"的直接存在的世界就是那样存在着，它与在认识中怎样反映它无关。那么，这个意义上的"绝对真理"还有什么认识论意义呢？或者为什么人类要假定一个"真实存在"的绝对真理呢？这里的"绝对真理"的提法是一个人的虚拟性概念。认识是一种信息活动，它不是实在的，是一种虚拟的存在。同样有理由认为"绝对真理"这个概念是认识论上的虚拟。这个虚拟的概念表达了一个"社会真相"：认识之外的本体论上的世界的客观存在是事实，现实中的社会真相与之相比总是"相对"的。（或许在此借用一下恩格斯的话："这就是辩证哲学所承认的唯一绝对的东西。"）针对在现实中唯一存在的相对社会真相而言，"绝对真理"这个虚拟的概念才有意义。"真"是认识可能具有的属性，绝对真理是认识的理想或极限。虽然绝对真理是不能最终完全达到的，但它为认识的发展提供了一个合理的、永恒的发展目标，即认识可以不断向它趋近。这也正如有的论者指出的，为了避免思想的随意性危险，人类不得不依赖于自己的实践理性，即"根据普遍原则自己决定自己的意志"，为自己建立一个"命令性的、客观的自由规律"，以此来指示应该如何思索和行动。①

所以，正是在这个意义上，人类用这个关于假定的绝对真理的客观性、客观存在的"自觉"意识来保证关于对象的认识的有效性。事实就是这样。在认识领域想得到所谓的"绝对真理"早已被恩格斯所批评了。正如恩格斯所说，真理包含在认识过程本身中，包含在科学的长期的历史发展中，永远不能达到绝对真理。② 有的学者认为，绝对真理有两种含义：（1）承认客观真理，就是承认绝对真理；（2）无数相对真理的总和

---

① 孙晓春：《关于真理问题的道德反省》，《吉林大学社会科学学报》2001 年第 5 期，第 88～95 页。
② 《马克思恩格斯选集》（第 4 卷），人民出版社，1995，第 212 页。

构成绝对真理。① 应该说，这个观点的第一种含义没有说明客观真理和绝对真理是什么，二者的关系怎样，似乎没有实质的内容。而第二种含义给人一个关于社会真相的辩证法问题启示，而社会真相的辩证法就是关于"相对真理"的辩证法。这是因为，这个辩证运动现实中首先是由人的认识本性引起的。马克思主义哲学认为，人的思维的认识能力是至上、无限的，又是不至上和有限的。② 这种矛盾要在人类的无限的前进发展中每天地、不断地得到解决，这正像某些数学课题在无穷级数或连分数中得到解答一样。③ 列宁在《唯物主义和经验批判主义》一书中提出了"人类思维按其本性是能够给提供并且正在提供由相对真理的总和所构成的绝对真理"的论断。④ 有学者认为，列宁在提出这个论断的时候，特别保留了恩格斯话中的"按其本性"几个字。什么是"按其本性"呢？根据列宁对"按其本性"意思的注释，它的这个论断的确切含义是，人类思维"是按特殊方式组成的物质的高级产物"，因此，就它的构造而言，它是完全能够认识客观世界的，客观世界中没有什么东西是人类思维所不能认识的。⑤ 有人认为，如果社会真相是客观的，它就不能是历史的；如果社会真相是历史的，它就不能是客观的。⑥ 这不是辩证的思维。其实，恩格斯在《反杜林论》中合理地回答了思维和存在所具有的同一性问题。⑦ 这样，从信息哲学的角度看，"人的信息活动的层次、人的信息加工的能力，都是在生物种系进化的过程中不断、次第建构和发展起来的。人作为信息活动的最高级形态的体现者，在其自身的活动中无疑便会以某种全息综合的方式将所有层级的信息形态具体地映射、包容、统一起来。对人的信息活动的层次结构的考察，就是要具体地揭示人的信息活动的这种全息

---

① 周振声：《绝对真理是个矛盾》，《天府新论》1996 年第 6 期，第 60～64 页。
② 《马克思恩格斯选集》（第 3 卷），人民出版社，1972，第 126 页。
③ 《马克思恩格斯选集》（第 3 卷），人民出版社，1972，第 76 页。
④ 《列宁全集》（第 18 卷），人民出版社，1988，第 135 页。
⑤ 刘军大：《"无数相对真理之总和构成绝对真理"质疑》，《武陵学刊》（社会科学版）1995 年第 4 期，第 90～94 页。
⑥ 刘开会：《客观性还是一致性——谈罗蒂的真理观》，《兰州大学学报》（社会科学版）2001 年第 2 期，第 63～70 页。
⑦ 《马克思恩格斯选集》（第 3 卷），人民出版社，1972，第 74～75 页。

综合，将所有层级的信息形态具体映射、包容、统一起来的性质"①。因此，人的认识是一种高级的信息活动过程，具有多层级的高度复杂综合性的特征，可以在不同的水平和层次上与环境打交道。同时，人是一个历史的存在。正如恩格斯所指出的那样，"我们只能在我们时代的条件下进行认识，而且这些条件达到什么程度，我们才能认识到什么程度"②。辩证唯物的社会真相的历史性是和绝对真理相对的"相对社会真相"，即在一定时空范围内有效的社会真相，但它并不排斥社会真相的客观性。

总之，社会信息真相的辩证过程是一个由量变到质变，再由新的量变到质变的一个"否定之否定"的过程。只要人类存在一天，这个过程就不会终结。绝对真理，作为人类认识论上的一个虚拟的理念，反映了人类把握那个绝对的"真"的理想的一种理论"自觉"，它提醒"实践不止，认识无涯"，认识运动是无限的，相对社会真相的"总和"也是无限的。"真正的、不变的、最后的、终极的社会真相""只是无知和荒谬"，应该说这也是所谓"绝对真理只是无数相对社会真相之总和"的意思。

第三节 "澄明客体"

在社会信息真相结构的三元变项中，如果认识只与主体一元符合，或者符合主体的真实，即认识符合主观标准而脱离客观情况的真实，应该不是关于客体的社会真相。虽然在对客体进行认识的过程中离不开主体性活动，但不能以这种"主体真实"取代社会真相对"澄明客体"的承诺。

一 社会真相的"一"、"多"与"分"、"合"

几乎所有社会真相认识都认为客体概念是保证人为了自身的存在而实现对世界"同一"的认识活动的客观性的根据。众所周知，哲学史中最有影响力的有三大关于"真"的理论，即符合论、实用论和融贯论，这三大关于"真"的理论对客体采取了不同的态度，但似乎每一个关于

---

① 邬焜：《信息哲学——理论、体系、方法》，商务印书馆，2005，第 111 页。
② 《马克思恩格斯选集》（第 4 卷），人民出版社，1995，第 337～338 页。

"真"的理论都对客体行使了"否决权"。如果依融贯论尺度，每一社会真相中的客体具体形态都是以自己完成的对世界的一种"解释"的理论体系特有的"融贯"为基础，任何具体形态的理论体系中的任何客体命题都与以其为"基"的理论体系中的其他命题相一致。如此，客体获得了作者的澄明。这样，对于社会真相来说似乎没有什么不是真的；一切都是真的，客体淹没于融贯之中了。詹姆斯说道："一个观念的'真实性'不是它所固有的、静止的性质。社会真相是对观念而发生的。它之所以变为真，是被许多事件造成的。它的真实性实际上是个事件或过程，就是它证实它本身的过程，就是它的证实过程，它的有效性就是使之生效的过程。"① 这样，如果依实用论关于"真"的理论尺度，客体走上了一条自我解救之路，却被在思想和实践中的有效性诉求绑架了。如果依传统符合论尺度，检验可以在客体命题与实在或实践结果之间比较，从而在一定意义上，客体作为一元，具有独立性、唯一性。然而，从实践上看，对客体无限接近的检验表明了理论的最终归宿指向人"是其所未是"和社会真相的人类学特征及其自觉。如果在波普尔证伪理论的原则下，宜取新历史主义学派的夏佩尔的立场，即当"本体"在三大关于"真"的理论视域中皆为真时为真。据此，看到"本体"虽在融贯论和实用论关于"真"的理论视域内为真，但由于在符合论尺度下不为真而非真。这既表明后现代主义哲学反本体论倾向具有一定的合理性，又不表明这种倾向的全然合理性。

社会信息及其传播视域中的社会信息真相建构中的客体之真与非真不能赋予客体以绝对独立性、唯一性，换句话说，在一种具体形态的社会信息真相中的客体不应或不能或无法成为它本身，在建构中，客体被异化为"是其所未是"。社会真相的"社会信息建构"，显示了社会信息真相的相对性、局部性、历史性，和绝对性、全面性、现实性实现了辩证统一。建构主义往往让人想起唯心、主观之类的东西，其实不仅有心灵的、思维的建构，还有物质性的、客观的建构，建构只是一种方法。如此，必须超越主体与中介来探究客体一元，正是这种超越要求既看到社会信息真相不可

---

① 〔美〕詹姆斯：《实用主义》，商务印书馆，1981，第103页。

避免的"三元信息变项",又不能因为客观的"不可避免"而放弃对客体一元的接近。社会真相之为"真",首先在于确立了社会真相的"对象"与"客体一元"的有机的、必然的经验关联,将社会真相对象完全等同于客体一元,或将其与客体一元完全分离,二者都是片面的。因此,异化了的客体并没有被"剥夺"客观存在的资格,在非此即彼、亦此亦彼中,客体才真正成为"唯一"。

列宁在论述"有没有客观真理"这个问题时提出过两个问题:"(1)有没有客观真理?就是说,在人的表象中能否有不依赖于主体、不依赖于人、不依赖于人类的内容?(2)如果有客观真理,那么表现客观真理的人的表象能否立即地、完全地、无条件地、绝对地表现它,或者只能近似地、相对地表现它?"① 在(1)里,根据列宁所说的客观真理,表明社会真相应强调对象结构中的客体一元的存在。这是从本体论上讲的,表明了一元真理论或关于"真"的理论,可以说这里的客体是一种自在意义上的存在。比如,当说"牛顿力学"是客观真理,"爱因斯坦的相对论"也是客观真理时,在一般的意义上,这样说当然是可以的。但仔细推究,这并不是列宁所谓的客观真理,更不是社会真相本身。什么是客观真理,或者社会真相本身?就是使牛顿力学、相对论等理论成为社会真相认识的那个东西。而在(2)里,客体一元是在"人的表象"中表现的。现实的社会真相都是在近似的、相对意义上说的,因为在这些认识、理论中无疑还包含着某些非客体一元信息。这说明了社会真相作为认识论范畴的现实性,即人类学特征。在"三元信息变项"中共生、共存着的社会信息真相是"一"与"多"的辩证。这意味着,现实的社会真相因为总是带有近似的性质,所以往往不是"一"而是"多"。然而,现实的社会真相认识虽然与理想中的社会真相相比有所偏离,但这多个社会真相在总的方向和范围上总是在这个理想社会真相的"附近"围绕,在它们"多'个现实性社会真相的互相补充和共同发展中逐渐逼近理想社会真相客体的"一"。

其实,人类对现实社会真相的认识既是一个"分"的过程,又是一

① 《列宁选集》(第2卷),人民出版社,1995,第81~82页。

个"合"的过程。只"分"而不"合"，人类共同体就会处于无所着落的悬空状态，就会陷入虚无主义和相对主义；只"合"而不"分"，就会处于缺乏弹性的僵化状态，就会陷入独断主义和教条主义。从最根本上说，社会信息真相分分合合的原因就在于社会真相是现实的、实践的。而从三元变项差异互动关系上来看，一旦社会真相的"一"不再通过"多"互动性表现出来，它就失去了发展的现实；而一旦社会真相的"多"不再以"一"为核心，它就失去了发展的生命力。总之，如果在人类已有的社会真相信息中不无限地接近客体一元，那么人类已有的社会真相认识就只能是永远不确定的，从而取消了社会真相及其问题。所以，承认在社会真相问题上存在着的"一"和"多"、"分"和"合"，并不是模糊社会真相与非社会真相的界限，取消了社会真相本身。因为社会信息真相是一个发展概念，在人类已有的社会真相认识中，总是包含着一分为多、合多为一的辩证法。"实践、认识、再实践、再认识"的过程，就是"合""分""分""合"的过程，也就是收敛过程和发散过程的统一，这总是具有某种不以人的意志为转移的趋势。

二　"澄明客体"的两个维度

社会真相在于对客体一元信息的澄明，而对客体一元信息的澄明只能且仅能蕴含于三元信息变项的互动中，依靠对社会信息真相的自觉，即在社会信息真相生成的多元通道中，通过对中介传播环节的扬弃和提高主体的社会信息认知能力、去除主观随意性级质的信息来实现。这也就是所谓的"澄明客体"的两个维度。

通过之前的相关讨论，有理由把认识看成一个在多级中介中相对运动着的信息建构活动，社会信息真相的对象是一个三元信息变项的关系体。三元信息变项之间的相互作用，是客观的、不可避免的，也就是说主体、客体与中介"三元"纠结在一起，每一元都似乎隐退到具体的、生动的复杂多元关系之中，以至于各自的特征都消失了。然而，社会真相的自觉意识又首先取决于对"以谁为主"的自觉。社会真相的生成在于对客体一元信息的澄明，而对客体一元信息的澄明能且仅能在三元的复杂互动关系中，依靠对社会真相客体信息的自觉澄明，也即实现"三元的符合、一致"。这就是"特定的事物只有在特定的主体面前才能呈现它的客体性。事物之成为客体就在于它要求主体认识能力的内在结构（神经生理结构、信息认识结构）和外在手段（物化工具、仪器、设施）与之相一致"①。

因此，澄明客体的第一个维度就是通过对中介传播环节的选择与扬弃，最大化地在差异中显示客体信息。随着科技进步，中介系统的规模在质与量上都急剧增加，认识主体越来越依靠规模庞大的中介，甚至可以说，认识活动的重心在于中介系统。

正如邬焜教授指出的，主体通过物化手段中介，不断扩大着自己的认识领域，使认识一步步趋近客体的真谛。② 所以，人的社会真相活动是以多种多样的中介传播环节而构成人与世界的对立统一关系的。事物总是在向他物的转化中来显示自身的存在的。因为，中介化了的东西，反映被中介的东西。中介，它无非是一物向他物转化时所发生的现象，正是在这种转化出来的中介化了的东西中映现了产生这个转化的物本身的性质。然而，"考虑到主客体相互作用中多级中介的情况"，"这些中介传播环节本身并不是这一认识过程中要把握的对象，中介传播环节对客体生发出来的信息进行了某种适应自身特性的选择、变换和建构，然后又逐级传播到后续的中介传播环节，由此构成了一个逐级信息变换、选择和建构的链条"③。客体可以说是一种混沌的自身存在，它具有内在的自身统一性。这种内在统一性在与不同事物发生相互作用时会呈现不同方面的特性。在社会信息真相生成的中介链条中，通过对中介传播环节的扬弃，客体信息都将是一种相对重建后的再现。

那么，在社会真相的结构中，由于中介作为相对的一元被引入，认识系统为多级中介所充斥，如此，对乱象环生的描述，中介也有一个资格问题。根本上说，主体与客体之间存在着信息不对称、不透明或者说距离。这时，中介就是通过信息沟通法则的操作手段实现距离弥合和主客体双方信息对称与透明，成了主客体之间的桥梁。但中介也可能不只是居间，中

① 邬焜：《信息哲学——理论、体系、方法》，商务印书馆，2005，第173页。
② 邬焜：《信息哲学——理论、体系、方法》，商务印书馆，2005，第188页。
③ 邬焜：《信息哲学——理论、体系、方法》，商务印书馆，2005，第178页。

介也是信息的来源，因为中介的篡位，把客体贴上自己的标签，这时，中介就隔断了主客体之间信息连接，扮演了横亘在主客体之间的鸿沟或无底洞的角色。

中介，是鸿沟，还是桥梁？是社会真相"创新"的源泉，还是坠入中介之链的无底洞？这些角色对于客体的澄明具有决定作用。因此，所谓"澄明客体"中介的选择，就在于最大化地在差异中显示客体一元的信息，实现客体与中介传播环节的符合、一致关系。社会真相是一个逐步深化并最终与客观相符合的过程。亚里士多德曾指出："心灵的特点是没有丝毫自己的特点，而完全以它正在认识的东西为标志；如果它有自己的特点，这就会干扰心灵在认识过程中对客体的完美的再现，正如一面镜子有了自己的颜色就不会那样完美地再现镜中对象的颜色。"①

因此，亚里士多德认为，正在现实地思维的心灵与其所思维的对象是同一的。

其实，中介既然是客观的，中介的选择就服从于人类的实践中介活动。因此，要在实践过程中，从多重、多样、多维的中介传播环节出发，去说明人与世界的统一，但不能抓住某一中介传播环节并片面地加以夸大。唯有如此，这个发生着的认识才能在主体中被建构出来。"由于这个相互作用链条的起点是由客体开始的，所以，这个在主体中被建构出来的信息样态便仍然保持着与客体特性的某种对应性。"②

现代的学术活动，越来越趋向于职业化、规范化，而科研活动也越来越变成了一种技能。一定意义上，只有经过系统训练，有某一领域的基础知识，有比较规范的思考方式，有理性客观的态度，能用一些实验（具体的或抽象的实验模型）检验理论或假说才能更好地解释与改造世界。因此，"澄明客体"的第二个维度是提高主体的社会信息认知能力。正如亚里士多德指出的，"对真理的思辨，既困难，又容易。从没有一个人能够把握到它本身，也没有一个人毫无所得这一点上就可以明白"③。其原因不在事物本身，而在于人的认识能力不足。因此，要不断提高自己的思

---

① 〔英〕W. D. 罗斯：《亚里士多德》，王路译，商务印书馆，1997，第201页。
② 邬焜：《信息哲学——理论、体系、方法》，商务印书馆，2005，第179页。
③ 苗力田：《亚里士多德选集》（形而上学卷），中国人民大学出版社，2000，第41页。

维能力，才能更好地探索社会真相。由于社会信息真相在于其在多元建构中对客体的澄明，又因为客体要求主体状态和它保持一致性，所以，在不同的主体状态面前，客体将会呈现不同的特性。因此，提高主体的社会信息认知能力对于"澄明客体"有着重要意义。应当说，社会信息真相中的对象信息具有极为丰富、复杂的内容。邬焜教授认为，对象信息具有不同性级的质。首先以该物体本身的直接存在为其显示的是第一层级的内容。当物体自身的结构和状态在信息场中显示出来的时候，凝结在这个结构和状态中的信息也便一同显示了出来，这部分信息便是信息场中显示着的第二层级的内容。当人的主观目的性赋予信息以一种新的内容时，这个新内容就是信息内容的第三个层级，即信息第三性级的质。他还认为，信息第一性级的质是不以人的意志为转移的；信息的第二性级的质相对于不同的认识者，在同一性级质的范围内具有相对认识的差异性；第三性级的质是信息的主观代示质。① 信息的性级决定了社会信息真相的层次性、多重性、复杂性，同时，它也决定了社会真相认识对客体的澄明就在于对第三性级质的信息的主观随意性级质的信息的摒弃。

马克思主义社会信息的传播及其真相坚持反对和拒斥社会真相本质上的"启示论"（即认为社会真相是神或上帝的启示，即宗教神学的社会信息的传播及其真相）、"权力论"（即认为"有权就有社会真相"，即唯意志主义的社会信息的传播及其真相）和"效用论"（即认为"有用的就是社会真相"，即实用主义的社会信息的传播及其真相），而是继承和坚持发展了"社会真相符合论"。因此，作为意识成果的一种关系属性，社会信息真相之所以成为社会真相，就在于它的认识与被它所反映的客体对象的符合性。简单地脱离认识与它的客体一元信息对象的符合性关系来谈论认识的社会真相，这在马克思主义社会信息的传播及其真相看来是不可能的。可以说，有无符合性是社会真相和谬误相区别的根本标志。需要指出的是，主观信息不同于主体性信息，主体作为社会真相信息的内容或分是客观的、不可避免的。主观信息主要存在于第三性级质的信息中，而只有当第三性级质的信息实现了主客观关系的一致、符合，才能生成一个崭新的

---

① 邬焜：《信息哲学——理论、体系、方法》，商务印书馆，2005，第62~63页。

创造性的社会真相信息。对客体一元信息的无限接近，不可避免地总是在深度上和广度上受三性级信息质互动关系的限制，这首先表明了现实社会信息真相的多重性级质信息的组合，也即社会信息真相生成的多元通道。社会真相的客观性归根到底在于对三元关系中的客体的澄明，体现了对社会真相的社会信息多元差异建构的最深层次反思。因此，社会真相客体的"澄明自觉"是对人类求真意识的抽象，它不能离开具体与个别、绝对与相对、理想与现实的辩证而独立存在。近代以来，客体展示为生存本体论和物质本体论两大基本倾向，其共同特质是将人与世界的统一作为追寻客体的根据，及至后现代主义，社会真相客体都是人为了自身的存在或生存、发展而对世界的多元认识结果。各家理论都因自身的缺陷使客体淹没了，但也正是这些缺陷才推动着人对作为社会真相世界的客体的认识的不断深入。应当说，社会真相的客体是不会水解在理论纷争中的。对社会真相客体的自觉澄明是人类或人类理性希图超越自身的有限性，以通达无限的自由境界的最高理想，即使客体显示出对人的异在或与人的对立，拖着形而上学的辫子，但人也不能把它放弃，在对社会真相问题的研究中"取消"客体一元。客体的存在意义指向着满足人类生存的理性和实践的"终极关怀"，或者说指向着人是其所未是。如果说认识的本性是达到社会真相或导向社会真相，那么，对社会真相客体澄明的自觉就是反思社会真相问题研究的应有之义。

总之，社会信息的传播及其真相研究中的客体概念是哲学关于"真"的理论的重要基元。因此，在生成的、实践的关于"真"的理论，还是形而上学的关于"真"的理论中，或者实体的、关系的、实在论与非实在论的关于"真"的理论中，似乎任何对于社会真相概念的界定都用"客体"概念作为概念的"基元"，而划分不同"真"理论最方便的方法就在于其以对"客体"的处理为根据。概而言之，众多的关于"真"的理论或将客体限制在纯主观域，或作超验限定，或作为与人相关的客观性等。因此，只有断定一个所获得的信息来源于客体、对客体无限接近时，才能断定认识的社会真相。而社会信息真相就其对客体一元信息的无限接近来说，对纠结于主体、客体与中介的复杂关系的相互作用中客体的接近总是存在着局限性，因此，面对同一个对象，不同的人经由不同的中介往往"横看成岭侧成峰，远近高低各不同"。所以，把握社会真桎，要求遵循认识规律，在共生共存、相互作用的三元信息变项中实现对主观与中介传播环节的双重超越。

三　客体澄明的时间距离逻辑"自觉"

如果从时间距离逻辑"自觉"的角度来理解社会信息真相客体，客体信息建构的内涵是借助时间的社会进化论式的划分来建构它的文本，一定意义上，它是特殊的、通过一系列相互衔接的社会时间的分割。

客体信息文本中的时间经历了从时间、时段到社会时间的转型。如果对时间做一检讨（当然，具有普遍性的人类时间问题从元得到满意的解决。）便会清楚地发现，并不存在着一种绝对的、抽象的时间。社会时间是被想象成为一种历史的现实中介，社会时间观是一种人类的发明，它是理解世界变化最为基本的发明。

社会真相信息活动的反思性要求主体"向后看"，由此而使主体的经验"返回"到主体这里来，回到与中介和客体同时存在的现场中去。这好比对客体的澄明应该保持一种对话的方式，在一定程度上是对共同话题的相互交往与见解。如此，客体的澄明强调的是只有通过三元相互交往的活动才有可能。把客体作为一处"远距离的异域"做法，不是在一个互动的过程中获得客体信息域，这是自欺欺人。

应该承认，社会信息真相结构中的三元变项关系具有一定的自主、自治性。同一客体根据不同的观点，能够与不同的解释或作为一种结果的历史叙述联系在一起，此时，作为社会信息真相核心构筑的关键的客体信息就只能设置在叙述的社会时间范畴中。所以，把社会真相客体信息的特征看作一种突现特性，没有什么物质对象是真正与之直接一一对应的。当然，这种特征始终是主体加在真实现象上的一种构建，它并不存在于纯粹的虚幻世界中。

因此，社会信息真相所具备的特征不能被简单地归结为三元信息变项中每一元的个别特征，如此，社会真相客体信息的结构具有一种不可化约的属性。在这个意义上，客体信息的距离逻辑实质上就是用历史叙述的方式，在杂乱无章的世界中创建了一种顺序，并按某种可以解读的方式实现自治。

客体的自治使其被假定为一种有距离的异在，时态被用来标明它与主体以及中介之间的关系，时态明显的是在表述一种社会时间上的距离。这样，社会真相客体的文本写作就是通过语言中介的手段所实现的一种再生产，这个过程呈现了一种社会信息与文化。

自我建构的客体与自己这一主体是同时存在的，也就是研究者和被研究者要同时在场。应该清楚的是，主体所体验到的时间状况，只有在研究者与被研究者及其中介有着共同的时间时，才可能接近社会真相。也就是说，对客体的认识就包含"包容与吸纳"以及拉开距离和分离。客体之所以得以澄清，就是因为客体与主体的生活在同一个时间里。

在距离的空间逻辑中，社会真相客体的获得有一个基本的预设，那就是，作为社会真相的特定对象，它要能够被观察者所观察到。于是，从客体的时间逻辑上看，一般现在时顺理成章地成为观察者的一种写作时态，这样一种时态以事件实录的形式为所观察到的客体提供注解。但是，用一般现在时来获得叙述的有效性的文本中所做的说明，都是以主体所偶然选定的标志"过去"的单位为基础而表现的一种整体的交换体系或者一种世界观，可以想象，当一个写作主体不断地走进一种交换关系之中的时候，他就有可能带着完全不同的价值经验，如此，社会信息真相客体的文本很可能会发生巨大的改变。

时间的社会化就是把时间距离看成排他性的和伸展式的，与此相应，社会时间观强调时间的特异性步骤，强调其在特定文化环境下的实现过程，所以，主体要在其应有的距离秩序和位置下来考虑客体。这样，社会真相认识要到达与之远隔的任一具体客体或其他对象，就要检视其所经历的一系列的中介，或者位于它们中间的全部对象。因此，当要接近与之远隔的任何具体客体时，必须要经由中介传播，或者说先要经历位于此与彼距离点之间的一切对象，然后再达到那个客体。在这个过程的每一个中介传播环节上，都被召唤回来或者反馈自己现在的信息。

记忆，一定意义上是在现在把"过去"呈现出来的能力。记忆能够在与世界或与他者之间生产出距离，这种距离逻辑把"过去"安插在一个适当的位置上，给人的印象就是它们代表了存在的进化或发展阶段。同样，记忆还促成了主体间性，因此，在某种程度上，凭借记忆能够与每一个其他人享有同样的过去，从而相互了解各自的现在。因此，时间距离的非单一方向经验使过去时态与现在时态在个人和集体交往的层次上获得了社会信息真相客体文本写作所要求的一致性或者融贯性。

如果中介参照点不改变它的位置，一方面，在假设存在于现在和将来对象之间的某一时间点上，就看到将来的对象接近，过去的对象后退而变得更远；另一方面，在假设存在于现在与过去的一个时间点上，过去就接近，而将来变得更遥远了。所以，由现在的刹那观察到的将来和过去，在中介视域下，或推进的存在，或延缓的存在，或顺着似乎是自然化的时间的顺序，由过去进到现在，再由现在进到将来，或相反，从而使"澄明客体"的认识活动处于各个不同的、可以控制的"自觉"的时间距离逻辑之中。与此同时，对这种距离关系及其逻辑的不同主张构成了社会信息真相客体的历史。

总之，时间距离逻辑"自觉"，一方面引导着人们要在社会信息真相的时间社会化进程中去建构自己的客体，另一方面时间逻辑通常要求采取各种各样的在时间上拉开距离的行动。这样，对客体的"澄明"在时间逻辑上含有"实践"的意味，也即客体之所以得以"澄明"在于一种主体的行动。在这里强调的是社会真相认识过程中主体的重要性，将主体取消或者隐藏起来，常常会导致认识论上的虚伪。

第四节　社会真相的"标准"的自觉

一　从双重演化视角观照"逻辑标准"与虚拟实践

实践作为"唯一标准"的提法，从演化的单一维度说是没问题的，或者实践中介活动本身的特征使其成为最后的唯一标准。的确，从根本上说，实践在检验一个认识是否具有社会真相时，不是把包含于认识之中的信息同独立于认识之外的认识对象信息加以简单对照，因为离开人的活动而独立存在的外在的对象，不能把主观同客观相对照。这样，某种认识是否具有社会真相，只能以主观并作用于客观的沟通主观和客观的"桥梁"、联系主观和客观的中介，即实践中介作为检验标准。也正是在实践决定论的意义上，就社会信息真相生成于实践之中来说，实践与社会真相本来就是一个东西。然而，从世界的物质与信息双重进化的理论看，实践是能动地改造和探索现实世界的社会性的、具有直接物质性与间接信息性的客观活动，是主观见之于客观的可感知的东西，所以，实践使抽象的东西"感性"化了，把客体在主体方面对象化了，或者实践使物质的东西信息化了。因此，社会真相不能在纯粹的主观认识领域寻找社会真相的标准，这样会把社会真相的标准变成主观的、不确定的东西。所以，主张单纯以认识检验认识是唯心主义的表现，同样，也不能单纯以具有"直接物质性"的实践来检验社会真相，而应是整个具有双重规定（直接物质性与间接信息性的双重规定）的实践中介活动。

信息，"一旦产生便以自身独具的特质超越了直接性的本性，并由此展开了自身运动和发展的历程"[1]。因此，无论在人类产生后还是随着人类的进化，认识作为一种信息活动都将越来越有相对的独立性，在一定的条件下可以独立存在。正如有学者指出的，"认识有相对独立性，无论是存在人的头脑中还是存在于其他物质实体如书本、电脑中，都可以是离开实践的"[2]。人类在一定程度上存在着"先天的"认知结构，人之为人的认识的限度和自然发生的、演化的一面。恩格斯与列宁都肯定了所谓的"人的认识本性"；人的本性、人的理论逻辑思维可以反映对象的"真"的信息。所以，在双重存在与演化意义上，承认人的意识的作用或者逻辑标准与世界的物质统一性是不矛盾的，这体现了理论与实践在社会信息真相增长与进化过程中均是不可或缺的。事实也是如此，在科学实验活动中，对社会信息真相的逻辑运算是主体主动地、积极地自我建构的一种预设性思想结构图式，可以说，逻辑与数学方法是科学活动的本质特征，它突出地体现了人这一主体在实践中介活动中的主观能动性。但是，也必须认识到，社会信息真相的确定不是任意的、随心所欲的，而是要根据主体自身需要、外部客观条件和现实可能性，通过主体的创造性思维来加以构

---

① 邬焜：《信息哲学——理论、体系、方法》，商务印书馆，2005，第47页。
② 黄楠森：《社会实践是检验认识的真理性的唯一的最终标准》，《高校理论战线》1998年第5期，第4~9页。

造，因而是一个主体创造和实践互动的过程。逻辑运算应依赖于经验材料，否则就容易陷入空想，不过，模型又不完全是经验材料的堆砌。由于主客观条件不同，逻辑标准在社会真相的实现过程中细节会有所不同，所起的作用也会不同，社会真相并不存在普遍适用于任何场合、任何情况下的整齐划一、超时代、凝固不变的逻辑，它有无限的可能与不确定性，所以科学实践就显得十分重要。因为，世界毕竟不是像理论描述的那样一幅图景，理论还必须经常地根据经验的观察来修正。但实践中介活动肯定是离不开一定的逻辑标准指导的，否则就会陷入盲目、被动境地，难以取得好的效果。

从双重演化的视角来观照逻辑标准可以避免实践与认识的"鸡生蛋、蛋生鸡"的关系怪圈。在人类获得社会真相信息时，一方面，任何理论的提出都必须建立在一定的现实实践之上；另一方面，人类认识又必须有一定的逻辑。人类把握物质世界的真信息，如果不只是一种盲目的毫无结果的徒劳，那么，在追寻现象信息背后的社会真相过程中就需要一双"慧眼"（逻辑）对经验现象进行扫描，但这又不必然导致保守，囿于逻辑的条条框框。实践与逻辑二者同时进行着双向的提炼和扬弃，从而保证人类进化走在坚实的现实道路上。因此，实践标准与逻辑标准二者是相统一的辩证的关系，应十分重视社会真相的实现过程中逻辑标准的重要意义。

在技术层面，网络"虚拟"使虚拟实践成为现实，通过虚拟实践，可以更好地认识世界、改造世界。比如，不少资料表明，通过"虚拟解剖术"这种虚拟技术手段，同样甚至可以更好地获得患者的信息，而且更加准确、全面。这就是说，虚拟可以获得真实，虚拟可以获得关于对象的社会真相。的确，虚拟实践可以不受时间、地点、条件的限制而受到重视，有了虚拟技术，有了网络，与世界相连，与无数的信息源相连。根本不需要"行万里路"，就可以"读万卷书"，获取方方面面的信息和知识。从而，对于社会真相的认知能力大大拓展了，比以前可以更好地把握对象的真实，或者说掌握的真实更多、更丰富。基于这样的现实，讨论虚拟实践作为社会真相的标准的本质地位问题有着时代的迫切性。

虚拟实践的社会真相检验功能本质上在于它是基于信息思维的一种逻

辑检验。这种检验在一定的意义上拓展了逻辑标准的含义，为检验认识的社会真相提供了一条新的途径。它不是最终的方法，也不能代替现实的社会实践，它在整体意义上的、有着物质与信息双重规定的社会实践的参与中作为认识社会真相的标准。如果说原始人是在混沌的状态下"自然"获得的社会真相，那么实践中介活动的历史性变化，如实践和认识的分工和作为理论思维活动本身越来越"间接化"的信息活动的进化使社会真相的获得越来越信赖虚拟实践，而不需要实践的直接检验。所以，通过虚拟实践检验社会真相，在检验成功的同时生成了一种"虚拟社会"真相，这具有极其重要的现实价值。然而，从方法论角度看，虚拟实践体现了人类的一种超前性实践思想，体现了主动构思、主动活动和主动创造的主体能动性，它既从现实物质实践中来，受启发于现实实践中介活动，又对人类物质实践中介活动有预示和指南作用。在人类主体能动性对生态环境影响越来越大的现实下，虚拟实践对人类的现实物质实践中介活动的指导，很大程度上使人避免陷入盲目、被动和无法挽回的悲剧境地。当然，虚拟实践作为一种社会信息实践，对物质的实现来说，一定意义上，它并不具有现实实践中介活动的诸多复杂性和多变性，不能实现完全的、现实的社会真相检验过程。

因此，虚拟实践并不能在最终的意义上代替现实实践，它并不是追求的最终目的，它终究要导向现实的社会实践和社会生活。所以，虚拟实践对社会真相问题研究的意义就主要体现在以下四个方面：（1）丰富了社会真相实践标准的内涵；（2）为现实社会真相的生成提供虚拟实践的依据；（3）为既有现实社会真相的存续和发展提供虚拟实践的动力；（4）虚拟实践中介活动对主体的社会信息真相创制能力的培养与训练，起到独特的积极作用。最后，现实的社会信息真相有其域，也即社会真相的信息域，标明了社会信息真相存在的范围，任何社会真相都是具有一定信息域的社会真相，并不存在什么"放之四海而皆准"的社会真相。认识和尊重社会信息真相的域，对于检验与发展社会真相有着重要意义。因为，它是社会真相现实性、具体性和系统性的依据，决定了社会信息真相运用的领域和限度，也决定了实践检验的层次性和多途径。

通过以上说明，针对讨论的问题，可以作出如下结论：现实实践是社会真相的源头活水，社会真相实现于现实的实践，接受实践的检验，并随时与逻辑标准保持着双向建构的关系。离开了逻辑标准，离开了发展着的现实，社会信息真相的"自觉"建构就无法进行，更谈不上丰富和发展。

二 自由的信息量度与"实践标准"的"自觉"标准

马克思说，"动物和它的生命活动是直接同一的"①。"而人的类特性恰恰就是自由的有意识的活动，生活本身却仅仅成为生活的手段。"这种"有意识的生命活动把人同动物的生命活动直接区别开来"②，所以，人作为类存在物，是有意识的存在物，在一定意义上，人的这种有意识存在使人把自由作为人的最高追求。

不可否认，自由及其度、自由度是衡量社会进步的尺度。那么，什么是自由呢？自由这一范畴源出于拉丁文 libertas，原意是从被束缚中解放出来。在一般生活用语中是指不受拘束、不受限制。我国的思想家庄子把自由看作"万物与我为一"的境界。这种境界是精神领域的表现，但不是主观随意的虚构。这种自由既不脱离尘世而又超出尘世，这种精神超越的自由境界，是自由的最高境界，是纯粹的、绝对的、不受任何限制的自由。在欧洲哲学史上，不同的哲学家，诸如德谟克利特、柏拉图、亚里士多德、伊壁鸠鲁、斯宾诺莎与费希特等对自由都有各自不同的看法。黑格尔认为，自由并不否定必然，而是在必然的基础上发展起来的。并且，自由的本质不仅在于认识中的必然，还在于活动中的必然。每个时代所能达到的对必然的认识，就是自由的尺度。费尔巴哈认为，人只有通过必然才能获得自由，而自由本身则被视为自由的必然。他强调并非生来就有自由，而是随着对自己本质的认识和自身生存条件按人的本质改变的程度而获得自由的。

在马克思看来，人所现实需要和追求的自由只能是根植于实践的实在的自由。马克思说："劳动尺度本身在这里是由外面提供的，是由必须达到的目的和为达到这个目的而必须由劳动克服的那些障碍所提供的。但是

---

① 马克思：《1844 年经济学哲学手稿》，人民出版社，1985，第 53 页。
② 马克思：《1844 年经济学哲学手稿》，人民出版社，1985，第 53 页。

克服这种障碍本身，就是自由的实现，而且进一步说，外在目的失掉了单纯外在必然性的外观，被看作个人自己自我提出的目的，因而被看作自我实现，主体的物化，也就是实在的自由，——而这种自由见之于活动恰恰就是劳动。"① 人只有在实践（劳动）中，才能实现自己的目的，获得"实在的自由"。人在实践中获得的"实在的自由"并不是随心所欲地"任性"，"不自由恰好就在任性中"②。"实在的自由"是"必然之变为自由"③。所以，人的自由就是实践主体从具体的实践出发，在对象化的活动中扬弃必然，变革对象，达到"客观本是"与"客观应是"的统一。

通观以上的观点，可以看出，一般认为自由与知识、必然性和个体有着密切关系，而且往往注重自由具体的行动。然而，其实自由与信息还有密切的关系，甚至在一定意义上，自由即意味着对信息的把握。因为，从定性与定量方面看，自由意味着自由度，这是一个有着具体信息的质与量的规定的概念。可以说，信息活动是最能体现人的自由的活动，不过，这里也产生了问题。因为作为人的信息活动往往带上许多主观色彩，所以，所获得的一定的信息常常是假的、不正确的，而这根本上限制了人的自由的实现。应该说，最终所获得的信息非真即假，所以，所获得的信息，首先其质就无非真与假。同时，在实践中介活动中，主观力求以客观实在的形式来确证自己，再现自己的本质精神。这个过程其实就是人与世界的相互作用，但是，"仅仅'相互作用'＝空洞无物"，"需要有中介"④。而这个中介是以人将对象世界必然地、观念地"据为己有"为前提。在自由的实践过程中，必须占有一定的社会信息真相中介。从而，经由社会信息真相的中介，以主体价值为动向，以思想的客观性为理论基础，通过主客体的自然的、历史的、具体的统一，不断地完善自己的人性之真而实现着自由本性。在哲学史上，康德的人"为自然立法"的实质是人占有的社会信息真相中介"为自然立法"。康德认识论思想的启示是十分有益的。事实上，人在根本性上不可能超越人在改造世界中对所占有的、包含

---

① 《马克思恩格斯全集》（第46卷下册），人民出版社，1980，第112页。
② 黑格尔：《法哲学原理》，商务印书馆，1961，第27页。
③ 黑格尔：《逻辑学》（下），商务印书馆，1981，第232页。
④ 《列宁全集》（第38卷），人民出版社，1959，第172～173页。

主体价值自觉的社会信息真相中介的规定。如果既往更多关注的是合必然性的社会信息真相，那么，在当代，开始重视在合必然性地改造世界中实现合善的目的性的社会信息真相中介。因为，人只有真正占有能够既体现被改造的对象世界的必然性，又体现人的善的目的的规定的中介，才能真正获得"改造世界"的自由。因此，社会信息真相中介以思想上的自由为前提放大主体在行动上的自由，通过主体与客体信息的相互作用在观念中构造出新的理想客体——"客观应是"。正如马克思指出的，"外在目的失掉了单纯外在必然性的外观，被看作个人自己自我提出的目的，因而被看作自我实现，主体的物化，也就是实在的自由……"① 因此，客观必然决定着主观意志，只有当主观意志建立在对客观必然认识的基础之上，才有自由可言。正如恩格斯所断言的"意志自由只是借助于对事物的认识作出决定的能力"②。而且，恩格斯还指出，"文化上的每一个进步，都是迈向自由的一步"③。所以，反映在人的认识信息活动中，意志总体现为一定的在实践中确定的不断发展进化着的信息。

总之，人和人类本身就产生于必然之中，而人之所以为人，就在于人所具有的主体性、自由性。这就决定了人不会满足生存于必然之中，受其制约和支配，而要驾驭这种必然性。而必然本身的不断被认识、被改造又继续以其新的内容和形式存在着，就决定了自由只能是一序列程度状态，表现为不同层次的不断发展过程，它不是抽象的，它的内容总是具体的、多样的。对象世界的必然性和"规律虽体现在现象界中，但却没有全部体现出来；它在不同的情况下老是有不同的体现或现实性"④。而在人对世界改造性的自由关系中，社会信息真相是人置身于自身与世界之间的中介。人占有蒸汽磨改造世界的时代的社会信息真相中介肯定高于人占有手工磨改造世界的时代。科学史上，量子力学对经典力学的替代深刻表明，人对对象世界必然性的观念占有程度，规定于所占有的社会信息真相中介的状况。因此，要实现自由，就必然伴随着人及人类对一定的信息的占

---

① 《马克思恩格斯全集》（第 46 卷下册），人民出版社，1980，第 112 页。
② 《马克思恩格斯选集》（第 3 卷），人民出版社，1995，第 455 页。
③ 《马克思恩格斯选集》（第 3 卷），人民出版社，1995，第 456 页。
④ 黑格尔：《精神现象学》（上卷），商务印书馆，1962，第 100 页。

有。随着这一定的信息尤其是社会真相信息的占有，就给获得某种具体自由提供了条件。当然，从客体无限存在并不断发展的事实角度看，这种自由也是有度的规定的，而显然自由是没有极限之度的，自由度是无限发展着的，但随着认识不断深化，信息量的不断增多，主体的认识水平总会不断向这个极限逼近。

在我国，实践作为检验社会真相的标准已经是常识了，往往把实践检验当成实践效果的检验，认为如果按照某一认识的指导来进行实践，得到了预期的效果，那么，这就证明了这一认识是同客观世界一致的；反之，如果没有得到预期的效果，那么，这就证明了这一认识是同客观世界不一致的。简单通过实践得到预期效果的认识就是社会真相，反之就是谬误。这也正如黄楠森教授在《社会实践是检验认识的社会真相的唯一的最终标准（下）》① 一文中指出的，马克思主义认为，实践检验社会真相是在反复的实践过程中检验认识是否与客观世界一致，有多少一致、有多少不一致的复杂过程。说实践检验是一个复杂的过程，必须反对简单地以实践的结果的成败作为标准。然而，从根本上说，实践的最终结果仍是判定社会真相是不是社会真相的标准。那么达到了什么样的结果就说是得到了证明了呢？

从哲学上，一般地，对于具有普遍性和必然性的问题的实践得到一个有普遍性和必然性的结果就是确证了。而具有普遍性和必然性的生生不息的人类生活世界是社会真相的发源地，这首先是社会真相的基本问题规定的。什么是社会真相的基本问题？基本问题就是全部社会真相问题所直接与间接指向的东西。应该说，在哲学上，有关"存在"的问题是社会真相的基本问题，"存在"有普遍性和必然性。海德格尔认为，哲学起源于古希腊人对"一切存在者在存在中"（德文 Alles Seiendeist im Sein）的惊讶。由此，"Being（Sein）"成了哲学的主题，"What is（是什么）"成了哲学的追问方式。关于"What is Being（存在是什么，是是什么）"的询问和思考以及由此获得的一切知识就是希腊的或西方的哲学智慧。关于

---

①　黄楠森：《社会实践是检验认识的真理性的唯一的最终标准》，《高校理论战线》1998 年第 5 期，第 4~9 页。

"Being" 问题的范畴体系称为 Ontology，以 Ontology 为核心的哲学体系称为 Metaphysics（形而上学、玄学），这种理论化、体系化的知识具有超验、终极和绝对的性质。在本体论上，存在与不存在，莎士比亚戏剧中哈姆雷特的沉思，"To be, or not to be: that is the question"，正说明了这个普遍性和必然性的基本问题。而在实践中介活动中的存在自由正反映了关于"存在"的普遍的必然的联系，这是包含人的目的、需要、情感与意志的普遍性、必然性。有人说实践是客观的物质活动，目的属于主观意识的范畴，目的参与其间，就不能作为检验的客观标准了，应当把目的从实践标准中"纯化"出去。这是一种糊涂观念。首先，实践是一种自觉的、有目的、有计划的活动，把意识从中剔除了，还能是一种实践中介活动吗？其次，"目的"体现认识所建立的实践方案的逻辑结果，没有这种逻辑结果，以什么和实践方案实施后的实际结果相对照？实践怎样检验主观认识是否具有社会真相？

　　人是人的最高目的，自由是人的最高追求。人对于自由的追求，首先表现为对客观性的探寻以及对客观存在的改造，从而面临着理想和现实的矛盾，以及自身本体存在（即"是"和"应是"）的分裂与冲突。而社会信息真相中介对于人的自由本性来说就是以事实世界和价值世界的统一来实现自己本体存在的合一，从"是"到"应是"的转变。它的现实意义就在于，以观念中的真实指向人的未来本体，展现的人的本质力量。作为一种观念先在，自觉地意识到了社会真相所体现的"人的某种理想和价值追求，追寻着人的自由"[①]。所以，"实践标准"的标准应从人的现实存在出发去研究和解决，要求社会实践自觉地走向人的现实生活，自觉地走向生活世界，真正成为一种内在于现实生活并推动现实生活不断走向自由解放的"中介"和最终归宿。这样，自由范畴有着其信息的量度以及社会真相是现实自由实现的信息中介，意味着必须在实践中介活动中，以社会信息真相中介现实的"自觉"运用来获得现实自由。所以，现实的人的自由是实践是否成功的标准；凡是解放人，实现着现实的人的自由的实践才是成功实践，也即"实践标准"的"自觉"标准。

---

① 方莉：《论实践真理的自由本性》，《世纪桥》2007 年第 7 期，第 16～17 页。

第六章　交往关系中的社会真相

第一节　社会交往关系概述

　　新的时代特征，新的生活方式，新的多元价值标准，赋予人们的社会生活以全新的内容。于是，交往关系日益复杂化，同时，竞争日益激烈，高效率、快节奏的工作压力，优胜劣汰的竞争氛围，功利实惠的市场经济环境，形成了强大的显性合力，不由分说地摆在每一个社会个体面前。丰富、复杂的交往关系，为主体提供了一个自由选择自己的平台，但实际上，模式、传统、习俗、价值取向方面的多重遮蔽，使选择一条可靠路径的真相颇为难得，现实中真正属于主体选择的空间极小。人们往往都是在没有真相的情况下作出强迫性的选择，但无论选择的后果如何，责任都由自己承担。所以，交往关系中真相的尺度与求证成为必须面对的问题。交往关系可以从不同角度进行划分，按性质，分为与自然的交往关系和社会性交往关系。人际交往关系，是指人与人之间在共同体中所进行的相互交往和联系，表现为语言、思想、感情等多方面的联系和沟通。这种密切的交往活动行为，既包括心理关系（心理距离的远近），又包括行为关系（交往和联系的状态），是彼此相互认同、情感相互包容、行为相互近似的人之间最直接的交往关系。人际交往关系本质上是一种社会关系。在马克思、恩格斯的交往理论那里，社会交往指的是人们在生产及其他社会活动中发生的相互联系、交流和交换。他们用社会交往概念论述了历史唯物主义的理论。在西方社会学理论中，社会相互作用或社会互动是概括人们之间有目的的相互影响的概念，这些概念是同人们的社会行动的概念相联系的，即他们要解释人们之间相互影响的意义与机制，分析这一过程所包含的社会意义。因此，西方社会学家往往在微观上使用社会柜互作用的概念。

网络的出现和发展对人类的日常社会生活产生了巨大的影响。原有的社会结构、社会行动方式以及社会分层在网络的冲击下都发生了变化。当今网络交往关系成为人类社会生活中的一个重要组成部分。但不管网络生活具有什么样的虚拟特征，其交往关系本质同现实之间的不可分割的联系都受现实关系逻辑的支配。随着网络的普及，网络交往日益向现实社会交往回归。比如，电子商务活动已同日常生活不可分离，它使网民的行动脱离虚拟的网络空间而回归现实交往关系。可以说，未来，网络与现实的分隔不再必要，各种具体虚拟交往关系都是现实关系的一个或一方面的缩影和直接表现。

人的本质是在物质生产劳动的基础上形成的一切社会关系的总和。所以，交往关系中的社会真相属于社会交往活动的社会意识，是人们进行社会交往活动的需要，是社会交往的动力系统要素。

大量的沟通工具、信息载体和大众传播媒介，在把人们的行为半径延伸到很远的距离范围外的同时，使人与人的交流基本在隔离状态中进行。人与人的直接交流减少，交往方式越来越间接，交往的内容也越来越非个人化，从而在偌大一个生存活动空间里，人们感觉到自己的"同类"似乎很多，却又互不相知和相识，满世界是些"熟悉的陌生人"。在社会的大网络中，在压力面前，个体的承受能力存在明显的差异。交往关系的有效化，是获得支持，远离孤独、无助，适应一种模式和环境的核心动力保证。比如，美国教育家戴尔·卡耐基认为，一个人事业上的成功，只有15%是由于他们的学识和专业技术，而85%是靠良好的心理素质和善于处理人际关系的能力。事实上，良好的人际关系，会让人感受到和谐、融洽和关爱，使人心情舒畅，干劲倍增。

在交往活动过程中，真相是交往主体必须获得的社会信息需求。真相信息的不对称状态关系如果长期得不到纠正，交往关系就会走向病态，甚至无法继续。真相源于人的需求，在一个交往环境中，只有真相需要被满足，交往活动才能安全、高效进行。如果真相的需求得不到满足，交往主体就会产生距离，关系就不会协调、融洽，出现对抗。当然，在交往关系中，真相受主体心理特点、角色、地位、价值观与当时所处情境等多元因素的决定。真相被满足的程度取决于交往的需求性程度，又取决于交往的目的和价值，但无论真相信息差异有多大，交往关系都应当真诚、公平，并寻找保障必要人权的最佳结合点。

第二节　交往关系中的社会事实及其真相

在交往中不可避免要面对事实、真相等问题。所谓事实，通常有以下几种释义：（1）事情的实际情况，实有的事情；（2）干实事；（3）事迹；（4）故事，典故；（5）指事物发展的最后结果。日常生活中，基本解释是指事情的真实情况，包括事物、事件、事态，即客观存在的一切物体与现象、社会上发生的不平常的事情和局势及情况的变异态势。比如，判案要以事实为根据，事实胜于雄辩。从哲学上看，对社会事实的理解有两种路径。第一种，主体感知说。这一理解认为社会事实是主体对客观事物、事件及过程的感受和认识。也就是说，社会事实是接受了的或安排了的、为认识主体所规范的一种认识，也就是人所把握的一种知识形式，是对呈现于感官之前的事物的一种断定。进一步解释，即呈现于人们感官之前的社会现象，只有当其为主体作出了判断，这才是感知到了一个社会事实，如果视而不见、听而不闻、嗅而不觉，那就表明，虽呈现于感官之前，但未为主体所觉察，这就不能说有了社会事实。这种理解其实是"存在即被感知"在社会事实断定领域的应用。从社会事件只有进入人的社会现实关系、进入人的视野才有现实性意义这一点来说，这一理解有其合理性。但它混淆了社会事实与对社会事实的认识。社会事实本身一旦生成就具有了客观性，从这点来说，它是不以人的认识与否为转移的；人的认识受主体、客体以及认识工具等多方面因素的制约，对社会事实的认识完全可能偏离社会事实，甚至可能作出错误的判断。从人的认识论角度来看，社会事实是不以人的主观随意性为转移的，不取决于它是否被感知或接受。例如，在2004年8月第28届奥运会上，中国获得了32枚金牌，这是一个确定的社会事实。但是，对于没有感知和接受的人来说，该社会事实仍然存在。

第二种，自在之物说。这一理解认为，社会事实就是外在于人的事件及其过程。这一理解是从本体论的角度来讲的，据此，包括人化自然、人工自然等一切具有客观性的存在本身，都是社会事实。这种理解只强调了"社会事实"外在于人的客观存在性，甚至可以说是与人无关的，诚然这样对"社会事实"的界定符合唯物主义客观性的原则，但未能就客观性与主客体的关系作进一步的分析，在这里社会事实被混同于一种纯粹的"自在之物"，因此，常常加以唯客体主义式的理解和使用。从实践唯物主义的观点与思维方式来说，应把一切并非客观存在的、主观随意性对象都排除在社会事实之外，同时，也要排除把社会事实归结为主体精神、意识的"非显示存在"。从社会事实的存在的领域来看，不但肯定一切客体本身的存在是社会事实，而且肯定人、社会、主体本身的存在与客观状况也是社会事实，肯定主体、客体以及中介系统三元变项之间关系的存在也是社会事实，从而与旧唯物主义划清了界限。

所以，从社会本体的视角来说，社会事实和事物、事件等是不同层次的范畴。社会事实的根本特征是它的社会性，这是区别于社会事实和非社会事实的本质特征。针对社会实践和社会认识中的主客体以及中介系统关系状况，可以进一步对社会事实的形态作出分析，即社会事实既包括客体性社会事实，即一切对象的客观存在及其现实状况，也包括人本身的主体性、价值性社会事实。另外，还有通过中介系统的存在和变化而表现出来的社会事实。如对于正在发生的社会事实可以亲自去感知和体验，但对于过去或未来发生的社会事实只能通过有关的信息材料间接地去认识。

与其他事实相比，社会事实具有以下特性。第一，客观性。社会事实一旦发生就是客观的，就不依赖于主体的意志而存在。主体在认知对象的过程中，对认知对象的认识可能会发生变化，但是作为认识对象的社会事实本身是不会改变的。这同时意味着社会事实与永不停息地运动变化着的客观世界相比，社会事实具有相对的确定性。因为社会事实首先是发生在某一个时间空间点，这个点一经发生就相对静止了，其交往关系情境也相对固定了。第二，主体性。社会事实是由交往主体所引起、变更或消灭关系的事实。一定的意义，对于交往主体能够产生影响。社会事实的主体性原则将自然发生的事实中那些不具有主体意义的事实排除在外，这就缩小了事实的范围。主体性，又意味着无法彻底、绝对地再现事实本身，但认识主体能够通过相关信息去基本再现社会事实，掌握社会事实真相。

关于真相，它与"真理"在英文中对应的词都是"truth"。在现代汉语中，"真理"是"真实的道理，即客观事物及其规律在人的意识中的正确反映"，"真相"则是"跟社会事实相符合"。前者偏重于从客观存在的角度定义，强调的是已经为人类所认识的存在于物质世界中的各种道理；后者则偏重于从主体认识的角度定义，强调的是主体现有的认识是否与客观相符合。因此，从认识的角度来讲，真理与真相的本质含义基本相同。

在语言中介上要表示社会事实，是一陈述句子。命题有真假，社会事实是否也有真假呢？没有。现实中对社会事实所做的错误的、假的事实的认定，其实是由于对呈现在感官面前的社会事件、现象作出了错误的判断，把不存在的社会事实当作真实存在的了。也就是说，在交往活动中对社会事实认识有真假之分。社会真相即表示人的主体认识"符合"客观社会事实，就如同真理符合论的种种争议一样，对这里的"符合"也有不同的把握，现实的做法不应当把"符合"当作"完全符合""一模一样"，即对所有交往关系情境中社会事实的认识完全符合。这种符合是一一对应式的符合。在实践中，完全的符合，在有限的认识规定内没有必要，也不必达到相似的符合，只需抓住事情的主要矛盾即可。

坚持彻底、完全"符合"易走向"绝对化"。由于认识不到认识的相对性，对于复杂的社会问题的认识就会简单化、粗暴化，比如，在交往关系中，强势一方极易走向偏执，这时，弱势一方的权利就受到侵害。当然，如果认为在特定的交往关系情境下，对社会事实的认识只能达到相对真相，而不需要保持对绝对真理这个理念的信仰，就会陷入"相对论"和"不可知论"。根据辩证唯物主义认识论，社会事实既包括绝对真相，也包括相对真相，是绝对真相与相对真相的辩证统一。割裂二者的关系，只承认其中的任何一个方面都是错误的。只承认绝对真相而否认相对真相，就犯了"绝对化"的错误；只承认相对真相而否认绝对真相，就会犯"相对论"的错误。

所以，对社会真相的把握是绝对与相对的辩证统一，割裂二者的关系，只承认其中的任何一个方面都是片面的。这就要求考察和分析社会事实的真相问题时，既要坚持社会事实真相的相对性，又要完善和发展认识。主体所确定的这些事实，要力争与客观上实际发生的事实完全符合，确实无疑。所谓"完全"，《现代汉语词典》的解释是："（1）齐全；不缺少什么。（2）全部；全然。"这要求认识主体对认知对象和所有事实和交往关系情境的认识最大可能地做到与社会事实全部一致和完全吻合。当然，现实中这种要求认识主体将认知对象的所有事实和交往关系情境全部把握清楚是没有必要的。对关键社会事实的认定做到确定性和唯一性，就具有了绝对的因素，也即对社会事实真相的把握只能在一定的程度上具有"绝对性"。

能否发现以及是否有必要发现认知对象的社会事实真相，认识主体通过何种途径认定社会事实，以及他们认定的社会事实与社会事实之间的关系如何，这些有关社会真相的主要问题不仅涉及哲学上的认识论、价值论等深奥的理论问题，而且是事关人权保障、公正乃至社会公平与正义的重大实践问题。对这些问题的不同回答，对交往活动会产生重大的影响。一般地说，本体论是关于存在本身（beingassuch）的理论或研究，它回答"存在是什么"或"世界是什么"的问题；认识论是关于人类认识的来源、能力、范围、限度和真伪标准的研究，它回答"人是否能够以及如何了解和认识存在"的问题；价值论则是关于客体对满足主体的需要的意义的研究，它回答"世界的存在及其意识对于人的意义如何"的问题。本体论是人对存在的理性把握，而人对它的把握直接影响到人的价值判断和价值观的确立；价值论则是人对主体选择的意义标准的反思结果，它把人对存在的把握与人对实践的目的有机地联系了起来，并在此基础上指导人去认识和实践；认识论则通过对主体认识能力、认识来源、认识方法等的思考，使人对本体的认识及对价值的取舍得到合理的论证。交往关系中的社会真相问题涉及认知对象的本原事实是什么，认识主体如何去认识，在认识的过程及结果上应当以什么为价值取向等。对这些问题的回答，离不开哲学中的本体论、认识论和价值论的指导。但鉴于哲学中的认识论和价值论与社会真相问题联系更为直接紧密，也可以说，社会真相论的理论基础更强调的是认识论和价值论，所以，讨论交往关系中的社会真相问题应着重放在认识论和价值论方面。

第三节　交往关系中社会真相的确证

在交往关系中，往往会面临着争议、强权、误解与真诚等问题，因此，需要交往主体把握社会事实真相。然而，同一社会事实常常会有不同的真相观点，这就需要主体对自己主张的真相进行确证，这个过程质量的高低直接决定了交往关系是否可以，以及能否公正、高效地顺利进行。

一　社会真相确证的概念和功能

从狭义上看，社会真相确证是指认识的一个阶段，属于认识论范畴。其包括两方面的内容：一是对社会事实确认的规范设定，即确认程序。这涉及程序公正问题。二是对社会事实本体进行的认识论规定。这涉及社会事实的实体公正问题。广义上看，确证包括两个阶段：第一阶段是认识阶段；第二阶段是社会真相的实现阶段，这是实践论与价值论范畴中的问题。因此，广义上的确证是认识活动与真相的实现形影相随，相互加以推动。

社会真相确证的功能在于排除可能影响交往关系顺利进行的因素，既实现交往关系动力，又保障社会公平，具体表现为为实现交往主体的平等对话提供保证。因为，社会真相确证中的程序公正保证处于弱势的主体能够及时全面地获取社会事实真相的证据信息，从而进行相应的准备。为了弥补弱势主体收集证据信息能力的不足，实现平等对话的理念，必须要确立真诚的态度。对于交往强势主体来说，有义务将所掌握的证据信息予以展示，同时弱势主体拥有向强势关系主体要求公开证据信息的权利。真诚的态度是由交往关系伦理决定的。真诚的态度，保障了交往主体对话的实质平等，特别是对处于弱势的主体有更为重大的保障意义。因为主体凭借赋予的强大权力，在证据信息掌握上具有弱势主体无法比拟的绝对优势。如此，才能实现平等对话和公正的交往关系理念。

追求社会事实并不是最终的目的、唯一的目的，社会真相的确证，也就是为了在交往活动中最大化地掌握社会事实，实现交往关系动力。然而，在交往关系中，对社会事实真相的认识在一定条件下、一定范围内是可能实现的，而在大部分情况下，确证并不能完全现实化。按照确证所实现的程度，可分为"充分"、"接近"以及"没有"实现。真相的力量在于现实化，如果社会真相的确证不能实现，具有现实性力量的话，那么，就会降低交往主体揭示社会事实真相的积极性，导致交往活动的无效化。对于认识主体来说，就会导致认识主体在调查、收集证据信息上只满足于形式和程序上的要求，即只要找到形式上合乎规范的证据信息即可，至于证据信息是否具有客观性的现实性力量，是否能够带来交往关系动力以及交往距离的弥合则会降至次要地位。这必然导致在实践上忽视交往关系的动力功能，不注重在社会发展中调整与改善交往关系。

二　社会真相确证中的效率与公正

在交往关系中，大多数情况下要完全达到对真相的把握，或者主体针对社会事实达成真相的共识是不可能的，因为，确证会受认识主体素质、经验的影响，受科技水平的制约，再加上社会事实的复杂性，在有限的认识期限内无法达成真理性的认识。这时，在交往活动中，就应当综合考虑效率与公正因素了。

在认识过程中，认识必须在有限的时间内完成。认识的现实性与实践性价值是各种认识活动的一个共同目的。事实上也是，对社会真相的求证往往应该尽量快捷地进行，至少不能无期限地求证下去，这就决定了认识活动的时间有限性。此外，对真相的求证还存在空间的有限性，一些空间因为现实条件的限制而不能够达到。因此，对社会真相的认识活动规范自然就现实地存在距离逻辑支配。比如，在法律关系中，对案件的真相判定往往专门设定了各种期限，即使有些没有期限的规定，具体操作中也遵循了认识的及时原则。这里，就是在强调社会真相认识的效率性。

效率是指所投入的资源（包括人力、财力、物力等）与所取得的成果的比例。基于资源的有限性，人的生命的有限性以及人的能力的局限等多方面的考虑，现代社会都把效率视为社会运行的基本理念和价值要求。现代科学活动在一定意义上为认识提供了工具与方法，以保证简化认识，避免不必要的认识费用与时间。比如，通常所谓的认识期限、简易程序等多方面体现了认识效率。在交往关系中，追求认识效率并不一定妨碍对社会真相的把握；相反，可以促进对社会事实真相的掌握。因为，提高认识效率就意味着应当及时收集对象的证据信息。社会事实的真相信息总是在一定距离关系网络中存在，这个网络是不断地变动的，对于这些证据信息，如果不及时收集，有些信息就可能耗散，影响社会事实真相的认定。另外，随着认识的进行、时间距离的推移，有些信息的证明力可能会发生变化。另外，对认识效率的追求有时也会与对事实真相的掌握相冲突。一般来说，投入的精力、人力和物力越多，就越有利于掌握事实真相。但是，简单加速对认知对象处理的进程，提高认识效率，在一定的程度上会以牺牲追求真相为代价。

公正是人类追求的永恒目标。关于公正，存在多种不同的定义和解释，如认为公正就是人们权利义务分配上的平等、不偏不倚和合理。在当今社会，公正是社会正义的最后防线和重要保障，更是"社会主义社会的首要价值"。公正在社会真相的证明中居于核心位置，是灵魂和生命。公正，意味着坚持社会事实并不是说为了发现真相而不择手段，倡导通过正当程序去实现交往关系中对社会真相的获取。虽然公正与发现社会真相有时的确存在矛盾，难以两全，此时坚持公正可能有碍发现真相，但这只是少数情况。而且，即便在此情况下，也只是减少了发现社会真相的可能性，但并不能导致丧失发现社会真相的可能性。

具体来说，追求社会真相与公正的关系主要表现在以下三个方面。首先，掌握认知对象的社会事实真相是实现实体公正的前提。公正能否实现，关键取决于能否掌握社会事实真相和正确地适用规范。因此，从这个角度来讲，追求社会真相要保证判断认定的事实与社会事实相一致。其次，在大多数情况下，公正的程序更有利于发现事实真相。例如，实行回避制度、公开制度、质证辩论等，更有利于公正地掌握事实真相。最后，在某些情况下，公正与发现真相之间也可能会产生一定的矛盾。例如，在法律关系实践中，如果坚持绝对的非法证据信息排除规则的程序公正性，很可能会阻碍事实真相的发现。因此，二者发生矛盾时，在某些情况下，应当采取程序优先的原则。但在有些情况下，公正则让位于真相。例如，根据非法证据信息的自由裁量规则，有些并不必然排除非法获得的物证。总之，不应该过分夸大公正与真相冲突的一面，而忽视了二者在绝大多数情况下的一致。

三　证据信息的属性

证据信息，从本质上是一种信息态存在，它不能像尺子或天平一样放在一个地方，看得见、摸得着，需要时拿来即用，无论对它如何进行模式的表达描述，或建立模型，都不过是一种信息体，只是在交往关系中的一种共通的理解或认识。在交往关系中，证据信息是主体把握社会事实不可或缺的桥梁。在古代社会，当真相难以认定时人们就会求助于神，以所谓神灵显示作为重要的证据信息手段。到了近现代以后，科学技术的发展使证据信息越来越具有可信性。

对于社会真相确证来说，证据信息体现了证明的要求、程度，或"真"度等，证据信息决定交往关系中的主体指按照认识论规范认定的真相信息与社会事实之间的距离。在哲学真理观研究中，不同的真理观对其真理标准是有区别的。比如，实践真理观认为，实践是检验真理性认识的唯一标准，证据信息从属于实践的范畴；唯理论认为，逻辑或理性是真理的标准，证据信息从属于意识范畴。这里所谓的证据信息是坚持交往实践的真理符合论下与社会事实一致的信息，它决定社会真相的量与质，既是社会事实的体现和反映，同时又是保证交往关系中的效率、公正与人权的需要。

从交往关系动力视角看，证据信息具有主体性与客观性。

（1）主体性不是主观随意性，不能与主观主义、主观唯心主义联系到一起。"主观"有时是贬义词，指不依据实际情况，单凭自己的偏见（跟"客观"相对）。主体这个概念则是中性词，指"属于自我的客观存在的条件总和"。在我国关于真理问题的讨论中，对真理的主体性特征基本上达成了共识，所以证据信息的主体性是应当坚持而毫不动摇的。事实上，如在法律关系中，对证据法的理论与实践，对于证据信息的具体表述至今仍然停留在"排除合理怀疑""优势证据信息""内心确信""高度盖然性""事实清楚，证据信息确实、充分"等。这些标准都有主体性的维度。在交往关系中，对于同样的解释，交往主体的理解也可能不同。这就如同人们对疼痛程度的理解存在主体性一样，由于每个人的感知与耐受力等存在差异，对于同样的疼痛人们的忍受度以及相应的反应千差万别。再比如评委对面试者打分，大家一致认为某面试者表现非常好，但是评委给出的分值不等。证据信息的主体性还表现在对它的选择离不开主体的认识和判断，这一认识与判断过程会受到主体的认知能力、规范观念、经验、情感等因素的影响，这也是在交往关系中有时基于同样的情境，但对事实真相的认定结果存在差异甚至相反的原因。其实，主体依据其选择的证据信息对社会事实真相进行判断，这个过程就是认识主体的主体心理活动。这种情况下，为了达到真相，理性的做法是正确面对证据信息的主体性问题，建立和完善相关制度，如公正与人权保障制度，尽量避免证据信息主体性带来的消极影响。

（2）证据信息具有客观性。从认识论上来说，认识主体对交往关系中的社会事实真相的认识是通过证据信息这个桥梁来实现的。因此，只有当证据信息具有客观性时，才能为认识主体的真理性提供可能。

证据信息的客观性主要体现在以下方面。第一，在交往关系中，不论一方是否承认事实及其证据信息的客观存在，都不影响另一方对其的肯定。第二，在长期交往实践中，形成了制度化的活动，在这种制度范围内逐渐形成了一种主体间性上的客观存在。这种长期的制度经验积累，导致交往关系内部要求认定社会事实真相必须以此制度化的某种普遍基准或标准作为证据信息的公正维度体现。虽然这类证据信息大部分情况下都不一定加以表达言明，或者不能被言明，但其客观性不容置疑，不管我们是否意识到，这类证据信息都不以我们的意志为转移而客观存在于交往关系之中。可以毫不夸张地说，没有证据信息的客观性，合理的交往就几乎完全失去了基础，成了空中楼阁。

证据信息虽然具有主体性，但这并不意味着证据信息是纯主体的、不受任何客观因素制约的。证据信息有其实现的客观基础。作为证明信息的对象的社会事实是客观的。社会事实一旦发生就是客观的，就不依赖于主体的意志而存在。虽然处在不同角度中的主体对同一个社会事实对象的认识可能会发生变化，但是认识对象的社会事实是不会改变的。

社会事实的客观存在为证据信息提供了一个客观的基础。主张证据信息仅具有主观性，包括主体性，否定客观性，在于通常不承认社会事实的客观存在。

从证据信息本身来看，其作为证明手段具有客观性。从认识论来说，社会事实真相并不是社会事实本身，真相信息属于认识论范畴，主体对社会事实的认识只能依靠证据信息。作为证据信息不管其表现形式如何都具有客观性，比如凝结在物质态证据上的信息，比如所谓"物证"，都是客观存在的。即使是语言态的证据也有较强的客观性。承认证据信息的客观性具有重要意义，直接关系到证据信息是否具有可评价性和可复制、传播性等，它是交往关系社会化、客体化维度的基础。

证据信息的运用为真相的确证提供了内在的可能性。真相的认定已经不单单根据理性与良心进行判断，而是受到一系列主客观因素的影响。对事实真相的证明程度的判定，就是建立在对证据信息的确证的基础上。

（3）客观性与主体性的关系。证据信息的采集，需要吸取主体性，如"内心确信""盖然性"，同时，坚持客观性，偏于一端，对交往关系来说，都是不合理的、不正确的，甚至是有害无益的。实际上，坚持客观性与确立内心确信或者排除合理怀疑的主体维度没有两者不可兼得的关系。坚持客观性的基本主张，也不妨碍确立内心确信或者排除合理怀疑的主体证据信息。

所以，证据信息具有主体性，不同的人基于同样的社会事实，所认定的证据信息可能出现不一致。但是，证据信息具有客观性，其运用仍然具有可评价性。

总之，社会真相的证明在坚持社会事实与价值相结合的立场上，要充分考虑到交往关系的性质、行为多样化与复杂化的特点。要对真相对象的要件事实、间接事实、辅助事实及价值事实的证据信息的性质，对证据信息的判断，如证据信息规则的约束、证据信息种类与证据信息数量的限制等要求有所区别。

四　社会真相确证的模糊性

社会真相确证的过程，总是愈清晰、愈具体、愈精确愈好。在自然科学领域中，对事物真相的把握，一般来说，是比较精确的，容易操作、验证与测试，一旦结果确定，不容易引起争议。但是，在社会交往关系中，许多事项的证明就不那么精确，其结果或多或少具有一定的模糊性，渗透着主体根据交往情境进行的价值判断。

社会事实真相确证具有模糊性，一方面这是由社会交往关系本体的特征决定的，另一方面与语言中介信息的特性相关。人类社会事实具有复杂性、模糊性，与自然现象相比，社会现象更加纷繁复杂、千变万化。

有人比喻，语言是存在之家，但语言中介对于大千世界而言似乎简单得可怜。可以说，任何语言中介，包括规范语言中介，都不是精确的表意工具，每一个字、词组和命题在其核心范围内具有明确无疑的意思，但是随着核心向边缘的扩展，语言中介会变得越来越不明确。德国哲学家康德说过："我们并不总是能够用语言中介表达我们所想的东西。"通常所言，意之所随者，不可以言传也"。文字表达之处，"恒患意不称物，文不逮意"。感觉"象外之象，景外之景"。可以说，至今面对社会事实真相问题，人们还没有找到精确的中介表达。

通常对法律事实的真相确证要求是较精确的，但正如英国哲学家休谟说的，法与规范制度是纯粹的语言中介形式。法的世界肇始于语言中介。规范是通过词语订立和公布的。规范语言中介与概念运用，规范文本与事项，立法者与执法者基于规范文本的相互沟通，规范语境的判断等，都离不开语言中介的分析。对证据信息的表述也离不开语言中介的运用。所以，在法律规范关系中，关于真相的证明，中国的"社会事实清楚，证据信息确实充分"，英美法系的"排除合理怀疑""优势证据信息标准"，大陆法系的"内心确信"都只是一种理念，在操作中都无法用精确的数字来进行说明。再如，美国学者习惯用百分比来区分和表示不同精确程度的证据信息，如排除合理怀疑在90%以上，优势证据信息占51%等。大陆法系的学者也采用百分比将高度盖然性进行区分，如汉斯·普维庭将主体的证明结果分为四个级别：1%～24%＝非常不可能；25%～49%＝不太可能；51%～74%＝大致可能；75%～99%＝非常可能；0%＝绝对不可能；50%＝完全不清楚；100%＝绝对肯定。其实，这些百分数不是数学意义上的精确表达，而恰恰是一种确证的模糊性。

如果说自然科学真理要求具有严格的精确性，那么，交往关系中的社会事实真相确证就具有模糊性。实际上，具有自然科学性质的社会事实"物质手段"确证也多是一种定性，达不到精确定量的要求。比如，在侦查鉴定中，从物理、化学、生物属性几个方面，运用标准物（已知物）和现场证据物进行比对，确定其种类特征。受客观条件的限制，有时只能确定物证的种类特征。事实"鉴定"，更多是指定性分析。[1]

因此，确证的模糊性要求人们在证据信息的选择上既要整理相关争议问题，又要尽量选择权威性信息，消除确证的不确定性。

整理争议、减少误解，即交往主体就社会事实的事实、证据信息和真假的依据等提出各自的意见，借此找出双方在事实和规范上没有争议的内容，明确双方存在争议的要点，有针对性地减少误解。在某些复杂的交往关系中，要在社会真相确证中组织主体整理争议，就证据信息、事实和规范等进行协商，明确双方存在争议的问题，从中归纳出双方的争议，提高确证效率。

争议在产生，主要在于社会真相的确证活动决定着交往主体的切身利益。

在涉及交往主体利益的交往关系事务中，为使交往主体参与和发表意见，保障交往主体减少误解，应当保障交往主体的参与权与知情权。在当今时代，这是各国所遵循的普遍价值理念，体现了交往关系民主和公正。由于交往关系中，社会真相确证的实现要求从认识到实践连续地进行，避免两者中断，而社会真相确证中整理争议的活动正是这一原则的有力体现。所以，通过对争议的整理，排除了可能导致中断的因素。

合理、有效的制度设计，如保障公众的知情权、参与权是社会真相确证中保障交往主体有效整理争议的重要途径，特别是对弱势主体尤为重要。现实中，某些对社会真相有利的证据信息可能不会公开，那么主体也就无法获知，因而认识活动中主体的整理争议行为也就无从实现。强制性的制度设计不仅保证了争议整理的进行，还具有排除非法证据信息的作用。在信息公开过程中，如果一方对对方所展示的证据信息存在异议，一

---

[1]　徐嘉嘉：《侦查学基本原理研究综述》，《法商论丛》2009 年第 1 期。

旦确认不可接受则予以排除。在确证程序中对不可接受的证据信息予以排除，避免了它们对交往主体判断社会事实真相的干扰。

权威证据信息的存在是在确证的模糊性过程中实现确证的效率性要求的重要保证。"权威证据信息"的证明方式符合日常交往关系习惯。不仅如此，对由于认知对象性质、证据信息距离远近、盖然性高低等导致主体证明困难的认知对象，以及某些难以证明的要件事实，要通过适用规范或程序公正的保证引入权威证据。

客观上，某些证据信息由于超出主体的取证能力范围而难以收集，或由于不可抗拒的原因无法获取，或某些证据信息由于主体的距离逻辑可能无法获得或变得不可靠，也有必要寻求权威中介。随着社会的间接性与复杂性，尤其是在信息时代条件下，在程序与实体的价值冲突中，权威信息的价值越来越受到重视。

在现实社会交往关系中，对涉及公共利益的事项，真相的确证多以专家论证会的形式进行，专家作为权威直接参与到决策中发表意见，甚至有决策的权利，保证了社会公共利益决策的正确性。所以，为了减少真相确证的模糊性，权威专家论证应作为政府与公众交往关系中真相确证的重要组成部分。在我国，随着社会交往活动的普遍化，随着对社会公正价值的深入认识，社会真相确证不再被看作只是行政者单方的活动，也即社会真相确证中交往主体协商解决的事项，尤其是涉及公众的切身利益情况下，专家权威的参与越来越受到重视。因此，在制度设计中，除了公众主动有效表达自己的意见外，在程序的设置上还要强化权威专家的作用。

权威的证据信息的采用要确立公正的价值规则。某些权威证据信息即使是真的，但如果不符合社会公正的标准，也应予以排除。这是社会交往关系真相确证的一个重要特征。如此，在社会真相的权威证据确证中，就要对存有疑义的证据信息进行合法性确认，排除不具备证据信息能力的证据信息，避免此类证据信息进入确证中，确保确证活动的公正。另外，与权威相关的社会真相确证还要减少强权，这要求有合理的制度保障交往主体在面对强权时平等获知信息。这里需要特别指出的是，权威证据信息只是认定事实作出裁决的一种要求，并不意味着在认识活动中只满足于权威证据信息的要求，就要放弃次要信息。

五　社会真相确证的确定性

是否可以实现对社会事实真相的确证？答案是肯定的。社会交往实践已经证明，大多数情况下可以达到主体、客体以及中介三元一致，实现对社会事实本体或客体的澄明。这个社会事实的本体或客体基础，也即人们的现实生活（亦即人的肉体与生活）的客观确定性是不容怀疑的。按照马克思的观点，社会真相的确证过程，从其认识论角度来说是生活过程在人脑中的反映。马克思甚至强调，即使人们头脑中模糊的东西归根到底也是可以通过经验来确定的与物质前提相联系的物质生活过程的必然升华物。但事实上，那些"发展着自己的物质生产和物质交往的人们，在改变自己的这个现实的同时也改变着自己的思维和思维的产物"①。因此，必须坚持社会事实确证的确定性，否则，就会使认识的功能异化，社会公正无法得以保障。因为放弃社会事实的本体或客体基础，离开社会事实谈真相是违背实体公正的。

当然，也承认，由于认识受到种种主体和客体的条件以及中介的限制，有些社会真相还不能获得确证，或者完全确证。比如，由于证明的困难等原因不可避免地要使用推定。推定的事实虽然大多数情况下与社会事实一致，但是也可能与社会事实不一致。在这种情况下，如果非要达到社会事实是不现实的。因此，在讲社会事实的同时，应当承认社会真相在认识实践中有一定的必要性。这时，只能按照认识的程序规范作出相应的处理。这里需要强调的是，不能因为有些社会事实真相无法被确证就否认主体的认识能力。

在交往关系中，强调社会事实真相可以被确证，意味着主体应当努力地做到与认知对象的一致。这种一致，并不是完全的同一，只要与有关的事实特别是主要事实符合就可以。在有些情况下，认识把握的真相与社会事实会出现部分不一致，但是这种不一致不应当成为一种普遍的情况，否则公正无法实现，真相也不会为民众普遍认同，和谐的交往关系必将受到严重损害。

---

① 《马克思恩格斯全集》（第 1 卷），人民出版社，1995，第 73 页。

有时，追求事实真相的确证的唯一确定性并不是交往关系中的唯一目的，因此，出于不同交往目的和价值的考虑，确定性有时需要让位于多样性。事实上，现代社会交往关系中，已经从传统的一元化价值观转向了多元化，从单纯追求认知对象的事实真相转向追求实体公正、公正、认识效率等多重价值。出于价值平衡的考虑，也为了有效地实现交往关系动力，需要重视程序公正的价值，尽可能地保证通过正当程序认定社会事实。因此，应当着重提升程序公正的价值，进一步和完善程序和证据信息规则，尽量做到通过正当程序认定的认识论意义上的社会真相与认知对象本体意义上的社会事实相一致，从而提高交往关系的实效性。

在以语言为中介的交往关系中，虽然认识的可接受性在交往中占有重要地位，但如何发现社会事实真相仍然是核心问题。有了真相才会有正义，有了正义才会有公平，公平、正义、真相因而是交往关系动力的三大支柱。所以，以语言为中介，对社会真相的确证是指主体运用话语信息对交往关系事实的认定，它遵从话语伦理学原则，获知从交往的程序角度来看的真相，强调程序的正当性和认识结果的可接受性。这种形态的社会真相包含有社会事实的内容，但是它并不等于社会事实真相本身，而且隐含着存在误差的可能性。这种交往关系的真实性应该是建立在社会事实基础上的，或者说应当是以社会事实为指导的。这就要求，一方面，进行确证要防止过分强调对话，使确证过程成为语言的技艺，使确证的结果不取决于社会事实。另一方面，要尽可能地在制度设计上使弱势的一方有能力与强势的一方实现对话。这种真相应当说是公正的，实现了社会真相与社会事实的有条件符合。如果不承认它的社会事实真相根据，就会陷入唯心主义，使交往失去方向。

在现实交往关系中，对真相的把握存在着主体价值的冲突与平衡，所以，社会真相的认识要受到一定的程序规则的制约。其目的是保证认识能够尽可能有效率地进行，而更重要的是实现社会价值的公正。

"公正"是促成交往活动的有效性的保障。公正包括实体公正与程序公正。前者更多地强调社会真相应当与社会事实相符合，如对社会真相的证明应当达到与社会事实实体的一致。实体公正是认识的前提和保障，程序公正保障实体公正，进而实现公正。在现实交往关系中从根本上说，离开社会真相的实体公正，社会交往是没有实际意义的。如果认识不能揭示社会事实本身的状况，真相就失去公正的前提和基础，最终也就淡不上准确无误地把握程序公正。所以，在交往关系中寻求认识的可接受性或者公正与发现真相并不是相对立的，而是具有一致性的。当主体认识与社会事实一致时，认识才容易被主体接受，如果认识主体与社会事实出入很大，即使程序上没有问题，或实现了程序公正，也很难被人们接受。

当代科学技术的发展为在交往关系中对社会事实真相的确证提供了越来越多的精确性高、权威性强的证据信息，从而为把握社会真相信息提供了并将继续提供更多的保证。先进的科学技术工具中介大大增加和增强了人们获得对象证据信息的机会与能力。显然，人的直接的器官感知活动对证据信息的发现是非常有限的。比如，在法医鉴定领域，早期的 ABO 血型检测法只能作同类认定，无法作出同一认定，但 20 世纪 80 年代 DNA 鉴定技术的出现使得对血液对象认识的准确率可以达到 99.999%。这无疑增强了人们处理法律关系中的真相的信心。目前，心理科学的发展从深层机理上增强了对人类主体认知能力的研究，无疑，技术工具将提高交往关系中对社会事实真相的确证。从一定意义上可以说，对真理的探求的发展历史就是一部科学技术的发展史。

总之，对认知对象社会事实真相的追求与现代社会关系所确立的公正和效率的基本价值，既有相互一致的一面，也有相互冲突的一面。这种矛盾关系决定了既要坚持追求认知对象的社会事实真相，又应当让社会事实止步于一定的限度之内，以兼顾多方面社会真相证明的均衡实现。在公正、真相和效率的关系上，主张真相与公正优先、兼顾效率。

第四节　交往关系中的社会价值真相

一　社会价值真相的概念及其界定

传统认识论研究对公正、认识效率价值有所忽略。比如，传统的"真理论"对认识主体在认识社会事实过程中的主体能动性过于自信，或者对人的认识能力过于自信，依据这种逻辑，只要充分发挥人的主体能动性，掌握社会事实真相是完全可能的。其实，在现实交往关系中，认识主体对社会事实的认识还受认识期限、证据信息的调查手段以及科技水平等多方面的制约，再加上交往关系的复杂性，往往在有限的认识时间和认识空间中，无法实现对真相的把握。自信地以为可以实现对全部事实的把握更是不可能的。因此，在交往关系中，对社会事实真相的认定，其认识的价值目标应是多元的，不能仅仅关注社会事实的实体本身的真相，还有必要提出社会价值真相的概念。这是社会交往关系中效率与公正的价值导向的必然结果。

价值论同本体论、认识论一样，都是哲学的重要组成部分，但是在传统的马克思主义哲学体系中，价值论长期是一个空白。因为，传统的马克思主义哲学体系中有一个以认知主义为背景的思维方式和概念系统，它含有明显的客体至上、单向认知和知识本位等倾向，突出地表现为对实践和人的主体性的忽视，而价值问题恰恰要以人的主体地位和作用为核心才能展开研究。从价值论角度研究社会真相问题的合法性在于认识活动及其结果满足人们、社会的交往关系动力的需要，满足对社会距离的扩张与弥合的需要。提出社会价值真相，不等于否定交往关系的社会事实。社会事实真相是指主体在所认定的社会事实符合客观存在的关系网络中的社会事实。对于交往主体来说，如果只追求社会价值真相，就会导致在判断证据信息时只注重证据信息的形式与程序，而忽视证据信息的客观性和关联性，从而作出错误的事实认定，还将使纠正事实上的错误成为不可能。如果过于强调社会价值真相，还会导致将某些主体上相信真相，但在客观上不是真相的社会事实予以认定，作为交往关系合理性的判断依据。因为如果判断的依据是主体价值信息而非社会事实本身，也就不存在谬误了。因此，在交往关系中实现社会事实真相与社会价值真相相结合。以前者代替后者是不正确的，简单地否定社会价值真相也是不现实的，理性的做法是实现二者在实践中的结合。

社会价值真相既属于目的价值，也是手段价值，它的意旨主要是保障人权。何为人权？对此中外学者有许多说法，通说认为人权就是人作为人应当享有的权利。人权理论起源于 17～18 世纪格老秀斯、洛克和卢梭等启蒙学者的"天赋人权"说或者"自然权利"说以及"社会契约"说，认为人拥有与生俱来、源于人的本性的固有的权利。资产阶级革命胜利以后，美国、法国等都在自己的宪法或宪法性文件中确立了人权思想。第二次世界大战以后，1945 年《联合国宪章》在其序言中宣布"重申基本人权，人格尊严与价值"，1948 年《联合国世界人权宣言》第 1 条宣布："人人生而自由，在尊严和权利上一律平等。"我国《宪法》第 33 条有"尊重和保障人权"的规定。保障人权是社会交往关系中的基本理念与核心内容。因为保障交往关系主体人权，有利于在交往关系利益的冲突中，保障对社会价值真相的准确认定。马克思认为，统治阶级总是自觉或不自觉地掩蔽人们的现实生活和交往关系的真相，以便维护一种长治久安的统治，而"每一个企图取代旧统治阶级的新阶级，为了达到自己的目的不得不把自己的利益说成是社会全体成员的共同利益，就是说，这在观念上的表达就是：赋予自己的思想以普遍性的形式，把它们描述成唯一合乎理性的、有普遍意义的思想"[1]。也正如有研究者所言："实际上，社会已被利益的冲突撕裂，为了不让它崩溃，这些对立就被掩盖以思想观念，而且这些思想观念为社会的和经济的权力不平衡分配辩护，努力将社会描述为有凝聚力而非冲突的。"[2]

可见，为了自己的利益，社会真相常常被人为地故意欺瞒，更重要的是，社会交往关系往往围绕着交往主体财产、自由乃至生命主题而展开。在社会事实真相的认定过程中，不可避免地出现利益的对抗，在这种情况下，强势主体为了保有与扩大自己的利益很可能会侵犯弱势主体权益，甚至威胁到人身安全。当然，在认识过程中对人权的保障在一定的程度上也会限制社会事实真相的发现，例如为了保障公民的隐私权、通信自由权等宪法权利，在法律实践中，证据信息制度对一些取证手段进行了限制，如果违反这些限制性，所收集的证据信息将不能作为证据信息使用，显然这不利于社会事实真相的发现。另外，在传统的熟人社会解体，陌生人社会取代熟人社会成为当代人交往、活动的背景下，为了维持诉讼两者的力量平衡，维护法律的公平，避免司法偏袒的发生，与诉讼两者之任何一方有

---

[1]　《马克思恩格斯全集》（第 1 卷），人民出版社，1995，第 100 页。

[2]　雒新艳：《马克思意识形态概念虚假性坐标之逻辑呈现》，《唯实》2009 年第 8 ~ 9 期，第 69 ~ 73 页。

熟人关系的裁判者还将被禁止参与诉讼。在一定意义上，熟人关系更容易揭露社会事实真相。显然，这种制度设计并不是完全合理的。准确地认定社会事实，是程序公正的基本价值要求。有了真相，才会有公正。在交往关系中，坚持真相的社会事实基础，才是实现程序公正的前提。

可以乐观地说，在一个得到精心设计的制度中，在特定的交往关系网络中，价值真相与实体真相可以实现一致。当真相与社会事实一致时，也就是认识符合交往关系的客观情况时，真相才最容易让各方接受，有助于促使认识主体积极地掌握事实真相。同样，坚持公正的价值诉求，也有助于增强交往关系的可接受性，促进社会和谐。所以，寻求真相的可接受性与社会事实本身并不是相对立的。

目标指引着人们的行为。在交往关系中，如果在理念、目标上降低主体追求事实真相的积极性，就不能够增强交往关系的客观、现实性力量，从而削弱交往关系动力的实现。因为，社会事实本身所具有的客观性、确定性为澄清社会事实真相提供了前提，无论距离关系如何变动，已经发生、固化了的社会事实总是确定的了。在社会事实客体澄明的过程中，认识主体每向它前进一步，就意味着接近了社会事实真相一步。从距离的弥合来看，一个是确定的，一个是不断地向它逼近的。因此，对社会事实客体的接近总会有可能到达终点的一刻。

社会价值真相概念提出的合法性主要在于交往关系中对话方式的主导性与社会价值多元化的兴起。这个概念的提出和适用推动了认识论的发展，具有积极意义。首先，社会价值真相论大力倡导公正、人权保障、认识效率等推动了认识论的发展。正是这种推动，使得传统的一元真理观发生了多元化的转变。其次，社会价值真相论的提出和适用有助于解决交往关系中的一些多元化问题。例如，过分强调社会事实本身，从而使得在证据信息问题上单一化，无法满足认识活动中对不同类型的多元的、层次性的证据信息的需求。但是，也应当看到社会价值真相这一概念在理论上的内在倾向，即承认认识的相对性，否定认识的绝对性，认为在交往关系中，主体对社会事实真相的认定不具有确定性。它寻找的是交往的合理性，认为确定性是几乎不可能实现的，从而过分夸大了认识的规范性或程序公正的价值和作用，有意无意地否定或贬低了事实本身对真相证明的导向作用。

　　因此，一方面，既要看到在交往关系中，社会价值真相的理念对于认识活动的影响是时时刻刻存在的，它直接影响着对社会事实的认定；另一方面，也要注意到如果片面强调和追求社会价值真相，那么，在交往关系中的消极作用和造成的危害性是显而易见的。首先，不利于主体去明晰真相，准确认定社会事实，对追求事实本身的内在动力产生相当大的消解作用。应该说，这种消解作用来源于对价值与事实两大问题的不同见解。其次，如果只注重价值，而不关注证据信息指向的实际事实，就有可能作出与实际情况相反的真相认定。而以社会价值真相作为认识论的指导，认为只要在价值上坚持了善与美，得出的判断结果就是应当或可以接受的，这实际上就会给认识主体对求真的放弃提供借口与方便。历史上许多惨痛的教训就是这种思想下的结果。

　　总之，交往关系活动的特殊性决定了其真相的把握有别于其他认识。对公正、秩序、人权和效率等的价值的追求与社会事实本身既相互一致，有时也相互冲突。这种矛盾关系决定了既要坚持社会事实，又应当在一定的限度之内止步于社会事实，以价值代替事实是不正确的，简单地否定价值真相的合理性也是不现实的。理性的做法是立足于交往关系的实际，既要坚持证据信息确实、充分的实体与程序公正要求，又要充分体现社会价值真相确证中的证据信息的多层次性，实现价值与事实相结合的社会真相的确证逻辑。

二　对社会价值真相确证的反思

　　承认社会价值真相存在的合理性，就需要在交往关系中实现正确确证。社会价值真相的确证与其他认识活动，如自然科学的认识活动既有共性也有个性。因为，交往关系活动的特殊性决定了其真相认识有别于其他类型的认识。具体来说，特殊性体现在认识之主客体上，在特定性哲学意义上，认识主体是在社会交往关系网络中的人，社会性是其外延的最大边界或者限制。这就决定了确证活动的社会性、人类学特征。因此，社会价值真相的本质是一个价值命题，这个认识的过程离不开主体价值判断与推理，也即对价值命题的真假认定。对命题真假的探讨，必然导致对命题真假的标准进行讨论，或者说讨论社会价值真相判定的证据信息。

社会价值真相突出地表现为真相的主体性。因为主体要根据经过其确认的证据信息来确证真相，社会事实经价值认识以后就形成了价值真相。相对来说，价值真相是动态的、可变的，而社会事实是静态的、不变的，也即价值真相指向但不一定完全符合社会交往关系实体事实，它的认定只要符合主体规范的要求就视为把握住了交往关系中的价值真相。由于社会价值真相的认识特定性，不同的主体对同一事实的认识可能是不同的，不同的认识结果会导致不同的真相认识，对交往关系会产生不同的影响，这就需要对认识进行必要的约束，对认识的结果进行评价。这里的关键就是要经过严格的证据信息的认定。现实中，由于所掌握的证据信息的差异会导致所认识的真相与社会事实具有一定的差异甚至完全不相符，在交往实践中主体对同一社会事实甚至会先后作出不同的真相认定就是例证。

按照认识论的标准，可将证据信息分为价值真相和社会事实两种对立的标准。社会价值真相，是说社会交往中对社会事实的认识符合主体的证据标准，这个标准可能脱离社会事实情况。所以，在交往关系中，社会价值真相与社会事实可能是不一致的。坚持社会价值真相的主体标准，即要求主体必须以理性和良心形成的"内心确信"，即主体真诚的相信作为判断的根据，而不论这种"确信"是否一定符合社会事实。"在当代刑事诉讼中的事实认定过程其实是一个围绕着证据而建构的制度化展示证据可信度和证明力的过程。这其间涉及有证据、人和过程三大要素的相互印证和配合。在这一制度化展示的过程中，证据是否可信不能由证据本身来独自证明，而必须依靠人与过程两大因素的相互印证才能形成最后的确证。"适格的、可信的证据，"必须通过人的可信与过程的可信来验证证据的可信，证据的可信是人的可信与过程的可信共同作用的结果"①。

尽管认识可以避免渗透着主体价值判断，而且也有事后澄清事实真相的能力，但从交往关系的利害得失来说，单纯地以"主体价值"作为社会真相认识的"唯一根据"还是危险的。所以，社会价值真相的认识不

---

① 蒋涤非：《论证据与证据提供者之间的关系——以电子证据的可信度危机为论证起点》，《贵州警官职业学院学报》2011 年第 4 期，第 19～24 页。

应任凭认识主体自由感觉。而且，主体确证真相的证据信息还不应当只是形式的，甚至基于双方主体实际上所作的承认，或者根据规范所做的推定。当然，有时社会价值真相与社会事实的结果是一致的，但是不能因为有时会出现一致性而认为社会价值真相可以取代社会事实的本体存在。

社会事实属于事实，它具有事实的一切特征。社会生活中发生的事实很多，但并非所有的事实都为主体的价值所规范和调整。不以社会事实为目标会导致认识与实体的基本要求脱节。例如，古代"皋陶治狱，其罪疑者，令羊触之"。这里，事实真相确证的证据是"羊"，显然是荒诞的、不负责任的。所以，在实体真相与社会价值真相的关系问题上，究竟坚持真相的价值维度优先还是坚持事实优先，抑或二者并重，应综合考虑交往实践的需要。

社会价值真相的确证根据在于价值认识的确定性。在价值认识上不可能达到确定，这是由经验主义、怀疑主义的认识论所决定的。价值认识的确定性是一种主客观结合上的真理论。因为主客观相结合是指认识主体对具有"意义"或价值的基本事实特别是关键事实认识清楚，从而对社会价值真相的判定不是凭主观臆断，而是建立在确实、充分的证据信息基础上，即已收集的证据信息构成一个完整的确证体系，对主要事实的真相证明达到唯一性（或称排他性）的程度。概言之，社会价值真相的确证在主要事实、关键证据信息上坚持结论的唯一性，在体现价值的前提下，构建多层次的证据信息体系。第一，在客体澄明层次上，认识必须做到确定性、唯一性。澄明客体的指向是认识活动构成的基本条件。第二，对部分社会事实可以基于价值观的推定，基于交往关系理性的考虑，根据价值规范从已证事实直接推定另一事实的存在，这种价值推定反映了一种高度的可能真实性。这意味着社会价值真相的确证不应是单一地追求客体真相，而应是多元真相。

交往关系的公正价值导向，要求应当达到从公正的价值规范的角度认可的真相。所以，"证据信息"还必须是经过公正的程序收集。从这个意义上来讲，社会价值真相就是形式真相。强调真相的程序、规则和价值维度，是在交往关系中，相关各方依照公正的价值理念，运用证据信息的证明规则和高度盖然性的判断加以认同的。它不是机械地计算证据信息的多少和效力的大小，束缚了主体的价值理性，限制了主体根据交往情境而灵活运用逻辑思维确证事实，即社会价值真相是基于交往主体的价值理性模式下的真理观，它的特征就是将通过正当程序认定的事实视为真相。这种基于公正程序的理念，为保护交往关系中的人权保障提供了更多的可能。当然，也要注意不能使主体主义的认识过分追求公正的价值维度，过于强调认定事实的证据信息价值规则和程序，从而放弃对社会事实真相的追求，忽视认定社会事实的本体追求，最终也为追求价值真相带来困难。

总之，交往关系是一个距离、关系动力网络，在这个网络中，不同的主体都从不同的角度，利用不同的证据信息，通过不同的方式来把握社会价值真相。认识主体在认识中认定的价值真相应当努力做到与社会事实一致，但实际上，受证据信息、认识能力、时限、效率等影响，所认定的真相与社会事实会有一定的出入。因此，在交往关系中，通过证据信息确证社会价值真相，需要去精心设计认识程序和证据信息制度，尽可能地确保真相的认定与社会事实保持一致，力保在两者不一致的情况下能够得到有效纠正和妥善处理，从而协调好程序公正与实体公正、社会真相与社会事实、公正与效率、保护人权的关系。因此，社会价值真相确证活动的有效性、合理性要求应当适用最为严格的证据信息，坚持认识论和价值论相统一的理论基础。

第七章 社会真相：文化与发展观

第一节 文化与发展

一 波普尔的"三个世界"模型的启示

波普尔以达尔文的进化论作为"研究纲领"，在宇宙进化的时间序列上，系统地提出了"三个世界"的学说。在他看来，如果不过分认真地考虑"世界"或"宇宙"一词，我们就可以区分下列三个世界或宇宙：第一，物理客体或物理状态的世界；第二，意识状态和精神状态的世界，或关于活动行为意向的世界；第三，思想的客观内容世界，尤其是科学思想、诗的思想以及艺术作品的世界。物质（世界1）是最先存在的，这个世界在进化过程中从低级形式（无机物）向高级形式（生物有机体）发展。精神（世界2）是生物有机体在其进化过程中"突现"的，当精神由动物心理进化到人类意识的水平时，作为人类精神产品的客观知识（世界3）"突现"了。人类意识（世界2）及其产品（世界3）在进化中的"突现"，就像新的物种的出现，它们一旦产生之后就独立存在了，它们与世界1一样都是"实在的"。波普尔一方面从相互作用论出发，指出我们的物质世界已经被理论的内容大大改变了，这是被世界3客体改变的。这些世界3客体应该被称为"实在的"。在波普尔看来，同世界1的相互作用甚至间接的相互作用，是称某一事物为实在的决定性论据。①

另一方面，在这个意义上，世界 3 可以被视为"自主的"。如果说波普尔运用相互作用论主要是从世界 1 与世界 3 的关系中说明世界 3 的实在性，那么波普尔在运用自主性原理时，主要是从世界 2 与世界 3 的关系中说明世界 3 的实在性。世界 3 的自主性是以其实在性为基础的，"自主性"可以说是实在的世界 3 自身运动的特征。在这里，波普尔是在"独立于另一些东西"（物理的和精神的世界）的本体论意义上谈"实在的"世界 3 的。一个充满了人的内容的世界，不仅有人的思想、行为，还有他的物质的、理论的成果。波普尔把世界 2 放在中介的地位上。他认为，世界 1 与世界 2 是相互作用的；世界 3 与世界 2 又是相互作用的，但世界 1 不能和世界 3 直接相互作用，而只能通过世界 2 做中介才能相互作用。把三个世界纳入一个相互作用的关系之中，既看到了世界 2 的多方面内容及其作用，又看到了人类的创造成果（思想的、物质的）在本体论和认识论中的地位。

波普尔的"三个世界"更现实地对应我们生存和依赖的世界，其世界 3 内蕴着一个文化与文化传统的世界。那么，世界 3（文化、文化传统）从何而来呢？达尔文认为"生存斗争"是物种进化的根本原因，"自然选择"则是物种普遍和根本的进化途径。人类作为自然界的物种之一，也同其他物种一同走过了漫长的通过"生存斗争"赢得生命延续的进化之路。"自然选择"曾是物种进化的唯一选择主体，每一物种的生存斗争都包含了与自然的、种群间和种群内的生存竞争。人类与其他物种从根本上"分道扬镳"的分水岭就是文化与文化传统，尤其是"使主体间的批判成为可能"的语言、文字，它使人类的知识得以广泛地积累和传承。人类的这种特殊的表达力来自他的认识能力，这种认识能力源自人类高效的大脑，大脑的特殊功能自然是源于它的结构和它的功能的高度分化，人脑的特质产生人类的文化、文化传统与思维，在文化、文化传统力量下诞生了人类独有的高度抽象的逻辑与符号。我们的祖先凭借文化、文化传统

① 〔英〕卡尔·波普尔：《客观知识——一个进化论的研究》，舒炜光等译，上海译文出版社，1987。

将自己的观察和思考不断外化、批判、总结，从而拥有了认识世界、改造世界的能力，也使人类的进化之路摆脱了单纯地依赖"自然选择"，有了人类自我的进化选择。大脑皮层作为"世界2"的物质客体，是人类摆脱严酷环境控制的物质基础。因此，波普尔才会说世界因为生命的存在分成两块，又由于人类的出现最终变成了三个世界。

总之，世界3（文化、文化传统）是人脑机能外化的世界，是人类必然要创造出来的一个"第三世界"，是人类根据自己掌握的知识、逻辑、理论通过想象而获得的世界，是客观世界里本没有而由人类制造出来的世界，一个独属于人类的世界，它张扬着人类的卓越、进步与文明。

基于波普尔的"三个世界"的模型，可以说，文化、文化传统不仅仅是我们自身的一部分，更成为一种信息态的客体。如此，思想一旦用文化、文化传统陈述就成为我们自身之外的客体，然后对这样的客体就能进行主体间的批判——既被我们自己批判，又被别人批判，在这种意义上，主体间的批判只随着人类文化、文化传统的出现而出现，随之出现人类的世界3（文化、文化传统），即客观标准的世界和主观思想过程内容的世界。

邬焜教授在《哲学信息论导论》（陕西人民出版社，1987）第四章中根据物质和信息双重存在的尺度，对波普尔的三个世界的理论进行了分析评价，并提出了包括一个物质世界和三个信息世界的四个世界的理论。邬教授的四个世界分割理论从信息的视角说明了文化、文化传统的客体意义价值。他首先肯定了波普尔这种划分的深刻意义和价值，即世界2和世界3的价值恰恰在于它们在实质上具有信息世界的意义。基于此，他提出一个关于四个世界的理论：一个标志直接存在的物质世界和三个标志间接存在的信息世界，即世界一——直接存在的物质世界（以物质体的形式存在）、世界二（信息世界一）——自在信息的世界（以自在信息体的形式存在）、世界三（信息世界二）——自为、再生信息本身的活动（主观精神的世界）、世界四（信息世界三）——再生信息的可感性外在储存（人所创造的文化内容的世界）。

在四个世界之间同样存在着普遍的相互作用：世界二（信息世界一）是对世界一的客观显示，是在世界一的成员的相互作用中派生出来的一个自在信息的世界；世界三（信息世界二）从本质上是对世界二（信息世界一）的把握和改造；世界四（信息世界三）是世界三（信息世界二）相关内容的外化。作为自在信息世界的世界二（信息世界一）不仅包括一般纯自然物中自在编码显示和储存的信息，而且包括人体内部自在编码显示和储存的信息，还包括人工制品中自在编码显示和储存的信息。因为在人加工改造过的物品中，属人的精神性的信息编码内容往往是叠加或整合重构到作为人工制品基质的自然物的旧有信息编码结构之中的，这样，自然物中原有的相关信息编码结构并未被完全破坏和耗散，这就导致在人工制品中，既编码凝结着自然发生的自在信息的内容方面，也编码凝结着人的精神信息的内容方面。邬焜教授的世界三（信息世界二）与波普尔的世界2指的是同一个世界。世界四（信息世界三）与波普尔的世界3指的是同一个世界，但不像波普尔那样主要强调这一世界中的理论性成果的内容，而是同时强调了在一般的人工制品的结构编码中所现实蕴含着的人类精神信息的具体内容。

从波普尔以及邬焜教授的世界模式理论中可知，文化、文化传统具有自在信息存在的意义，其是客观存在的事实，一经生成，就不以人的主观意向为转移。因此，对世界存在的分割以及它们的相对独立，从本体论上，人不再是主宰者，而是一位参与者，人必须皈依其生存的文化、文化传统才能重新认识自己、认识世界，创新人类的发展观，进而以积极的姿态参与到经济、社会的全面进步中去。按照达尔文进化论学说，物种的进化将永远不会停止。那么，依据这样的一种逻辑，人类的世界3（文化、文化传统）将会进一步地伴随着人脑进化而进一步发展。世界1是世界3（文化、文化传统）的物质基地，从现阶段的现实情况看，世界3（文化、文化传统）的发展无疑意味着对世界1还会有进一步的改变。因为人类是依赖于特殊文化传统条件实现进化变迁的，或者说发展，首先应是人们对文化条件的依赖或适应，文化传统对发展的反馈关系非常重要。通过对它们的分析，可以找到发展的原因、属性和能力所在。可以说，只要人们还在思想，科学发展的智慧就会引导人们在世界中创造出新的发展奇迹。而要实现世界的和谐、可持续发展，需要高度重视对文化尤其是对传统文化的保护与开发，不能一味地破旧立新，因为短视而把传统文化视为旧世界、以发展的名义将其彻底打破更是一种失去社会发展真相的盲目行为。实际上，文化及文化传统与经济发展更多的时候是相互促进的关系。当前，随着经济社会发展，已越来越凸显文化传统问题的重要性。

二 文化传统与经济发展

文化传统这一概念，有着丰富而广泛的内涵和外延。一般来说，它是由有关的社会政治伦理、道德等为核心所构成的价值观念体系。文化传统在历史上的形成、传承及其变革，总是内在地表现为某种价值观念体系的变化。

文化传统与经济发展具有紧密相连而不可分割的动力关系。其根本原因就在于，人类的经济活动、物质生产和交往方式属于社会生活基础领域的活动，各种观念的文化与文化传统现象说到底是它们的反映。

按照唯物史观社会存在决定社会意识的基本观点，文化与文化传统意识在历史上的产生根源于经济社会的运动。也就是说，基于一定时期的经济活动和经济模式，总要产生相应的文化与文化传统意识观念。具体来说包括以下三个方面。第一，经济发展为文化传统发展奠定坚实的物质基础。无论是文化传统基础设施的建设、文化传统产品和文化传统服务的供给，还是文化传统人才的培养，都需要资本的投入。第二，经济发展是文化传统发展的基础，对文化传统发展起支撑作用。文化传统的发展以社会文化传统消费需求的存在和增长为前提，文化传统发展在一定程度上靠文化传统消费需求的刺激和拉动来实现，而文化传统消费需求的形成和增长又以一定的经济水平为支撑。第三，经济发展过程决定着文化传统发展的结构、类型。经济发展水平、发展思路不同，对文化传统发展的投入不同，文化传统发展的规模和集约化程度就不同，文化传统的服务能力和文化传统产业的发展水平必然不同。

文化的传承是一种社会遗传，表现为已经积淀下来并内化于人的行为中去的某种文化与文化传统价值观念在世代人中的传递和延续。一种文化与文化传统之所以能够在历史上广为流传，长盛不衰，说到底是因为这种文化赖以生存的经济基础在历史上长期存在并占据支配地位。例如，中国以儒家思想为代表的文化与文化传统之所以在历史上长盛不衰，延续了几千年之久，有赖于中国长期占统治地位的自然经济基础，而西方近代资本主义文化与文化传统的历史延续，则以高度发达的商品经济为基础。当人类从一种经济活动模式向另一种经济活动模式转变时，总要导致文化与文化传统观念的相应变革。所以，从发生学的意义上看，特定文化与文化传统观念的产生、历史传承及其变革，总能在社会经济生活中找到深厚的根源。

然而，文化与文化传统发展有其相对独立性。虽然文化与文化传统的生成与发展根源于社会经济生活，但特定的文化与文化传统观念一旦形成，又具有相对独立性，并作为一种强大的精神力量深刻地影响着社会经济生活，成为经济发展的重要文化与文化传统动力。因为人类的各种文化与文化传统现象也并非都能用单一的经济因素给予直接的解释。同时，经济活动虽然有其特殊的内容和形式，但它毕竟是社会生活整体中的一个组成部分，同社会生活的其他领域、方面密不可分地联系在一起，因而任何形式的经济活动，总离不开一定的文化与文化传统背景和文化与文化传统氛围，总要以一定的文化与文化传统和构建于该文化与文化传统背景的价值观念为依托。再者，从本质上看，任何经济活动都是一种属人的活动，参与这种活动的主体和第一要素是人，而人在本质上是一种文化与文化传统存在物，他不但创造了文化与文化传统，是文化与文化传统的主动者，同时又是文化与文化传统的受动者，其活动时时处处都要受到自己所创造的文化与文化传统的制约。比如，文化与文化传统是经济活动的深层价值依托力，各种观念的文化与文化传统因素虽然看不见、摸不到，却渗透于这一活动的生产和再生产过程、分配、交换和消费的各个环节，构成它的深层价值底蕴，使其成为一种特定文化与文化传统中的运行模式。尤其需要指出的是，由于文化与文化传统具有鲜明的民族个性，其存在的多样性表现为民族精神的差异性，因此，具体的民族文化与文化传统总要塑造出具体的带有民族特色的经济活动模式。例如，当今世界的资本主义市场经济体制就根植于西方民族文化与文化传统精神的土壤里。所以，以市场为导向的经济发展，不再单纯的是一个技术和效率的指标问题，它更需要一种文化与文化传统的价值观照，以使其在自觉理性的指导下走上健康发展的道路。

恩格斯坦言："青年们有时过分看重经济方面，这有一部分是马克思和我应当负责的。我们在反驳我们的论敌时，常常不得不强调被他们否认的主要原则，并且不是始终都有时间、地点和机会来给其他参与相互作用的因素以应有的重视。"①

"政治、法、哲学、宗教、文学、艺术等等的发展是以经济发展为基础的。但是，它们又都互相作用并对经济基础发生作用。并非只有经济状况才是原因，才是积极的，其余一切都不过是消极的结果。"②

文化与文化传统的动力功能表现在：第一，文化建设通过反映社会群体利益、愿望和意志的理想信念、价值标准、道德风尚、行为规范等的确立，形成适应经济发展的先进文化理念和文化环境，支配人的行为，调节社会关系，为经济发展提供强大的精神动力，激发起经济发展主体巨大的主动性、积极性和创造性，从而产生创造力，推动经济迅速发展。第二，文化建设通过对发展观建构的指导，实现社会经济发展体制和政治体制的优化，为经济发展提供了制度动力。因为，制度的建立及有效运行需要文化的指导和保证，需要通过文化传统增强凝聚力，需要经济发展主体在价值观念上对发展观有内在的认同。第三，文化建设促进了人的全面发展，提高了劳动者的素质，为经济发展提供了智力支持。

总之，经济发展固然离不开技术、资金和财富的积累，更离不开人的精神文化与传统素质，文化与文化传统是经济发展的精神推动力。现在，唯科学主义观念所塑造的世界陷入了深刻的发展危机，表现为市场经济发展在极大地提高了劳动生产率、促进了生产力发展的同时，使社会充满各种矛盾，经济发展缺乏人文关怀。解决这些问题的一个重要途径就是加强文化建设，通过文化与文化传统的作用提升人的精神境界，引导人们追求更崇高的生活意义，使人不仅在物质生活上，而且在知识、道德、审美等方面得到全面发展。

三　文化传统认同与区域发展模式

当前，维持生态环境平衡的机制相当程度上呈现被破坏的征兆。同

---

① 《马克思恩格斯选集》（第4卷），人民出版社，1995，第698页。
② 《马克思恩格斯选集》（第4卷），人民出版社，1995，第732页。

时，适应现代社会化大生产的技术化和工业化过程，整个人类生活也日益被模式化、程序化和科层化，人类主体在这种物化的结构中越来越失去精神的自由与安全。所以，发展模式的内在要求，以及全球化、信息化的合作越来越凸显民族文化与文化传统认同意识。

文化传统认同，就是指对人们之间或个人同群体之间的共同文化的确认，具体说它是指民族、国家、区域等距离范围内成员对其文化传统的理解、接受和实践的文化心态，是一种特殊的心理状态。它体现着成员的共同利益，并在心理上、情感上形成对共同体的归宿感、依赖感，它是一种可以将一个共同体中不同个人团结起来的内在向心力，由此而焕发出牢固的内聚力。拥有共同的文化传统，往往是民族认同、社会认同、区域认同的基础。文化传统认同通过很多方面体现出来，一般来说，使用相同的文化传统符号、遵循共同的文化传统理念、秉承共有的文化思维模式和传统行为规范，是文化传统认同的依据。它既可以通过语言、文字、建筑、服饰等浅层次的方面体现出来，也可以通过风俗习惯、宗教信仰、价值观念等深层次的方面体现出来。个体对文化传统的认同，主要体现在个人的社会化过程，即对社会所创造和拥有的文化传统的学习与接受。对文化传统背景、氛围的承认与接受目的在于形成共同信念、价值观和行为方式，更好地生活在群体或集体当中，这种个体的文化传统认同也为群体或集体的团结和发展发挥重要作用。

区域文化传统是区域内形成的思想意识的总和，是在历史发展的过程中逐渐形成的，反映了一个地区特定的人文历史境遇，也构成了这个地区基本的人文特色，与其他区域的文化传统相区别。它的形成是因为在同一个聚居区内，存在着不同的地理环境、人文因素及历史发展进程，形成各具特色的区域文化，并进而形成整个区域的文化传统。同样，由于地理环境的巨大差异，各区域经济发展的不平衡，政治、经济、文化传统中心的不断演变，各个文化传统群体流派的交流碰撞的深度、广度、频度的不同，以及各地长期以来独特的不对称的文化传统心理积淀，都直接或间接地造成不同区域内各有千秋而又相对稳定的传统习俗、风土人情、性格特色和心理特征，也创造了丰富多彩、千差万别的区域文化传统。经过长期的历史演变，某些区域出现了相似或相同的文化与文化传统特质，其语言、宗教信仰、艺术形式、生活习惯、道德观念及心理、性格、行为等方面具有一致性，区域文化融合就发生了。不可否认，在互联网时代，全球一体化，文化间的融合机会越来越大，单纯的民族主义已经不适合时代发展的真相需要。

文化与经济发展相互渗透、相互促进，经济、社会与文化一体化已经成为人类共同的历史发展趋势。这样，对某一区域的文化传统的认同对于区域经济社会的合作与发展的价值及重要性就凸显出来了。

首先，人是发展模式的主体，发展模式是由人创造的，文化传统认同是一区域内生发展模式的主体向心力、凝聚力的支撑点。一方面，任何经济发展模式的背后，总有某种文化传统因素在起作用。特定区域文化传统的文化传统认同，能产生普遍的群体认同感和归属感，这种精神力量有利于动员本区域一切经济发展和社会资源，为本区域的经济发展服务。因此，区域经济的持续发展需要把人们凝聚在一起，形成本区域经济发展的精神动力，自觉维护命运共同体的利益，增强本区域成员之间的协调性、整合性，从而保持整体的稳定，促进共同的发展。

另一方面，不同地域的人们所具有的文化传统，包括价值观、劳动技能、教育水平和实践经验等是该区域历史和社会经济发展的积淀，这种积淀需要在区域发展中传播、强化与认同，如此，反过来又增强了建立在认同基础上的文化传统，从而不断地增强区域软实力，同样，这种软实力是区域发展模式不可或缺的深层力量。

其次，区域之间的民风民俗、历史文化传统等方面各不相同，在区域经济发展合作中难免会产生因文化传统差异而带来的摩擦与矛盾。如在跨文化传统的区域发展模式合作交流中，由于对彼此的文化传统背景缺乏全面认识，这在一定程度上对合作不利。为了避免或将这些摩擦和矛盾最小化，实现共赢，构建与异区域的文化传统认同极其重要。因此，文化传统认同促进了彼此的沟通、理解，因此可以大大降低这方面的成本。比如，伴随着资本进入一个区域中，投资的人也会本能地寻找自己熟悉的文明与生活方式，这是沉淀在血液中的东西。饮食、语言、习俗乃至宗教等，都成为不可或缺的因素，这也是降低磨合成本的一种体现。再如，对于经济发展合作或者异地投资而言，文化传统认同心理意味着法制风险、经济发展风险与经营风险等的降低。这种风险成本的降低，一方面要靠政府的相关发展观与行政能力，而另一方面就是要靠这种精神层面的东西。所以，对于跨区域合作来讲，文化传统认同对整合资源的凝聚力和增强对发展模式的信任感的关系动力功能更是不可忽视。因为对于跨区域合作而言，彼此文化传统的认同与信任心理更是至关重要的。这里，文化传统认同代表着一种力量，代表着一种情感，有助于消除地方性壁垒，加强交流与合作，促进融合与发展，具有把人们团结起来的内在凝聚力，能够为经济发展提供精神动力，是区域发展模式尤其是跨区域发展模式合作的黏合剂。

最后，文化传统认同有利于提高发展模式的适应度。文化环境既限制变化，又为变化提供机会。由于任何一个地域文化传统特质都具有与外来文化传统相融合的可塑性，所以，区域文化传统特质既对发展模式形成制约，又给发展模式提供了空间。关键是要寻找实施发展模式的摩擦成本最小化的切入点。恰当的切入点就是发展模式的现实起点，也是发展模式可行的通道。寻找发展模式的摩擦成本最小的切入点，需要从发展的动力源上加以分析。在现实发展过程中，每个区域都有其丰富的文化传统认同资源，这些资源是在历史发展的进程中逐渐形成的，体现了一区域特定的人文历史境遇，也构成了这个区域基本的人文特点。文化传统与经济互相渗透、互相促进，因此必须承认，文化传统认同在区域经济发展中也起着至关重要的作用，是区域经济发展的持久内生力。

扩增发展模式的空间可分为诱致性创新和强制性创新。诱致性创新由个人或一群人在响应获利机会时自发倡导、组织和实行。强制性创新则是由政府命令与法律引入和实行。文化传统认同为发展模式扩增提供了空间，任何扩增发展模式的空间的行动都会受到社会文化传统因素的制约。学习、借鉴并运用先进的发展模式理念必须考虑植根社会的文化传统因素，否则移植的新的发展模式理念难以存活，以原有发展模式观而实施的扩增发展模式的空间或创立新发展模式同样要考虑所处区域的文化传统特质，否则会加大扩增发展模式的空间的摩擦成本。同时，保护与发展文化传统是优化产业结构战略举措和提高区域综合软实力的新的增长点。

四　唯物史观与社会发展真相的文化维度探索

唯物史观通过实践解决了自然界和人类社会的内在一致性问题，同时又说明了生产力的发展，社会结构的改变，只有相对于人的全面发展才是有意义的，也即人的全面发展并不仅仅归结为人的物质需要的满足，还要归结为人的文化需求的确立、增强与实现。这两个方面的有机结合才是社会发展的真相。

对社会发展真相的文化维度的理解方式来自马克思著名的论断，即"社会生活本质上是实践的。凡是把理论导致神秘主义的神秘东西，都能在人的实践中以及对这个实践的理解中得到合理的解决"①。这里对社会发展真相的理解也要在对实践范畴的理解中解决，也即对社会发展的真相的理解方式主要表现在三个基本方面：一是以实践为基础去理解社会发展的真相；二是从人的关系动力逻辑去理解实践；三是从文化的角度去理解和把握人的关系动力。下面具体论述。

首先，就第一方面的理解来说，需要确认实践在自然、社会与人之间的中介地位的前提。马克思把实践范畴引入人与自然的关系方面，意味着在特定的社会历史发展阶段条件下，通过实践，自然界同样也离不开人。在人与自然、人与物的关系中，自然界、物是被当作从属于人的。自然界既然从属于人，人就可以借助于自己的本质力量，将统一的世界划分成"自在自然"与"人化自然"，把自然对象化，使自然界成为人的对象，成为表现人的本质力量、实现人的个性的确证，从而形成真正的、人类学的自然界，形成人的现实的自然界，即形成社会、构成历史。这样，人类历史就是人通过实践作用于自然界，通过物质工业形成自然界的历史。人类的发展、社会的发展、人所作用的自然界的发展，在人的实践过程中实现着。也正是在这一过程中，人成为社会的人，成为历史发展着的人，即通过实践创造一个对象世界，改造无机的自然界，②"在自然界对人说来的生成过程中"，"在人同自然界完成了的本质的同一"过程中，人能动

① 《马克思恩格斯选集》（第1卷），人民出版社，1995，第60页。
② 马克思：《1844年经济学哲学手稿》，人民出版社，1979，第50页。

地表现自己，对自然界不断输入自己的价值要求，使自然界按人的要求发生变化，从而也内在地规定了社会发展真相的价值属性。

正如马克思所说："历史可以从两方面来考察，可以把它划分为自然史和人类史。但这两方面是密切相联的；只要有人存在，自然史和人类史就彼此相互制约。"① 因此，现实的自然界本身就是工业和社会状况的产物，它既是人类活动的对象，又是人类活动的结果，是人的本质力量公开的展示，因而人与自然的统一和人与社会的统一在本质上是一致的。人与人之间社会关系的建立，只有在人以实践的态度对待自然界的前提下才是可能的，而自然的属人的本质也只有对社会的人而言才是存在的。只有在社会中，自然界对人来说才成为人与人之间联系的纽带。所有这些都充分表明，现实的自然界或人类社会都是人类实践活动的成果表现。因而从动态来看，全部所谓世界史不外是人通过人的劳动的诞生，是自然界对人说来的生成。② 这就使得现实的自然界的发展、人类社会的发展和人类历史的进步都在人的实践的基础上得到了深刻而一致的说明。

因此，在自然界的人化过程中，人将自身的本质力量，将人的理想、目的、意志等输入自然界，使自然界向人类社会的转变和生成具有合文化目的性，使自然界发生合文化目的的变化，实现了自然界的人化和人的自然化的相互作用，从而体现了发展观中真、善与美的统一。

其次，就对实践的理解来说，黑格尔曾把实践理解为主体意识的创造活动，理解为主体内部不停息的旋转，因而其发展观是唯心主义的，总体上是错误的。与之相反，马克思认为实践表现为人的有目的的活动，表现为一定的必要性和一定的需要，它总是受价值引导的。人总是不满足于自然事物的自在存在形式，总是力图使其成为符合内在文化价值要求的属人的存在物。只有这样，人们才能从事物的客观尺度和自己内在尺度的统一上，对事物进行实际的改造，以改变事物的自在形式，创造出符合自己本性和需求的客体。因而，社会生活本质上是实践的，即人类社会及其历史

---

① 《马克思恩格斯全集》（第 3 卷），人民出版社，1960，第 20 页。
② 马克思：《1844 年经济学哲学手稿》，人民出版社，1976，第 84 页。

过程不是人们意志的产物，也不是纯粹的自然发展史，而是自然的历史和历史的自然，是人们实践活动的产物，这里，任何实践活动都可以并需要从文化角度来考察。

在文化选择的基础上，实践活动得以现实地进行，并为特定的价值要求驱使，朝着主体价值引导的方向发展。其中，文化是价值过程发挥其能动作用，并在客体中反观自身、实现自己的表现，是使客体文化化并借以增强实践的价值尺度。文化正是通过这种价值引导的合目的性活动扬弃了客体的自在性、潜在性，而赋予客体以主体性、现实性。因此，文化价值提供了进行实践活动、实践选择的标准，也提供了实践的关系动力。

唯物史观所研究的人类社会发展的一般规律，也就是人类社会实践发展的规律。这就使得自然界和人类社会、自然规律和社会规律既有一致性，也有着差异性。其一致性在于它们都具有客观性，其规律都是不以人的意志为转移的。而差异性正在于是否有目的性的介入，是否蕴含着价值色彩。社会发展的真相及其规律的独特之处，正在于它与人们的目的密切相关，与人的价值要求紧紧相连。

社会存在、社会关系和社会结构的产生和改变是自然、社会与人诸因素的关系动力建构过程。因此，实践要通过人们有目的的活动，并与现实的客观条件相结合，而社会发展的真相既是被决定的，也是人们选择的结果。这样，对社会发展的真相的认识，既要深入地认识和了解社会客观现实、社会内在结构和社会发展的客观规律，又要深切地了解人们的需要、利益、愿望等文化价值要求。所以，文化作为人的一种活动，不仅具有对人自身改造的意义，更重要的还有对外部世界、对环境改造的意义。它通过实践的对象化活动，将自己的目的、欲望、价值要求等客观地实现，使外在世界发生合文化的变化，在人们改造外在环境的同时，既享受了物质的成果，也克服了物质世界自身的局限性，达到了人的全面关系的更新、完善和发展，确证并塑造了"人"。这就是实践更为深刻的本质，也是实践的内在本质要求和真正意义之所在。因而，文化作为理解社会发展的真相的维度，就必须看到，通过文化，人们建立起了复杂的社会关系、社会结构，而随着实践的发展，人们的社会关系和社会结构同时会发生合文化、合规律的变化。这些变化正是为了人而发生的变化，其最终结果正是人的全面关系的实现与发展，也是人的不断改变和不断完善。

这样，发展观的核心问题就是自然、社会与人的发展的关系问题，其现实性表现在经济、政治、社会、文化（文化传统）和生态与人自身发展的关系问题。由此观之，处理好这些发展的关系动力逻辑是人的全面发展的目的本身。事实上，马克思和恩格斯就"把人类解放具体化为社会力量和个体之解放，拓展政治解放为经济解放、劳动解放与文化解放，建构了唯物史观之客体向度与主体向度（其中，政治解放、经济解放偏重于从社会力量维度与唯物史观之客体向度来论及解放；劳动解放与文化解放偏重于从个体主体维度与唯物史观之主体向度来论及解放）"①。

最后，唯物史观是关于现实的人及其历史发展的科学。正是在这个意义上，人是社会发展的目的本身，是历史的意义之所在，人的问题是发展观研究的核心问题和首要问题。人是实践的存在物，通过实践，人们历史地创造着文化，所以，唯物史观要求对人的理解乃至对整个社会发展的真相的理解都首先置于文化环境中。

文化环境与社会发展有内在的联系，文化环境所孕育出的人文精神是社会实践模式形成的精神支撑。这突出表现在文化传统认同营造了区域发展的文化环境，构成了社会发展不可或缺的重要前提。因为在社会发展过程中，每一个活动主体都将感受到文化传统背景的巨大力量。文化传统背景的差异，总是通过社会发展活动的方式、规模、层次曲折地反映出来。从某种意义上讲，区域社会发展的变革往往是从文化传统观念的更新开始的。一般来说，先进的文化传统造就发达的社会发展，落后的文化传统将伴随贫困的社会发展。就算是相同的社会发展观和发展模式实施在不同的文化传统区域中也会产生不同的社会发展后果。众所周知，在沿海区域的文化环境中所具有的敢为人先、兼收并蓄、求真务实、重商重义的精神，为沿海区域的社会发展提供了源源不断的精神动力和智力支持，使得沿海区域的人们在改革开放中充满生机和活力。例如，长江三角洲的上海及江

---

① 刘同舫：《马克思人类解放理论的演进逻辑》，人民出版社，2011，第 121 ~ 122 页。

浙区域是我国社会发展较发达的区域。在其社会发展增长的原因中，历史传统、思想观念、科技等地域文化因素是重要的方面，如该区域的文化水平高、商品意识浓厚，为区域发展提供了共同的文化氛围。因此，不同的地域文化环境使区域社会发展具有了不同的特点，形成了各有特色的区域社会发展。

文化传统通过实践活动，一方面使改造的外部对象发生合自己目的的变化，另一方面也使活动对象的规定变为自己的新的规定，使自己的静止特性变为文化的能动特性，使外部对象的客观逻辑变为文化传统行动的逻辑，即将对象的特性转化为文化传统的发展动力。这里，社会发展的文化维度与外在世界相互改变着，这正意味着文化传统的社会本质的改变、文化传统力量的增强与不断完善。可以说，人对外部世界占有、利用和控制能力的增强，同步地生成着传统文化。文化传统认同是寻求某种文化传统的一致性或同一性，离开了群体成员对共同文化传统的确认，就难以形成区域社会发展的文化传统背景。

所以，社会发展的真相要求正确对待文化传统。人总是以既定的文化身份去改造外部世界，使其成为人的利益和需要、观念和情感的世界，即成为人的文化世界。社会发展正是人的文化性力量的体现与增强，人在实践中经由全面关系动力锻造自己的文化性存在。如在人与外部世界的关系上，物质工具也不过是文化肢体的延长。随着人的需要和利益的变化，观念和情感的更新，文化会更进一步地将先前改造过的对象或未改造的对象置于新的文化关系中，从而在新的深度或广度上实现对自我的占有和更新。

因而，人作为社会实践的存在物与人作为文化性的存在本质上是一致的，从改造外部世界来说必须从实践的角度去理解社会发展。在此基础上，对外部世界的改造也意味着从文化的角度去理解，即把外部世界当作文化的外在，即成为文化地加以占有、利用的存在。

总之，社会的改造与发展总是在实践中历史地形成和发展，既不是盲目的过程，也不是随心所欲的过程，遵循着人们的文化价值要求——不断增强人的文化性，又合乎外部世界客观规律。这正是社会发展真相的文化动力逻辑。

第二节　我国当代发展观创新

一　发展观创新：除旧布新与取舍有度

除旧布新，是一个不以人的意志为转移的人类文化传统（文化）发展规律，对创新发展观来讲，就应该分析和厘定何为"旧"、何为"新"，如何恰如其分地"除旧"，怎样恰到好处地"布新"。而除旧布新与取舍有度的有机结合，成为衡量发展决策者是否具有创新发展观素质的重要标准。

所谓"旧"，也即不切实际的要求的东西，从"除旧"的角度讲，一些原本是正确的理论与观念，随着时代的发展，暴露出越来越大的弊端与局限时，就必须倡导和扶持新的理念来取代它们。同样，一些原本是合理的和曾经起作用的文化传统（文化）规范与行为准则，随着现实实践的深入、社会的发展，变得不再具有建设性和推动作用时，就需要摸索和探寻出新的富于生命力和推动力的文化精神支柱和建设目标，从而为一个民族或一个国家保持朝气蓬勃的向上精神、不断丰富的文化创造力，为发展提供思想保证和思想动力。

传统有有形传统和无形传统之分，比如物化、凝结在纸里和木石上面的文学书籍、绘画、雕塑等属于有形传统，宗教信仰、品位、艺术风格、审美趣味等则是无形的。在发展过程中，起作用的主要是无形的文化传统。在急功近利的"大跃进"式的发展中，把民族传统同经济发展对立起来，彻底地粉碎文化传统的做法，实在是陷入很大的发展误区。"文化大革命"发出的震撼人心的"打倒传统文化"的呼声，其形而上学的思想方法造成对本国传统文化的极端否定与破坏。改革开放后，一些地方政府在发展经济中，大力破坏文化传统，把文化传统视为封建文化加以消灭，置人民的呼声、学者的质疑于不顾，一意孤行。应该说，这种发展观必将最终失去方向，走入脱离人民的虚假繁荣而为历史所抛弃。

当代文明之所以达到如此惊人的高度，就是因为它能以人类在漫长年代中丰厚的文化积累作为踏脚石。从利用火，掌握畜牧、农耕、冶炼的技术，到创造了文字，唱出了优美的民歌，写就了宏伟的史诗……为后代搭建了一级一级进步的阶梯。对于任何一个世代的人来说，前辈留下的传统，都是继续攀登、推进历史的现实活动不可缺少和不能回避的前提。

相较于有形的经济发展，比如高楼大厦、宽广的公路、飞机和高铁等等，文化传统的连续、进化过程有时很难断然作古今新旧的区分。实际上，前辈们的文化创造不仅具有不可重复的永恒的魅力，而且不断给后人以新的启迪。所以，一个民族要发展，就要继承和发扬优秀的文化传统，就要善于保护与开发文化传统，在发展中以及创新发展观过程中，将传统中的有益成分向全社会的整个机体输送。对待文化传统，如果听任经济效益的考虑不受约束地破坏一切，保护性决策屈从于盈亏的算计，就阻碍了文化传统的优越性的发挥，极度损害对本民族历史的了解、民族感情的增强和健康高尚的情操陶冶。就此而言，文化传统（文化）格局建构和总体精神取向对于发展模式的取向是有思想启迪性和理论借鉴意义的。

对于文化传统（文化）建设来说，"除旧布新，取舍有度"描述了当代发展观所应具备的创新品格，而要很好地把握和体现出这种品格，需要密切结合当下的社会文化传统（文化）现状与发展需求，开拓思路、敏于思考，并在具体的实践过程中，积累和增强把握科学发展的经验和能力。

同物质生产领域比较，在精神生产领域中，传统的作用力更加强大。相对于自然科学的学说、理论，一个民族的思维方式、伦理观念、艺术风格，在民族群体内部的延续性、稳定性要大得多，它们在不同民族群体之间的移植也比较艰难，常常有一个复杂而缓慢的过程。而一个国家、一个民族在某一时期如何对待传统、如何对待文化往往影响到其发展速度，甚至影响到未来发展的方向。因此，对于社会发展来说，如何继承传统、改革传统，始终是一个带有关键性、根本性的问题。愈是处在历史变革、转折的关头，这个问题愈是尖锐突出。

当前，科学发展的观念已成为我国社会发展的共识，这是在总结了新中国成立以来，以及国外发达国家的经验和教训、得失与成败之后提出的战略性举措，是应予以大力提倡的当代发展新观念，这抓住了当代我国社会发展的真相。但这一发展观的创新并非一个纯科学技术范畴的问题，而与培养和提高整个民族文化素质的时代精神密不可分，如果看不到"科学技术是第一生产力"的背后所蕴含着的深厚的人文精神，就会使这一倡导的"新意"与内涵大打折扣。因为科技发展作为一种技术力量，既可以为人类造福，也可能给人类带来灾难，这是无须赘述的。因此，对旧观念"旧"在何处，是否应当革除的判断，对新观念"新"在哪里，是否真有价值的评估，都要有一个比较切实、准确的把握。虽然所谓"旧"与"新"、"度"等，很难用量化的方法提出一个现成的衡量标准，但也正因为如此，就要求在认识与把握社会发展真相时，针对"除旧布新"问题，保持清醒的头脑，坚持调查研究，尤其在一种大的思潮或倾向蜂拥而来时不能被其冲昏头脑，失去从全面和整体上分析问题、判断问题的基本态度和立场。比如在当前我国全面建设进程中，相当一部分人，尤其是有理工科背景的人，包括大学生和一些政府官员，对人文学科、人文价值、人文精神严重缺乏认识，对它们所具备的建构中华民族总体精神面貌、培养富有特色和活力的社会；以及提高全社会文明程度等巨大作用和功能还相当轻视，重理轻文，重经济效益的提高、轻文化保护与传承的现象和倾向还相当严重。

实际上，在我国资本逻辑越来越成为人们实践的主导的情况下，科技的双刃剑效应已经出现。而就发达资本主义国家来说，正如詹姆逊批判晚期资本主义社会对科学技术的滥用时指出的，"滥用"不仅造成了环境、生态等自然问题，更造成了诸多社会问题：科学技术导致了人的异化，"那储藏于机器中的劳动力，包含了人的动力，反自然的动力，确是人在当前社会所遭遇到的一种异化的能力"，科学技术作为一种"无动力实践"（practico-inert），其内涵的"反终极性"（counterfinality）"以大家无法控制、不可知晓的形式，为我们的集体实践及个人实践带来冲击，拓展出一个广阔的无理想的'迪世托邦'（dystopia）层次"①。并认为，科学技术与后现代的文化特征息息相关，"后现代的技术已经完全不同于现代的技术，昔日的电能和内燃机已经被今天的核能和计算机取代，新的技术

_____

① 〔美〕詹明信：《晚期资本主义的文化逻辑》，张旭东编，陈清侨译，生活·读书·新知三联书店，1997，第 483 页。

不仅在表现形式方面提出了新问题，而且造成了对世界完全不同的看法，造成了客观外部空间和主观心理的巨大改变"①，因而后现代文化呈现"缺乏深度的全新感觉"、"愈趋浅薄微弱的历史感"和'精神分裂式文化语言"等。②

在当今中国社会城市化进程中，一谈起文化遗产的保护，其重要性似乎矮了城市建设半截。我们必须充分认识到，在城市发展与文化遗产之间的确存在着尖锐的"空间之争"，不仅在历史上，而且现今在许多国家依然对文化遗产造成极其严重的损毁。诚如联合国教科文组织《关于保护受公共或私人工程危害的文化财产的建议（1968 年）》所指出的，"由于工业的发展和城市化的趋势，那些远古的、史前的及历史的古迹遗址以及诸多具有艺术、历史或科学价值的现代建筑正日益受到公共和私人工程的威胁"③。这些偏向倘若不及时加以纠正，无疑会阻碍我国建设小康社会和改革开放进一步向其深层次发展。因而，身处新的历史和文化传统背景下的发展观创新，要培养一种有建设性和责任感的具人文精神内涵的发展意识，保持清醒的头脑，正确理解新与旧的相对关系和价值，坚持继承优良文化传统基础上的发展，才能够对所谓的"旧"作出较为"有度"的取舍。

要做到"除旧布新，取舍有度"，还需要具有明确的鼓励发展观创新的开拓意识，要尽可能地做好调查研究，减少失误，提高成功率。从某种意义上讲，任何创新发展观都必须承担其最初冲破既成规范的裂变的痛苦，承担着一定风险。因为新的理论、学说、成果需要经过实践的检验、时间的考验、历史长河的冲刷与筛选，才可能作为人类文明的硕果而积淀下来。一般来说，发展观创新的意义越大，其失败的可能性越大。这在当今人类已跨入信息社会和高科技发展阶段后更是如此。因为信息交流的高速度与广泛性，使得知识更新的周期迅速缩短，因而对创

---

① 〔美〕詹明信：《晚期资本主义的文化逻辑》，张旭东编，陈清侨译．生活·读书·新知三联书店，1997，第 229~293 页。

② 〔美〕詹明信：《晚期资本主义的文化逻辑》，张旭东编，陈清侨译，生活·读书·新知三联书店，1997，第 433 页。

③ 联合国教科文组织：《关于保护受公共和私人工程危害的文化财产的建议（1968 年）》，联合国教科文组织世界遗产中心、国际文化遗产保护文件选编，文物出版社，2007。

新发展观提出的要求更高、更快、更严格，同时也使创新发展观失败的可能性增大。虽然创新中有失败，追求中有挫折，创造中有失败，但比起墨守成规、不作为，以及"不求有功、但求无过"来说，更富有建设性。

总之，除旧布新要立足于弘扬民族文化，任何一种片面性，带来的都会是表面的、虚假的发展。应当说，发展观的创新直接关系到一代乃至几代人的文化传统（文化）创造力的实现与成长，具有建构和推动整个社会软实力增长的战略意义。克服我国发展观上的片面性，除旧布新，就必须倡导对传统采取全面的分析的态度，用历史唯物主义的批判精神对待文化传统，反对文化上的民族虚无主义，反对全盘西化式的发展逻辑。同时，正确对待传统，以最大的热忱歌赞、保卫和弘扬民族文化中美好的东西。

二　社会发展的真相：内涵与核心

发展观创新是我国社会进一步发展必然要作出的战略选择。其实，当代发展观的创新，如可持续发展观的形成和发展是人类反思文明的发展历程，特别是反思工业文明以来现代文明发展道路的理论成就。自工业化以来，人类在科学、技术革命的推动下，一方面在短时间内生产出大量的物质财富，另一方面也造成了一系列危及人类生存的问题，如环境的污染、资源的枯竭、生态的失衡和人口的膨胀，严重威胁着人类的发展。为了人类的未来和子孙后代，为了持续发展，1991年联合国大会通过的《里约宣言》，阐述了一种"人类应享有以与自然和谐的方式过健康而富有生产成果的生活权利，并公平地满足今世后代在发展与环境方面的需要"的发展理念。这种发展的一个重要特征是认为发展的目的是实现人的发展和社会全面进步。

因此，发展观创新的关键是找到社会发展的真相。现在，人们越来越认识到，发展的真相不是表现在数字的增长上，如GDP的增长与速度上，也就是说经济增长只不过是实现人的发展的手段，经济、政治、社会等各个制度的改革只是为人的发展创造更好的社会发展环境。因此，发展观创新既不是传统的以掠夺自然、征服自然为特点的极端人类主义，也不是将人类的利益完全等价于自然界中普通生物的极端自然主义，而是一种在人与自然和谐基础上强调人类利益的合理、合情、合法的距离范围的扩张及其速度；需要把握的现实安全关系不仅在于自身，还在于看似与自己较远的其他存在物，安全地使用自己的力量。不妨在所谓"穷则独善其身，达则兼济天下"，即在人类已经掌握改造必然性的巨大能力的时候，以生态思维来处理各种内外关系。这里的最终目的是要首先实现人的全面发展。正如马克思所说："历史不过是追求着自己目的的人的活动而已。"[①]"正象社会本身生产作为人的人一样，人也生产社会。"[②] 这就是说，人类社会的历史是自己创造的。离开了人的活动，就不可能有社会的历史。人既是社会存在和发展的前提，也是社会发展的目的；人既是生活历史活动的主体，也是社会真相活动的主体。因此，当代我国发展观创新的内涵是实现人的发展。

人的发展不仅指当代人的发展，还包括后代人的发展；不仅指满足人的物质生活需要，还包括满足人的社会生活、精神生活等各种需要，使人的德、智、体、美诸方面的潜能得以充分挖掘和发挥。具体来说，人的素质与幸福感的全面提高应是社会发展真相的核心主旨。

人要全面发展就要使人的内在整体性得到提高和发展。从人的整体性的社会维度，即社会发展的内在需求来说，随着人对信息社会以及新型工业化发展道路达成共识，全面发展已经并不仅仅取决于各类物质资本，更重要的是还取决于掌握科技、信息等资源的人。正如邓小平指出的，"我们要实现建成小康社会，关键是科学技术要能上去。发展科学技术，不抓教育不行。靠空讲不能实现建成小康社会，必须有知识、有人才"。就目前状况而言，人的全面发展、人的素质的整体性提高，在很大程度上还是一种目标理论。因此，人的全面发展作为一项正在进行的事业，要通过分阶段的发展、积累和传承，由观念到行为、由量变到质变，一步步才能实现。

在这个问题上需要特别注意的是，传统发展观下人的发展服从了工业文明的发展，也即从人才评价标准上来看，社会发展人才强调的是懂理工

---

① 《马克思恩格斯文集》（第 1 卷），人民出版社，2009，第 295 页。
② 《马克思恩格斯全集》（第 42 卷），人民出版社，1979，第 121 页。

型技术的人才，由此导致了我国在发展问题认识上的偏差和行为上的浮躁，与对经济增长、社会发展真相的片面认识一样，一味追求造就单面的"科技人"，片面强调人才的自然科学专业化和科技化，而忽视了社会人文精神以及信仰文化的培养。目前，人们已逐渐认识到，培养人才特别是为实现发展观创新的人才，不仅要开发和培养智力、教人做事，更要传播理想、构建人格、教人做人。唯此，发展观创新才能有可靠的保证。

从人的生命整体所内在的特性来说，正如法国哲学家帕斯卡尔（Pascal）所说："人只不过是一根苇草，是自然界最脆弱的东西，但它是一根思想的苇草。用不着整个宇宙都拿起武器来才能毁灭它；一口气，一滴水就足以致它死命。然而，纵使宇宙毁灭了它，人却仍然要比致它死命的东西更高贵得多；因为它知道自己要死亡，以及宇宙对它所具有的优势，而宇宙对此却是一无所知。因而，我们全部的尊严就在思想。……由于空间，宇宙囊括了我们；由于思想，我们却囊括了宇宙。"① 人类的思想特征表现为人是有文化的人，人有其丰富的精神世界与需求。

事实上，许多国家现代化建设经验表明，离开文化的浸润，发展就会变得苍白和空虚，放任功利盛行，造成人际紧张，平添内心焦虑。当今，人类文明暴露出来诸多尖锐矛盾，如何重新认识和确立人类与自然、个体与社会的和谐统一关系，要借助于文化的深刻省思才能找到合理的解决方式。正是在这样一个社会发展的总体背景下，文化价值的终极关怀成为当代思想家们思考的主题。实际上，不仅哲学家、人类学家、社会学家等直面人类生存危机，关注人类终极价值以及民族文化传统精神，而且当代经济学家也把文化问题自觉地纳入经济发展的思考中。如 2007 年，来自世界 23 个国家和地区的千余位市长、规划师、建筑师、文化学者、历史学家以及其他关注城市文化的人士相聚北京，参加"城市文化国际研讨会"，会议通过的《城市文化北京宣言（2007）》指出："文化遗产见证着城市的生命历程，承载和延续着城市文化，也赋予人们归属感与认同感。城市文化建设要依托历史，坚守、继承和传播城市优秀传统文化，减少商业化开发和不恰当利用对文化遗产和文化环境带来的负面影响。成功的城

---

① 〔法〕帕斯卡尔：《思想录》，何兆武译，商务印书馆，1995，第 158 页。

市是在保持自己文化特色的基础上进行再创新的城市……我们不仅需要商贸城市、工业城市，更需要文化城市。"① 诚如一些国际社会保护文化遗产权威机构指出的，"文化遗产是人类共同财富，也是人类发展的重要基础。保护好文化遗产，挖掘、阐释它们的内涵，研究其历史、艺术和科学价值，是国际社会的共识和责任"②。

按照马克思的分析，市场经济在历史上的产生，对人发展的积极意义就在于打破了在最初社会形态下人的各种依赖关系，使个体的人上升为主体，并走上独立化发展道路；它形成了人的全面联系和全面关系，促进人的各种能力，包括生产能力、消费能力、享受能力、思维能力等的形成和发展。

过去，在包括韦伯在内的西方思想家中有一种颇具代表性的观点，即认为发展市场经济，必须依托西方的价值观念体系。实践表明，这种观点是毫无根据的。近几十年来，东亚经济的迅速崛起表明，东方文化传统，尤其是以儒家思想为主体的中华文化传统，在现代市场经济发展中有其不可忽视的重要作用。从经济学角度看，市场经济就是市场在价值规律的作用下，实现社会资源优化配置的一种经济运行模式。但从历史的观点看，它又是人的一种特定的社会交往形式。因此，市场经济的发展，总要在不同程度上引起各种属人关系的变化。从历史上看，这种变化往往带有二重性质。就人与自然的关系看，市场经济在近代社会的确立和发展，极大地促进了社会生产的发展，增强了人类征服自然和改造自然的能力。就个体与社会的关系看，市场经济一方面激发了个体的竞争力和创造力，为个体内在潜力的发挥提供了广阔的社会空间，从而加快了社会的发展步伐；另一方面，它又把人置于一种金钱关系和拜物教的崇拜之中。在市场经济基础上发展出的技术理性化社会，又加深了个体与社会的矛盾，使人与人之间处于一种紧张的状态。在这种情况下，追求社会整体的协调发展，包括人与自然、个体与社会之间的和谐统一，也就成为当代市场经济发展的总

---

① 城市文化国际研讨会：《城市文化北京宣言（2007）》，联合国教科文组织世界遗产中心、国际文化遗产保护文件选编，文物出版社，2007。

② 联合国教科文组织世界遗产中心：《国际文化遗产保护文件选编·前言》，文物出版社，2007。

体文化目标追求。所以，强调市场经济发展过程中的文化问题是把促进人的全面发展作为市场经济发展的核心价值目标去追求。文化问题的核心是人的问题。经济与文化互动，从更深层次上表现为物质财富增加与人的发展的关系。经济社会发展的文化观照，说到底是人对自身发展的深刻省思，体现着一种人文精神追求。

然而现实告诉我们，所谓人的全面发展与幸福感的提高，不仅在发展中国家和地区里没有实现，即使在发达国家和地区里也鲜有实现的。就我国的现实来看，幸福源于个人感受，更系于国家发展。

放眼中国实践，以人为本的科学发展观回应的正是人民对幸福的呼唤。温润心灵，涵养人生，成为当下中国的热词，表明人民渴望寻找幸福的归属。

所以，发展是人民幸福的保障，政府工作的根本皈依是"让人民生活得应更加幸福，更有尊严"。"人民"在十八大报告中出现 145 次。将幸福概念和人本思想注入执政理念，越发凸显了发展中"人"的分量。把国家富强和人民幸福统一起来，不再像过去那样迷恋 GDP 增长，更注重"人"在发展中的位置，从重数量到重质量，从重增长到重共享，认识到破坏生态、浪费资源的发展不可持续，通过改善民生提升人民幸福指数，为科学发展注入新动力。

经济发展是实现幸福的基础，但仅仅有物质财富的增加未必能够使人感到幸福。在旧有发展模式下，GDP 上去了，个人财富增加了，许多人的幸福感可能并没有提升。因此，面对现实矛盾，努力实现公平正义，公众才能过得更舒心、更愉快。公平感的获得，权益受到尊重，在很多时候比财富的增加更重要。幸福生活不能仅靠政府的赐予，而要靠公众与政府一起不懈努力去争取。积极参与，"个个都有好工作，家家都有好收入，处处都有好环境，天天都有好心情，人人都有好身体"。在这样一个美好愿景中，每个人都应该是参与者和创造者。

所以，要加强思想道德文化建设，培养具有较高伦理道德素质的国民，要求人们具有高尚的伦理道德精神，要求当代国人从只有一个地球的角度来重新审视人与人、人与社会、人与自然的伦理关系。在未来的发展观创新中，公共生活的领域将继续拓展，"公德"在日常生活中的比重也势必日益增大。然而，社会公德式微、职业道德失落、社会责任感低下等现象依然存在。这就需要通过教育、宣传引导人们树立正确的世界观、人生观和价值观，使全体人民形成"利人利己、义利兼顾"的价值判断尺度，实现公平正义。十八大报告明确提出要"建立以权利公平、机会公平、规则公平为主要内容的社会公平保障体系"，增强人民的信心，强化人民对美好未来的预期和憧憬。

总之，探讨社会发展的真相问题，对于建成小康社会的发展战略具有重要意义。也就是说，小康社会必须把人民的利益作为出发点和落脚点，发展经济、推动社会文明进步的目的就是全面提高人的综合素质，提高人民的生活水平和质量，满足人民生活的各方面需要。如此，展望未来发展，建设丰饶的"幸福家园"才有更坚实的依托。

三 政府管理空间的限定与公众参与

马克思和恩格斯的社会发展理论把人的全面自由发展确立为发展的最高目标和价值标准，对于今天在科学发展进程中正确把握社会发展的真相的目标和价值取向，具有重大的启迪意义。然而，从社会发展是在实践的基础上的全面关系动力过程来看，人应该是发展观创新的主体，也是实现发展的主体。在这个过程中，政府与公众构成了发展的动力主体。

近年来，在我国的改革与发展过程中，公众要求参与政府的社会管理决策，维护自身权利以推动科学决策、社会进步的行为越来越常见。不论是网络还是现实生活中，利益诉求的多元，要求政府管理必须与公众达成治理共识。如同要处理好政府与市场的关系，把应该由市场和社会发挥作用的交给市场一样，发展观创新也需要处理好政府管理与公众参与的关系。因此，从政府与公众的关系来看，应该强调公众与政府的统一，即政府推动发展的最高目标是公众的全面发展。因为政府成立的合法性是人民赋予的，离开了公众的发展就没有政府的发展，政府发展的价值目标最终是公众的发展。从马克思的全面发展理论来说，当前公众的发展是指在教育、就业与保障、公民权利诸方面的全面而充分的发展，也即"彻底消灭阶级和阶级对立；通过消除旧的分工，进行生产教育、变换工种、共同享受大家创造出来的福利，以及城乡的融合，使社会全体成员的才能能得到全面的发展"①。社会的高度发展必然要求全面而自由发展的公众，而且也能够创造这种条件。

就目前我国在社会发展中形成的公众与政府的关系来说，政府与公民社会的自决与成熟存在一定程度的对立，同时，政府的管理对于公众的发展造成了很大的限制，阻碍了公众成为真正的主体，掌握自己的命运，自觉地创造自己的历史，实现和自然物质的变换，改造自己的社会关系等。所以，发展观的创新需要限定政府管理的距离范围，政府的力量应在社会发展中有进有退，为公众有效地参与创造自己的历史与美好生活创造条件。虽然在一定社会内确定人民的意见在什么问题上确实起决定作用是极为困难的，但公民社会和国家之间应有合理的距离分割。那么，在什么限度和距离范围内政府应积极管理？这主要涉及的是政府管理的边界，即政府积极管理的适当距离范围问题。在全面评价一个社会的政府管理边界时，政府管理边界的距离范围有多大是一个有效的标准。也就是说，政府管理的边界强调的是在国家的领域距离范围内实行政治管理，严格限制政府管理边界的距离范围。

对国家的权力进行限制以保障私人的权利是当前政治理论的核心观点之一。这一情形假定了国家与公民社会的分离，就如同在私人与国家、私人领域与公共领域之间设置一道界限一样。国家与社会明确区分的目的就是要对国家行政强制权力无限使用做限制，在公众自主的领域，国家的权力和职能应该受到严格的限制，这一领域绝不能因为政府或当权者的意志而受到侵犯。在此体制下，公众必须始终是起点和终点。同时，将政府与公众设想为一种合理交往体系中的构成部分，在其中，政府与公众都有严格划定的领域，各自在其中的活动是不受干涉的。对这个领域的保护，必须被构想成实现真正存在的条件的一个维度。

对政府管理空间的限定并不是说对政府失去信心，而是社会发展的最佳关系动力体系的安排，尤其是竞争的市场经济存在一个不受政府干预的独立领域，所以，以市场经济为基础而建立的公民社会需要对公众与政府关系进行有效、合理的分割。实际上，公民社会的崛起实现了对不断扩张

① 《马克思恩格斯全集》（第4卷），人民出版社，1958，第371页。

的政府管理行为的限制。一般而言，公民社会是指政府控制之外的社会和经济安排、秩序、制度。公民社会和市场一样同属于自治领域，市场原则同时也应是公民社会原则。公民社会的基本特征可以概括为：第一，它是社会的一部分，不同于政府管理的空间；第二，它构成私人权利特别是财产权利的基础；第三，在公民社会，许多自主的集合体互相竞争。这样，公民社会和国家是两个彼此分离并相互独立的实体。政府管理的目的仅仅在于调节市场与促进社会的互动，而不是通过直接管理代替公众的主动权。

如果说国家的存在是一种善，那么，它的管理边界距离范围的扩展与限制将有益于人民。政府的积极管理并不是可以实现任何事情的工具。对发展空间的分割使公民社会的发展领域免受政府管理边界规则的限制。

在我国的发展观创新中，管理领域的分割和公民社会的独立是在政府对公民社会的管理扩展时公众有效参与政府管理的根据。当前，在经济飞速发展、利益格局日益多元、公民法律意识和维权意识不断提升的今天，政府的作用越来越大，许多空间都渗透了政府的强力。然而，正如孙中山所说的，政治就是管理大众之事，所以，政府管理如果离开了公众参与是无法想象的。推进发展是政府负有的责任，但发展的主体不仅有政府，而且公民社会中的各类民间组织与公众也是发展的主体。为此，党强调要健全党委领导、政府负责、社会协同、公众参与的社会管理格局。日本经营之神松下幸之助曾说："企业管理过去是沟通，现在是沟通，未来还是沟通。"社会管理何尝不是如此，只有公众参与，社会管理的沟通才能顺畅，政府达成的决策才可能更加科学公平，作出的决定才能得到公众的支持与认同。因此，政府要充分认识到公众参与的急迫性，致力于努力唤起公众参与的自觉，不断创新公众参与机制。尤其是在一些重点领域积极推动，改善政府的公共管理和公共服务，要尊重群众的首创精神，彻底改变过去社会管理由管理者唱"独角戏"的局面，让公众积极参与的热情所焕发出的能量与智慧促进整个社会的发展。

现实中往往忽略了公众参与的积极作用。事实上，只要通过了公众的全面、积极参与，就会改变以往决策的欠科学性和民主性的弊端，作出的决策才能得到公众的配合与支持。

正如政治学所揭示的，公众政治参与的要求会随着利益的分化而增长，只有给个人或团体的参与提供顺畅渠道，其行为才不致冲击社会秩序。在这方面，政府管理有过引导志愿精神、征求立法意见、举行价格听证等正面经验，也有过将维权事件拖延成群体性事件的反面教训。从这个意义上讲，公众参与热情的高与低、参与渠道的通与堵、参与机制的顺与阻，直接关系到政府治理的改进与优化、社会管理的加强和创新。在这样的现实下，如何看待并引导公众参与，就成为一个重要命题。因此，在社会转型期和矛盾凸显期，鼓励公众参与，让献计献策取代抱怨对抗，有利于推动民众与政府在互动中分担责任。

在《自然辩证法》一书中，恩格斯指出，劳动和语言（及其表达）是人类思想形成与进化的"两个最主要的推动力"。在各种公共平台上，在国家成长和社会进步中，"表达权"成为重要推力。因此，建立政府与公众的有效、合理交往关系，弘扬政府与公众的交往理性，成为有效保障公众参与改革与发展的前提。

交往理性的意义在于它能够让各种意见有表达的平台，让各种情绪有宣泄的机会，让各种冲突有消弭的空间。转型时期的中国，价值多元化、思维方式多样化，呈现一种开放、活跃的政治秩序态势，是政府与公众的交往理性在政治领域的体现。因此，各级官员首先应是一个有教养的群体阶层，要有人的理性、耐心、理解力以及合作、真诚交往精神，致力于扩大公众参与政治的渠道，推进协商民主。

美国社会学家戴伊曾说："正确的决策来自众人的智慧。"公平有效的社会管理离不开科学的决策，公众参与能够大大提升社会管理决策的科学化水平。所以，首先认同政府与公众的利益博弈的格局，既追问法律意义，又考虑现实条件，包括双方的让步和妥协，它不仅关注交往关系的正当性，更关注交往关系的应当性和可行性。

交往理性需要公众与政府之间有一个沟通对话的渠道。对话的缺失会造成利益危机与舆论危机的升级，从而影响改革成果和社会稳定。在沟通和商谈的过程中，在复杂的利益格局中，任何堵塞与公众的对话渠道、否定民意的行为，都会导致社会矛盾激化。

舆情是预测和防范社会风险的根本指征。在政府管理领域，意见社会越大，承受社会风险的能力就越强，对风险的预期和适应力也更强。实际上，在我国公众主体意识和参与意识日益增强，网络使公众参与渠道更加便捷多样。人们通过意见表达参与社会管理已成为常态，大到政府的财政预算、城市规划、个税调整，小到社区建设、污染治理等，公众均表现出强烈的参与意愿，产生了积极影响。

　　总之，发源于公众的参与热情，把命运共同体意识写入每个人心中。公众参与从涓滴之间凝聚起社会发展的"正能量"，成为政府力量的重要组成部分。政府管理所释放的正能量既蕴含在善良、正义、宽容、理解、尊重等优良品格上，也贯穿于对话、沟通、协商的过程中。一个经常走极端，拒绝倾听公众呼声并与之沟通交往的政府肯定与法治社会格格不入，更不是人民的政府。这里，政府与公众的交往理性之所以必要，是因为它首先承认不同生存主体的尊严和表达权，理性交往会将激化矛盾的压力变成疏导矛盾的动力。今天，公共事务不再是政府部门的专利，而是有更多的公众参与的身影，社会管理不再只有政府单打独斗。面对艰巨繁重的改革发展任务，面对未知远大于已知的互联网，面对日益高涨的各种权利诉求，面对多元的利益、多样的观念、多变的思想，政府管理创新的需求比任何时候都要迫切。一切政治权力都来源于人民，如果人民拒绝，任何政治权力都会失去存在的基础。保护公众参与热情，探索公众参与机制，培养公众参与能力，创造公众参与条件，从"单向管理"走向"共治"；鼓励公众发表意见，广开言路，构建和谐共生的交往关系，才能在百家争鸣中凝聚执政兴国的强大力量，最大限度地激发社会活力，增加和谐因素，最大限度地减少不和谐因素，推动国家全面发展进步。

第八章　社会真相：共识与调查

第一节　共识：穿越社会真相的距离

一　社会共识问题的当代理解

当代社会，人们越来越被一体交往关系纽带联结在了一起，全球化、国际化和跨文化问题已经成为关注的焦点。这一转向需要一种能够平衡普遍意识和地方敏感的新的世界观，以及有必要发展一种新的交往范例和方法。其中，核心问题在于达成某种基于社会信息传播及其真相的社会共识。

然而，不同区域的发展的危机和冲突使对在技术社会处于实用研究边缘的社会真相问题最持怀疑与批评。可以说，一定程度上社会真相及其共识问题，目前处于意义深远的合法化危机中。因此，应充分认识到当代社会与发展中的多元性所蕴含的无穷无尽的潜在优势，进而达成一种尊重多样性的基于社会真相的某种社会共识。在多元、多样化社会里，对待真相，首先形成某种社会共识也许是一个较为科学的态度了。

对于社会共识意味着一种对各种社会真相的不同时空、文化距离状态下的共同命题。它不是一个完成的结论，也不是一个一成不变的教条。特别需要指出的是，共识不单纯的是一种历史的趋同现象，也不是那些利用"永久问题""所谓普遍的人性"而得到的既不能被证明也不能被驳倒的结果。因此，作为建议，它针对的是当代共同体的实践，不同的社会信息的传播及其真相在一段时间内，针对一些更广泛的课题，随着逻辑与历史过程的发展而逐渐形成，并在实践中应用。所以，社会真相的共识应在当今世界一体进程中起着构建一个明智的负责任的实践导向的重要作用。

　　社会真相的共识既属于实践的范畴，也属于认识论范畴，关于社会真相的争议既有来自内部的争论，也有来自外部的。社会真相的共识论相信创造性和跨越是最有价值的品质，提供了适合于某一文化观点和常规框架的固定意义，并且适合于驳斥那些偏离所谓"正确的、主流的"不同观点。一个对当今社会及社会全貌的总的陈述，或者确切地讲是详尽解释，反映出在距离逻辑中的共同命题。因此，它具有概括性和普遍意义，包含适合实践的最有效元素和原则。然而，多元差异的社会交往的失败会导致社会信息的传播，真相的表达发生歧义，当此种情况出现时，也就不必谈形成社会真相的共识了。而当对社会信息交往没有共识时，就不会有规则，那么，在共同体中，就不知道做什么、不做什么。因此，社会真相的共识的意义在于，不同利益群体、文化及不同个体之间在距离网络中的相互联系促进了一种社会及文化上的进步。

　　但是，一个严峻的问题摆在眼前：一段时间空间距离中的认识总是有限的，或者具体事件往往不能够产生跨越时空的界限，引导人们对生活规律的普遍理解，社会真相共识生成的典型模式是具有普遍规律效力的跨距离阐述。

　　所以，社会真相共识的思维必须是在社会真相的距离逻辑的方法论指导下，首先承认社会真相作为一种具有距离逻辑，如表达身份、文化特征及与其他文化差异的一种认知，它通过揭露不同距离逻辑下的经验性事实，寻求是否能够适合历史定位需要，其价值、规范性是否满足社会对秩序的基本需要，不同距离下的经验的认知和一种新型的与当代需求紧密联系的历史认知的结合。这种结合，一方面反映了作为历史知识的认知特征的客观性要求，另一方面是产生这种知识的规范性承诺。

　　这样看来，以共识概念来描述普遍的社会真相何以有可能来解释差异和独特性呢？也就是对独特性、距离差异的描述何以能够用一个表达共识的内容来体现的问题。一个可以接受的解释就是社会真相的共识这个抽象概念不表达任何一个具体的、针对个别的差异。但它总是在一定距离逻辑下的概念，距离网络总是在变化，因此，网络中必然存在差异。同时，它也与具体实践有关，毫无疑问，历史实践是一种独特性的活动。当然，这种社会真相的共识是否一定导致对社会真相之真实性的否认呢？或者把社会真相等同于道德范畴呢？答案只能是"不"。理由很简单，那就是社会共识包含方法上主导事件研究的强理性，这种强理性能够带来真正"客观"的有效认识，具体社会信息真相的共识定位是以扎实的、历史的、实践的认识为基础的。

对于不同的社会真相体系，可能的相互关系的构成及其边界不是固定不变的，而是不断变化的。社会真相的共识的求证和确认应该是一个动态的过程，它对于其他观点的批判及跨文化交往过程中的变化都持开放态度。因此，社会真相的共识作为一个抽象概念，是人们相互认同的基本元素。人类种族或全人类这个概念，说明了一种共同性或普遍性。因此，社会真相的共识的自觉必须在社会的一体交往关系的大背景下进行。的确，当代中国包容多元价值的时代所能容纳的各种不同社会信息的质与量大大超过以往。所以，当代我国社会在走向多元文明的对话、切磋、沟通、相砥相长中，不断提高自身的宽容程度，才能在面对社会的一体交往关系带来的诸多失序、无序状态时不慌乱，才能在逐步实现物质生活的现代化时，在精神方面不至于产生对立或贫困化。

二　距离与社会真相的共识

距离是人们主体独特性的产物。社会真相的共识把对社会真相的认知扩展到更广阔的领域，在这个更广阔的距离尺度里，把从具体例子中归纳出的普遍规律或者说社会真相信息又运用到他们自己生活的具体情形下，因而，社会真相的共识模式具有一种更高层次的距离逻辑的复杂性。

人们需要把自身和别人区别开来，或者人们的一个根本目的是去认知社会的不同，那么，人们是否有一种为全人类所共同拥有的社会真相的共识呢？答案是肯定的。人们为了与自然、与人们本身和谐发展必须试图解释这个社会和自身，社会真相就是这种解释的最佳概括。社会真相的共识是人们主体性的结晶。这也就是说，能够根据自身的想法、理念去创造自身，在处理彼此差异的过程中，将区别于他人的独特性转化为群体自身特性的认同。对于人们来说，无论什么时候，社会真相的本性决定其主体性都应归因于整个物种，而不是单一的个体。

　　社会真相的距离逻辑是一个清楚的问题。对于社会真相的共识，这个问题就是如何达成对不同距离下认同的说服力，即对于把经验性事件与规范性效果结合起来的要求，每种论述都包括自己和他者的不同，而且这种不同具有规范承诺力。社会真相的共识方法便符合所有论述的经验性的真实的需要。

　　距离有心理距离、空间距离、社会距离和叙事距离的区分。尤其是后者，更容易形成混乱。因而，在分析社会真相的距离逻辑过程中，从距离的性质而言，对于社会真相的共识论研究，一定要注意到距离范畴的核心内涵，就是"心理距离"。换句话说，如果能"心同此理"，自然可以拉近彼此的心理距离，缩短不同的社会信息真相之间的距离。但是，无论是空间距离，还是社会或叙事距离，在"心理距离"之上，也不应孤立地对待每个距离因素，如时间、空间关系和心理等要素，而应加入文化背景和世界观等要素，进行分析和利用。

　　同样，对社会真相的共识与距离范畴关系的研究也应从社会真相结构中的三元变项关系入手，重点探索三元变项中主体之间距离的内在规律和相互作用。三元变项之间的相对位置和距离，决定了与社会真相的距离。对这些距离的捕捉、分析和研究，从可测量信息的方面，反映出了不同社会真相体系之间的距离。

　　从信息到社会信息到社会信息真相是由自然到文化的转变，是由人们的理性所决定的，更是人们主体实践赋予的。从这个意义上讲，社会真相的共识的原动力来自人的主体性，这是一种基于某一目标和目的，或者说人们为了生存，可以把人的自然性转化成社会（文化）的属性，也即实现类的共同性，这种主体愿望是全人类共有的，而距离的产生及其弥合都是以这种转变为基础并且以之为起点的，进而在差异关系中，在无休止的诸如与自然的冲突以及对力量和权力的争夺之中产生新的共识性力量。从总体上来讲，以一种现实的观点来审视社会真相的共识形成的动态过程，它是人们作为拥有理性的物种通过理性思维创造出自己的存在的一种人类行为的必要性。

　　社会共识的概念，首先承认了社会真相作为一种具有距离逻辑，如表达身份信息、社会文化特征及与其他文化差异的一种认知。在不同的历史、信息与文化成为当代社会的一个大主题背景下，来理解不同传统或社会中的不同群体，社会真相的共识就成为人们普遍行为原则的抽象形式，引导人们对生活规律的理解，因此，社会真相共识生成的典型模式就是具有普遍规律效力的跨距离阐述。因此，阐述不同历史信息与文化的区别是必要的，而不是简单否认，应深入理解其中差异所内在的历史与现实汇流、交融的巨大潜力，这种潜力符合了解时代的特征以及其他差异方面的需要。因此，社会共识概念要求社会真相能够适合他们的历史定位需要，其价值、规范性能满足社会对秩序的基本需要。

"历史的"社会真相的共识，意味着过去所发生的事情对今天所有的人都有意义。历史距离变化本身是有意义的，或者了解已发生事情的本身就是有价值的。因为，过去通过一系列具体的历史事件及其发展和今天联系起来，它们是当今社会发展方向性需要的产物，且这种方向性需要只能通过解释过去的经历来完成。所以，历史的任务就是要根据以往发生的一系列重大事件揭示生活的本质。

这样，社会真相共识的距离逻辑思维不强调超越特定时期人们活动的普遍性准则，而是专注于社会真相与特定历史活动本身的关系，追求来源于历史经历领域的规范性及其价值观的运动，从获取一定时间距离的道德标准以及对具体历史经历的总结中，在更广泛的意义上遵照事实调查和论证的有条理的规律。这种社会真相共识生成的逻辑，阐明了正在发生的事情的本来面目，是追求获取值得信赖的处理经验性事件的社会真相的运动。因此，社会真相共识的效力受到历史距离结构性变化的影响。根据不断演变的历史，社会真相共识的思维努力通过全面研究过去留下的可靠资料来发现事情的本来面目。

共识性社会信息真相对事件本身、事实丰富的说明是恰当的方法论研究的结果。社会真相共识的所谓的实证主义态度，就是把"科学的"方法用于事实，既然是"科学的"，这种印象容易产生误导，因为具体事件往往不能够跨越时空的界限。所以，不应该忽视所有共识的叙述形式，至少是潜在的叙述形式，而且这种形式的逻辑性受规范性因素的影响，即每一种共识都从特定的角度进行表述，这种角度包含"具体的、历史的"的观点，唯有如此，才使事实的本身具有"事件"的特征。

规范性承诺和现实问题在认知过程中对获得这种共识起巨大作用，所谓道德、价值性信息在社会真相思维中并没有消失。在规范性意义的生活中，道德成为事实性的实践的内部因素。因此，实践的内在的道德使社会真相认知成为引导当今生活方向的手段。于是，事实和规范的积极影响和头脑中对社会真相的规范性预测在交汇中结合，从而把过去的经历发展成为一种现世的角度。这样，历史的社会真相的共识生成于这种现世的视角里面，也正是这种现世形式的内在规范性使生态文明的实践共识成为当代最有效的文明因素之一。所以，社会真相的共识能够判断历史，启迪将来，使现实生活受益。

但是，在实现社会真相的共识的进程中，揭示社会真相与道德相互联系的复杂性是有必要的，而不是在社会信息真相的建构中混淆它们。因为历史的距离往往由一个国家、一个民族、一个地区、一种宗教文化等的具体历史事实及其暂时关系构成。只要把这些事件的经验性实例及其特征都考虑进去，社会真相的历史距离逻辑便是一个清楚的问题，这个问题就是如何实现对不同距离下的认同都具有说服力，即对于把经验性事件与规范性效果结合起来的要求，每种论述都包括自己和他者的不同，而且这种不同具有规范承诺力，社会真相的共识方法便符合所有论述的经验性真实的需要。通过揭示不同距离逻辑下的这种经验性事实，对日常生活的方向及其社会政治起着规范性的作用。

历史发展新形式的确立基于意义、重要性及其标准和视角，而这种标准与视角决定了对过去经验性的认知是一种具体的、历史的社会真相共识。这些有影响力的共识作为历史"事实"的本质，社会真相在其中起着具有决定意义的事实性和规范性作用。在实现这种理解和获得认知后，把历史距离同关于"真"的理论研究紧密结合，将过去的经验性事实作为人们社会历史性运动的一个方面，在社会真相的距离逻辑下将其形成为结合过去、今天和未来的历史的、实践的社会真相的共识是一个逐步发展完善的过程。

三　有真相才能有共识

距离似乎总与某种权威与权力逻辑纠结在一起，因此，在各种政治社会因素纷繁复杂的前提下，形成一种所谓适合全人类的社会真相的共识就显得带有乌托邦色彩。但是，按照历史与实践的逻辑，仍可以来谈论这种乌托邦。固然，人类发展的进程所带来的彼此之间的距离或差异，总会导致文明间的误会与冲突。亨廷顿在谈到各种文明时就认为只能用冲突或碰撞来形容它们之间的关系。的确，一定意义上，距离会导致对抗，可以说冲突总是伴随着距离而出现。当然，这种对抗并不是不能容纳在文明框架中的。因为，其中的生活要受法律法规的制约，而这种受制约的文明概念，意味着个人或群体的自由是受其他人或群体制约的。自由这个概念使作为自然的一部分的人们遵循超越自然的理性，从自然决定论中创造出自身必要的生存条件，这样，自由主义的另一层意思就应该是彼此间的文化差异或距离是实现沟通的前提，它应为个体根据自己的自由选择的生活提供保障。因此，距离是推动历史变迁的逻辑与力量。

人们对达成某种社会真相的共识并没有完全失去信心。社会信息真相发展的共识化是必需的，这不仅是距离逻辑下政治进步的需要，也是当今社会正面临的共同问题，以及在民族、种族与文化等差异领域下扩展自由的必要性。

"求真务实"是人们发展的推动力量，它促成了人们共同愿望及美好前景的实现。这个观点使人们意识到，人们只是物质社会的一部分，人们依靠社会真相的力量去生存，在当今的社会真相问题研究中，特别是以社会真相问题为研究核心概念的人文和社会学科中，迫切需要运用社会共识的概念来迎接社会的一体交往关系的挑战。然而，社会真相的共识论强调，应该遵循理性的原则来构建对社会的理解，对存在着的距离差异进行确认。但是，在现实社会中，对某种所谓达成的共识，一定意义上，在其形成过程中很容易存在利益团体的策划、蓄意造假的行为。比如，相关利益团体利用媒体工具，或访问专家、权威，或试图制造舆论，甚至秉承"先下手为强"来推销"社会真相"。现实中，常常看到的是，面对事实与事件，社会真相扑朔迷离。

社会真相的距离逻辑意味着，获得最终的社会真相的证据十分有限，试图达到只有一个真相需要一个过程。因此，必须在有共同实践以及一定的学术规范和知识储备的基础上，对社会真相大胆假设、小心求证，有一分证据说一分话。真相往往并非只有一个，社会真相是真相的共识。有真相才能有共识，但是，目前的证据都不足以把握唯一的真相，支持者难以证实，质疑者也不足以证伪。在这种情况下，只能承认实践与认识的局限。

因为，在社会真相的共识面前很难拿出过硬的证据，也很难说服对方，最终导致"强权与操纵"的介入。这时，如果没有确凿有力的证据，对共识只能引发更为激烈的争议。所以，如果能够排除权力干扰，从各个方面对共识的真实性进行反驳、争论，总有真相大白的可能。

揭示真相的真正目的，除了对社会真相发现过程的保存和保护外，更在于对社会真相的保存和保护。在真相与社会真相面前，争论、共识及其认定的价值不应该被贬损。不同社会真相体系存在着或隐或现的竞争，某个所谓社会真相被奉为"至尊"、进入高层后，这边厢，支持者以开放的姿态张罗着向知识与社会进行全面渗透与控制；那边厢，反对派并未偃旗息鼓，有关对其的质疑与否定也并未因此消失。可以争论对揭示真相起到重要的促进作用，争论是达成社会真相共识的根源，给人的启示就在于对某一社会真相的唯一性的结论不要下得太急，更不要太急于把社会真相发现变成政治行为。对某一社会真相匆忙定论又匆忙"变现"，是对社会真相的冒险，经不住历史的考验，不能不让人警惕。因此，一定程度上，要把社会真相共识当成学术问题，与政治无关的事业。政治利益团体操纵下的学术研究热潮，导致学术界不能沉得住气，不能对"繁华"表现"淡定"，把功课做足。最希望一锤定音的，往往是准备大赚一笔的政治投机商。所以，学术界应在利诱面前保持冷静，不要被逐利的冲动所驱使。

对于社会真相共识的追寻，要避免陷入两个不同的心理倾向的夹缝中。第一个是"自大"。在当代社会，社会真相的共识必须以开放的姿态将事实或事件的真相定位于和一个越发突出的差异社会相互融合。

第二个是"自卑"。通常，在哲学理论中，发展就是上升运动，下降意味着退化等。事实也是如此，当距离是由低趋向高的方向实现的时候，心理上就会产生一种喜悦，勇气倍增。反过来，凡凭借触动情感或想象来鼓舞和活跃灵魂的每样东西，自然也给人一种向上的倾向。生活中常常把坏的东西的观念和低的东西的观念联系起来。于是，一个粗俗而肤浅的想法就被人不加区别地称为低下的或低劣的；一个好的观念却是高贵的、高超的、崇高的。这便是距离逻辑的影响。应当说，高和低并没有自然的和本质的差别，它们是相对的。这种情形的发生，只是因为存在着的对象都有一种相反的倾向，而对所谓向上的进程符合了心灵接受的倾向。确实，不断影响的倾向必然由于习惯的缘故对对象本身（如社会信息真相）产生一种相似的倾向。所以，社会真相不能是平凡的，是远离世俗的、高高在上的。这样，在对社会真相的探寻过程中，一种敬畏、"自卑"之心油然而生。这无疑成为达成某种社会真相共识的一个心理障碍。

四　社会真相共识的现实条件与核心

社会信息的传播及其真相的距离促进了文明意识的发展，也提高了发生文明冲突的概率。然而，社会的一体交往关系发展至今，虽然使各特定利益体代表的文明完全融合不可能，但各文明之间越来越有一种趋同的趋势。这正是提出当代社会共识问题的时代背景。但需要指出的是，对社会真相的共识，坚守社会真相，也可能产生"双刃剑"效应，不同文明之间存在差异的事实必然引起不同文明对社会真相认同的冲突。因此，它在给人们带来利益的同时，也会给人们带来损害，这种双重性质所带来的双重影响，几乎在人们社会生活的每个领域都有所体现。因此，考察当代社会真相的共识何以可能的现实条件是必要的。

社会真相的共识反映了对认识结果或者争取社会真相判断的结果正确性的一种乐观与谨慎。在一定意义上，对社会真相的认同表达了不同文明自己的身份定位并能与其他的身份区别开来的需要。既然规范认同有一种不对称性的自然趋势，也即很容易肯定自己的制度规范特征的价值，而否认其他规范特征的价值，并且容易把自己的否定因素归于他人的他者性质的意象中，所以，就产生了一种所谓的"文明冲突"。这种冲突促使怀疑彼此关于社会真相的理解。共识意味着认识到人们生活可以存在不同，并且可以从差异中寻找共性，要在共性这样一个抽象的概念中解决问题。因此，共识是一种相互交往和影响，它首先需要解决的问题在于实现不同身份对认同的争取。身份与他人的他者性质相联系，反之亦然，只要通过达成某种程度的社会真相的共识被看作相互理解和认同的理想机会。

所以，社会真相的共识不是中立的，在社会真相的共识中，一种具有道德要求特征的认同也在其中可以通过身份论证得以合法化。

当然，社会真相的共识也不仅仅是一种服务于道德的手段。通常，社会真相的共识要实现对经验性事例和规范性方法的复杂结合，也就是在实践中，一方面要像所经历的那样，另一方面追求想要成为的那样。这意味着，力求经验与规范的一致是社会真相共识的必要条件。

由于社会真相的共识又是一种阐述社会真相的距离逻辑和争取认同的一种方法，以共识角度来思考的同时受共识的制约。因此，通过这种方法必须作出解释以弄清自己到底是谁，必须运用理性去理解争论并参与其中，这种参与的潜能包括平等的规范性价值。平等就身份是自我与他人之间相互关系这一事实而言，意味着一种相互认同的理念。社会真相的共识是以平等的规范性思想和论证的普遍推理原则为基础的，如此，规范性因素纳入社会真相共识的实现之中，社会真相的距离得以从平等方面去考虑。把平等的价值自觉手段作为处理社会真相的距离逻辑及其共识问题的方法是必要的。这种对社会真相的共识及其方法性、技术性的理解表明，平等的道德准则把道德和认知的复杂结合作为最根本的原则，差异的普遍性使人能够承认他们的不同，因而，人们的每一种身份的表述应以一种平等的方式形成自我与他者性质基本的相互关系。当然，承认不同并不意味着一方必须接受与自己不同的一切，因为，共识性的一个核心普遍准则就是一种身份应能够自觉地超越自身世界观、社会信息的传播及其真相的局限同情他者。

社会真相文明是保障与实现人们本质的多样性、多元性，并以此调节共性和差异，而当代社会真相文明共识构建包含有把总的社会历史趋势融合到具体生活形式中的实践力量的经验性因素和规范性因素。这样，社会真相的共识成了对社会的一体交往关系时代的人们共同体的实践中介活动有重要价值的思想，或者说是社会的一体交往关系的思维的主要目的。这里社会真相的共识以其功能性的合法性获得了其何以可能的现实条件。

事实也是这样的。一方面，当今社会，信息将全球连为一体，同时也正在打破原有社会文明格局。而社会的一体交往关系进程及全球性问题的出现，使人们处于一种如何适合经济、政治、科学、社会、生活和环境等问题的压力与动力之中。并且，由于当今社会，西方文明在各个领域成为社会的主导，因此，非西方文明社会产生了被统治的恐惧。在这样的现实条件下，处于不同文明的国家或个人认识到，不能囿于自身利益的发展与实现，而应以开放的态度对待社会的一体交往关系、对待他者，必须增加地区之间、不同文明之间的相互沟通与认同，努力求同存异，为实现共同利益而不断消除隔阂，增加理解，加强切磋和多边对话。所以，社会的一体交往关系引起文明间的差异或冲突是存在的，但文明间并非格格不入、尖锐对立，社会的一体交往关系使落后文明学习先进文明，这使诸文明间虽不能完全融合，但共识性的东西增多了。

基于社会真相的社会共识，就是在适合当代中国社会发展的差异合作的问题中发展来的。它的主要目的和倾向在于减少误解，不要用统一的认识论方法来确定社会真相的边界，或者社会真相不可能被一种理想的语言所统一，进而束缚了多元合理性。事实上，没有一种方法论自诩是唯一的、最好的方法。在共识的格局里，各种社会真相体系既不能被分层安排，也不能互相补充，而是一种互相依赖的循环关系。如此，我们应自觉地重视自身发展所特有的文化性或人文性，以世界各种文明为基础。社会真相共识的内在意义，在于各种社会真相体系在根本上进行彼此交往。文化的差异性或者是文明的多元性，有助于从各个角度去认识这个社会，寻找平衡的发展道路，并因而变得更加客观和现实，为一体化进程提供新观念、新方法和新动力。

应当承认，与政治权力相比，当代我国寻求社会真相共识的声音已经增强了。任何一种文明或文化都必须与其他文明、文化交往和碰撞，然而，在文明的传播与融合过程中，制度层面上的传播与交往往往遭到抵制和排斥。所以，在制度层面上是最不容易达成相关社会真相的共识的，也正因为此，当今中国，制度文明共识应是社会真相的共识论研究的核心。近代中国所面临的西方社会制度挑战，中西文明的冲突与融合，以及中国社会最终的制度共识选择最能说明这个核心问题。

社会共识不仅仅是一个哲学命题，说到底，它是一个社会实践问题。把它作为引发和平与发展的力量的确已经现实地进入当今社会发展之中了。既然如此，在社会真相文明的传播与达成共识过程中，制度最易发生冲突主要有两方面的原因。第一，这是由制度文明所具有的实践利益性决定的；第二，这是由制度文明在实践的结构中具有的相对稳定性决定的。在不同的文明间的碰撞和交往中，制度往往代表了一地区、民族的生存和发展取向与特色。正是由于制度本身的这种制约功能，久而久之便会使人对某一制度产生认同感，并在实践过程中将其神圣化，使其成为相对稳定的规范体系。由于这种认同感或心理定式的作用，往往导致一些人思想狭隘保守，习惯于旧有的制度，于是，导致了异质制度文明陷于流失状态，失去发展、融合及重组为新制度的可能。当然，制度文明的变动性、创新性的品格，决定在面临外来的新的社会真相文明传入的时候，尽管冲突可能是不可避免的，但社会真相的制度共识也不是不可能达成的，冲突也不会永远持续下去，一民族只有在冲突中选择适当的共识与融合途径，才能保持自身的生存和发展。总之，当代社会真相共识的一般意义，既包含了历史发展的普遍现象和文化特质，也透射出近代以来社会政治、经济格局大变革的历史经验教训。近代中国史给予的启示就是一个制度文明的共识与融合的问题。中国制度文化的落伍与中国旧制度的陈腐是同一的，因此，必须以开放的心态，向西方优秀、先进制度学习。英国哲学家罗素认为，不同文明之间的交往过去已经多次被证明是人们文明发展的里程碑。他预言，假如中国人能够自由地吸取西方文明的优点而扬弃其缺点，他们一定能从自己的传统中获得一生机的成长，一定能取得一种糅合中西文明之长的辉煌业绩。①

因此，当代中国关于社会真相的共识与当代民族、国家与文化特征的凸显，以及社会政治、经济一体化密不可分，同时，社会信息的传播及其真相研究也不应再与当代社会的一体进程无关。唯有如此，才能把当代文

----

① 罗素：《港台及海外学者论近代中国文化（中国的问题）》，重庆出版社，1987，第35页。

明、文化的距离差异不仅仅看成是人们发展的挑战，更看成是一个机遇。

关于社会真相的制度文明共识，需要注意以下几点。

一、要研究不同制度的传统。尤其是东西方思维下，发现不同制度传统及模式及其产生的认知潜力，进而找出社会真相认同与共识的普遍方法。在社会真相的制度共识方面，一些人认为，西方制度文明模式是一种明显现代化的标志，而中国传统的制度文化代表了过时的思维，并且相信只有放弃中国传统才是适合现代化的必要条件，这种区分过于简单，至少是非常没有说服力的。将已经形成的中西方两类信息与文明、文化的区别描述成进步和后退的差异是极端片面的。

二、在制度设计中，放弃科学与人文的简单对立，寻找二者汇流的模式，并仔细审视这种汇流能否和如何建立社会真相制度共识的普遍原则以及与实践的牢固联系。

三、制度共识要满足客观性和规范承诺性要求。客观性不是中立性。社会真相的共识在追求社会真相的历史语境中加强了规范性的要求，作为一种方法它起着批判性的作用。事实上，正是规范性和经验性知识的结合使社会真相的共识作为实践的必要手段而更加有效。如果中立意味着社会真相研究的过程对道德建构的要求没有任何影响，那么，这种社会真相共识的中立性必然被否定。

第二节　社会发展的危机与共识

当今社会，一方面，人与自然的矛盾变得日渐凸显，资源的耗竭、大气的污染、江河的毒害、臭氧层空洞……自然的承载力趋向饱和，人与自然之间的矛盾在不断升级和尖锐化。另一方面，不同地区已被一体交往的纽带紧密地联结在一起了。于是，全球化、国际化和跨人类文明成果问题已经成为人们普遍关注的焦点。人类成为一个命运共同体。这一转向需要一种能够平衡社会一体交往关系和地方敏感的新的世界观与方法论，或者有必要发展新的范例和方法。对于当代中国的发展，寻求社会文明真相的道路究竟离西方文明近一些，还是更倾向于本土文明，抑或寻找可以称为第三种文明而不是"搅和、折中主义"的合法性都是难题。因此，对于发展真相的寻求，需要一个好的理论与方法支持。波普尔从宇宙与人的进化视角，表明了人在世界中的位置不应该是征服者和统治者，在与世界交往的过程中，人应该相应地降低身份和地位。这对于发展观理论本身的创新并形成发展共识，解决发展的危机无疑是有意义的。

一 波普尔的"三个世界"理论与发展危机

当前，发展的危机已不仅仅是一个地区、一个国家的问题，而是一个全球性的危机、人类的危机。这种危机一定意义上源于人对自己的认识能力与改造世界的能力过于自信和自负。人对于自己是否完全成为主体、自我支配性、所作所为反省得不够，从而在社会、自然与人的世界关系中认为自己是世界的统治者、征服者，同时，又被自己行动的所谓胜利而陶醉和麻痹得太久了。无疑，这种陶醉和麻痹是不顾"自然、人与社会"三元生态关系会作出什么样的反应的！更重要的是，人的欲望是很难得到充分满足并加以限制的。所以，在建立科学发展观以及高扬生态文明的旗帜的过程中，需要诠释人在世界中的位置，继而通过人对自己存在的局限的超越并通过对人自己内在道德标准的提升来关注生态问题，维护人与社会的健康发展。

波普尔对世界的三分，无疑对人们的观念和认识是一种可以称道的探索。"三个世界"理论中，"世界1"是自然的世界，"世界2"属于人类和动物共有的世界，"世界3"为人类专有的世界。"世界1"与"世界3"两个世界的变化都通过"世界2"——人类的大脑和肢体来完成。属于"世界1"的物质通过"世界2"的改造成为处处方便人类的物质条件。"世界3"通过"世界2"感知和把握"世界1"；"世界2"是三个世界的核心，它联系着"世界1"和"世界3"，是"世界1"和"世界3"之间的桥梁。波普尔大胆和富有开创性地赋予了"世界3"以本体论意义，给予其客观、自主的属性。当"世界3"在获得客观性和自主性之后，它就和以往主客二分的"世界1"与"世界2"处于同等的地位。"三个世界"理论，表达了三个世界以"相互作用"为核心价值的世界。"世界1"是自然逻辑的世界，是一个在自然法则下运行的世界；"世界3"是人类创造力的特殊表达，是人化了的世界，但它一旦产生便遵循着客观的自身发展逻辑。正如波普尔所作的类比，"蜂巢甚至在它被遗弃以后仍然是蜂巢，即使它不再被马蜂当作巢穴来用了。鸟巢即使从来没有鸟栖息其中也还是鸟巢。同样地，一本书仍然是一本书，即一种类型的产品，即使它从来没有被人阅读过"①。在"世界3"的发展逻辑上，它反映人类行为的过程结构，反映主观意识活动的情况，而且更为重要的是，"世界3"有被理解的可能性和潜在性，这构成了人面对自然、理解自然的支柱。所以，它才是所谓的人类文明的主要传承载体，才是地球文明延续的主体。在具有自主性的"世界3"的存在下，人被合理委婉地由万物圣灵的主宰者放归至其类属的位置，并以此为全新的出发点，反过来给人本身以同样全新的认识，即人不再是客观物理世界和思想世界粗鲁的统治者，人也就不再是整个世界简单的把持者和中心，而只能是整个地球生态文明延续的积极参与者。所以，人以自己的类属反省自己在世界中的本然之真，这可能才是一种返璞归真的生态意蕴的出路，一种生态关怀的凸显。

波普尔的理论在认识人和自然的关系以及降低人在整个世界中统治者的地位方面取得了突破。这样，宇宙世界延续的可能性就不为人完全主宰，还在于自主的"世界3"，从而否定了以往绝对的以人为中心的观念，这提供了一个全新的角度来审视人类社会的发展道路，即有助于厘清人与自然、社会的关系，正确处理好三个世界的关系。"三个世界"理论可以说是一个极具说明力的理论，这种具有强烈说明力的理论本身也就具有了很强的方法论意义，对于自然与人类文明成果在现实生活中的艰难处境与破坏的消除无疑是有意义的。

虽然人类的理性是有限的，但实践证明人类可以选择和设计自己的未来。同时，假如人在世界中约束自己的行为活动，对于发展危机的解决无疑是有益的。实际上，可持续发展与科学发展的提出，正是人类在自然、人与社会三元生态关系之间寻求平衡的适时表达，是要求人类在价值理性和工具理性间保持合理张力的呼唤，是自然的人化之后，人的自然化的自觉要求。

---

① 〔英〕卡尔·波普尔：《客观知识——一个进化论的研究》，舒炜光等译，上海译文出版社，1987，第135页。

二　社会文明发展真相共识的生成与演变

科学发展观要求人们必须探索和追求社会文明发展真相，社会文明发展真相存在是一个不断被逼近的过程。这个过程也是发展的真相共识不断生成、发展的过程。因为，在社会实践过程中，"立场和态度是实践中介活动发生和发展的现实力量，而确定实践立场和态度的内在依据不是别的，正是实践者已经掌握了的真理共识"①。事实就是这样的，实践首先作为人与世界之间的关系中介存在，作为一种一般的交往关系。在实践前，必然希望有正确的理论或者社会真相共识信息作指导。然而，问题是在没有判定所得到的社会真相共识是正确的信息之前，是什么保证选择这个而不是那个信息呢？也就是说，如何确认实践的理论前提，或者在交往关系中如何取得"合理性"，如何认可某个社会真相共识信息？这是一个非常重要的问题。为此有学者提出共识真理论。② 哈贝马斯对共识真理论做了语用学的分析，任何对外在社会的了解必然涉及了解者的演绎，而语句的真假值是由参与讨论者在没有内外制约下而达成的共识来决定的。③这种共识体现了"世界3"的客观发展进程，具有客观性。三个世界的独立性与自主性说明了人是动物进化的产物，在没有主体的认识世界里，人不再是主宰者，而是一位参与者，人必须皈依与反思生存其中的客观知识世界才能重新认识自己。

当今社会发展本身以及随之而来的合理性、现代性和技术性都遭受了猛烈的抨击。众所周知，欧洲的文艺复兴和随后的工业革命，将人类文明推向了前所未有的高潮。人在不断延伸着自己肢体功能的同时，在自然里也留下了人类精神和意志前所未有的深刻烙印。马克思在他的时代就以"自然的人化"对此做了高度的概括，这是人类征服自然、从自然摄取能量的必然过程。也是从这个时期开始，人类追求的价值取向由自我完善与

---

① 董玉整、董莉：《论真理的实践形态》，《学术研究》2000 年第 8 期，第17～21 页。
② 童世骏：《理性、真理和实践——科学哲学中的实证论、实在论和实用主义》，《中国社会科学季刊》1998 年第 5 期。
③ 阮新邦：《批判诠释与知识重建——哈贝马斯视野下的社会研究》，社会科学文献出版社，1999，第 29 页。

发展切入了"自利"与"效用"的轨道，指导人类生产劳动和经济活动的主要理论思想是"经济人"假说，自利主义行为被人类理性肯定。如此，西方文明社会实践在获得相对丰富的生存的物质资料的同时，也产生了多重的负面效应，有些负面效应甚至引发了灾难性的后果。如果说在原始时代，人与自然环境的实践关系尚处于原始的、低水平的、低层次的统一和协调之中，在农业文明时代，人与自然环境的实践关系仍能大致保持统一和协调，那么工业时代以来，人们的实践在获得前所未有的科技、经济、社会发展成就的同时，也严重地破坏了人与自然的平衡与协调，乃至酿成了现时的"生态问题"。人被单向度化，被简单地假设为物理的人和手段的人，从而使作为目的的人的价值被遮蔽，由此而引发短期和短视行为。

波普尔的"三个世界"理论的特色是在传统的人、自然二元的划分之间再加一个元素，可突出地以人类文明成果为"世界3"的代表。人类学家认为，与动物相比，人类的外在器官、组织在生存的能力上是非专门化的，从这个意义上说，人类的本质存在着未完成性。但是相比于动物，人类拥有高效的大脑使人类成为这个世界的思想领袖，也即"世界2"的存在。尼采说，人类是未完成的动物，是巨石中等待开采的形象；康德则把人性建立在自由意志之上，使人性成为不可规定之物，不确定性和无限的可能性使人性又天然地具有了开放性。因此，"世界2"的未完成性和开放性注定了人类必须自我完成，因而追求自我完善和发展成了人类最初始的美好的价值维度，也是构成人类社会发展文明的核心，即"世界3"，也即人类文明的成果。

通过对属于"世界3"的社会真相发展的主体理性批判，可以在过去的发展观中作出突破，进而改进完善出新的社会发展真相共识，从而形成基于主体的价值真相共识，有助于人类主体处理好"世界1"、"世界2"与"世界3"的关系。因为，社会真相共识存在着客观的不可避免的主体价值性，这其实也是人类"真理自觉"的原因之一。需要指出的是，把存在着客观的不可避免的主体价值性信息也包含在内的社会真相共识仍然是客观的，然而不是传统所理解的"三不依赖"的"客观真理"。对社会真相共识"'从主体方面看'，不能作任意主观化、随意性的理解与解释，而是要从主客体之间的全面联系、动态发展中，从主客体关系的矛盾运动中去辩证地反映、把握对象"①。但还有一种是主观随意的主体价值，在这个意义上任何把社会真相共识探索过程价值化的思想和观点都不仅是形而上学的，而且会阻碍社会真相共识的进一步发展。所以，人对对象社会的实践自由，蕴含着深刻的实践主体的价值追求。正如有学者指出的，仅仅合对象社会必然性的对社会的物化改造，不能认为是占有了"改造社会"的自由。这就表明，"改造社会"的自由，是对社会的合必然性改造与合善的目的改造的统一。②

三个世界的独立自主性及其相互作用蕴含了一种生态关系，这种关系使生态文明的理念及共识成为客观。问题是，这种生态文明的理想模式的构建是否具有现实意义呢？答案是肯定的。因为，从社会真相共识与人类文明的关系来看，任何文明模式的构建都是以真相共识为核心基础的一个不自觉和自觉的辩证过程。所谓不自觉，就是物质文明的发展具有最终决定性作用，它总是对建构文明模式提出自己的客观要求，这是不以人的主观意志为转移的。所谓自觉，就是适应物质文明发展的客观要求，在吸收社会先进文明、人类文明成果的精华基础上，在适应人类命运共同体关于具有普遍性和必然性的价值需要下，实现主体间的社会共识，自觉化解冲突。这种自觉其实也是人的善的目的能否实现的内在规定，是人发现了人的善的目的在现实化中发生了异化而自觉建构人们的理想文明模式，是平等获得社会真相共识，反对霸权，全面展示人的善的目的的一种表达。美国学者亨廷顿曾认为，作为一个今后至关重要的核心问题，全球政治将会出现冲突，其根源主要将是人类文明成果的，而不是意识形态的和经济的。而且，冲突将在不同文明的国家和集团之间进行。③ 亨廷顿把文明看作一种人类文明成果实体，如他把村落、地区、种族、集团、国籍、宗教、群体等看作不同层面的独特人类文明成果。文明是人类最高的文明成果凝聚物，而社会真相共识文明更是其必然的构成部分。文明的冲突形式

①　孙伟平：《论马克思主义哲学的实践真理观》，《学术研究》2005 年第 11 期，第 43～47 页。
②　尚东涛：《论人的自由与人的中介》，《社会科学辑刊》2001 年第 3 期，第 41～45 页。
③　〔美〕S. P. 亨廷顿：《文明的冲突？》，《现代外国哲学社会科学文摘》1994 年第 8 期。

是外部思想、宗教、风俗习惯等，但透过这些外部现象，文明的冲突抑或融合除了以物质利益为根源外，根本上还是由其社会信息的传播及其真相共识来决定的。因为，任何文明的变更和变化，不能不以社会信息的传播及其真相共识的变革为其产生的内在原因，而其他人类文明成果层面的变化只是社会信息的传播及其真相共识演变的表现。

站在人改造社会的立场上，对象成为人改造社会的现实对象的原因在于人的"本质力量的性质"。在阶级社会中，阶级斗争固然是社会文明的真相共识发展的一个有效途径，然而，阶级这个范畴是一个历史的现象，它不是始终存在的，阶级的内涵与外延是发展变化着的，时而缩小、时而扩大。如果各阶级的界限与区别不存在了，人们将最终走向无阶级的"天下大同"，而这样的社会文明的真相共识文明发展将会有一个"质"的飞跃。诚如黑格尔所说："目的通过手段与客观性相结合，并且在客观性中与自身相结合。"① 也即人对现实对象改造的程度和在对现实对象改造中对自身改造的程度，规定于人作为主体、作为社会文明的真相共识的一元构成。这就是说，从社会文明真相共识与社会发展的立场上看，社会文明的真相共识的意义在于当今社会，为了减少主体间的对立与冲突，必须通过谈判、沟通来增加主体间的共识。所以，从统一的社会文明发展进程来看，社会文明真相共识与社会发展走着一条由通过主体间的真相共识来实现其发展的现实道路。所以，在当代文明的演进过程中，在不同民族和国家之间，宗教信仰的不同、价值观念的不同、思维方式的不同可以引起冲突，甚至可以由冲突导致战争。但是，是否必然要引起冲突，能不能化解冲突，也就是说使不同人类文明成果共存是必须认真考虑和慎重选择的问题。在人们越来越成为一个共同体之时，通过构建文明的理想模式来处理各民族、各国家之间的问题，引导社会走向和平共处才是人类文明发展的最高利益。

曾几何时，在人类文明的知识体系中，西方文明一直被看作通向社会文明的真相的最合法的甚至是唯一的途径。在整个社会体系中，东西方，抑或说是中西方文明两者似乎被有些人视为水火不容，更被看作有高低贵

---

① 黑格尔：《逻辑学》（下），商务印书馆，1981，第433页。

贱之分。对于某些政策制定者来说，中西方存在的差异是外在的、转瞬即逝的，因此，中国只要重复西方文明发展的前提和实践注定有一天会赶上西方发达国家，会实现民族复兴的梦想。其实，在全球一体化的发展进程中，民族与传统从来没有失去作用，不过"只有在承受攻击的压力之后，原处于第二位的民族性才会在其他民族面前产生作用"①。从我国以市场经济为主导的社会发展模式来说，应该认识到任何模式都是具体的，它总要受到民族传统的影响。世界上各民族，在长期历史实践中创造了本民族特有的文明、文化传统，因此，具体探索一民族社会发展的真相之路，要以特定的民族传统背景以及构建其上的价值观念为依托，或者说，只有与该国的民族传统相结合才能实现。

具体存在着的作为社会信息的社会文明的真相共识，显然是有质的差别的，有个人的、阶级的、社会的、价值的、科学认知的等，有着具体的规定进而有区别，所以其适用性、普遍性，也即社会文明的真相共识的域也是有层次之分的。传统上似乎把社会文明的真相共识一视同仁，往往忽略了社会文明的真相共识的特殊性、个性。同质的社会文明的真相共识有其具体存在的复杂性，不能只看到一个社会文明的真相共识的质，更要看到社会文明的真相共识的量，在同质的社会文明的真相共识的规定下，社会文明的真相共识也有它的发展过程。诚如有学者对发展概念所作的分析，仅仅把事物看成量的增加和减少，或者仅仅把事物看成连续性中断，只是质的激变和飞跃，都是形而上学。② 所以，社会文明的真相共识与社会发展意味着社会文明的真相共识作为过程，成为历史性的存在，使得社会文明的真相共识具有层次性，成为历史过程中的阶段性存在，社会文明的真相共识不断完善、丰富和系统化。

三　社会文明发展真相的生态文明共识范例

传统的主客世界二元论给现代文明的到来做了极强的精神后盾，现代文明以惊人的成就肯定了它的积极作用。可是不容忽视的是，主客二元统

---

① Kaplan, Mordecai M, *Judaism as a Civilization*: *Toward a Reconstruction of American-Jewish Life*, Skokie: Warda Books, 2001, p. 243.

② 谭培文：《马克思主义的发展内涵解读》，《贺州学院学报》2006 年第 4 期，第 1～4 页。

一的可能为更多的人类进取之下的征服带来的对抗所取代。波普尔的三元论的提出，自然是合乎逻辑的，也是适时的。尤其当今出现的发展危机的事实，更促使人们不得不急切地寻求新的文明出路。

在波普尔的理论中，自然、人和社会（人类文明）的关系其实就可以理解为"世界1"、"世界2"和"世界3"三元间的生态关系。波普尔认为，"世界2"（即主观经验或个人经验的世界）跟其他两个世界中的任何一个发生相互作用。一定意义上，人始终都是价值世界的核心，在"世界1"和"世界3"之间沟通这两个世界，显然，"世界2"将"世界1"改造得伤痕累累，盘剥得元气大伤。今天的人类好像已从让自然痛苦发展到开始让自己感到不安。几十年前的《寂静的春天》在怀念鸟儿的歌唱里表达了"自然"的悲苦。也就是说，人类骑上了"世界2"这匹"欲望的黑马"却忘了自己骑上它时的目的，只看到了它欲望的一面，遗忘了它"由此见社会文明发展真相，由此而明善"的价值，从而陷入了"盲人骑瞎马，夜半临深池"的危境。因此，三个世界的矛盾与不和谐关系带来了种种不安，要求对发展现状进行反省和批判，并付诸行动。

实际上，人类应该被视为价值世界的核心，沟通、平衡着三个世界，一方面不能脱离本能来谈论美好愿望，另一方面也不能想象自己可以没有羁绊地任意自由。一个典型的行动者不可能对境况无所不知，也不可能茫然无知。所以，针对当前发展的危机，需要在肯定的基础上反思，这要求人们审慎地、求索性地批判。如果一切从自然或人类至上的观点出发来要求人类的行动规则，这未必是正确的发展观。所以，在文明发展的路上，人类行动着，也许对、也许错，但通过"世界3"的进化以及"世界2"的内省和批判，反思"世界2"的欲望，会逼近社会文明发展真相，对人类欲望进行修正，对自然进行补偿，使生态文明的发展理念成为社会文明发展的真相共识。"作为人类的一种特定发展方式和生活样式，生态文明是人们文明发展的一个新的阶段。""其价值核心来自从生态系统的角度对人与自然关系的重新解释。"① 从波普尔的"三个世界"理论来看，自

---

① 曹海军、张毅：《生态文明视野下政策分析的理论建构》，《人文杂志》2006年第3期，第154~160页。

然、人、社会（人类文明）的三元关系摒弃了传统的二元划分方法，把世界界定为三部分，在这个"价值场"中，自然和人、社会（人类文明）取得了一样的价值功能的地位，从而确立了各自的相对独立的本体地位。现在，人们对自然所承载的价值已经有了相当具体的认识，比如生命支撑的价值、经济价值、消遣价值、科学价值，等等。正如罗尔斯顿所言，"即使没有人在场，大自然中的价值也仍然能够存在"[①]，只是在构成伦理关系时要有人的参与。

生态的价值是一种复合价值，强调在人参与的条件下由自然和社会（人类文明）的关系动力共同作用的结果。因为当人们用劳动和技能把自然资源转化为人类文明成果，并使自然和社会（人类文明）的结合在农业、工业、科学、医学、核技术的应用中产生出良好的效果时，生态的价值就体现出来了。这是自然在人借助社会（人类文明）的作用下为人利用，并被纳入人的社会文明发展的系统中，从而实现了人的"主体"价值。需要提出的是，20世纪下半叶以来兴起的信息化浪潮，以及相应的信息科学技术革命、信息经济与信息社会的崛起，这场革命向我们展示了一种信息系统复杂综合的社会图景。可以说，信息化发展战略成了生态文明实现的一般性前提、条件和基础。人与自然相互协调、经济与社会可持续发展的信息生态文明已经到来，这已经是对时代发展真相的揭示。

生态文明意味着"价值场"中以人为中心的传统观念在发生着嬗变，人的生态位正在退缩，在对自然与人类文明成果（文明）的皈依中寻找自己现实本真的生态位。所以，失去社会真相的共识文明支撑的发展模式是脆弱的，迟早会枯萎。作为对主体间社会共识的具体化，要求在理论与实践上全面反思以往"生存与发展"的社会真相，从而确立生态伦理和与之相适应的实践共识。简而言之，这种新的生态伦理社会真相的共识，就是认为人们的自然生态活动反映出人与自然的关系，其中又蕴藏着人与人的关系，表达出特定的伦理价值理念与价值关系。[②] 需要从整体上、本质上重新审视人、社会、自然系统的复杂关系，树立新的价值观；以全新

---

① 〔美〕罗尔斯顿：《环境伦理学：大自然的价值以及对大自然的义务》，杨通进译，中国社会科学出版社，2000，第449页。

② 陶国富：《重视生态伦理建设》，《人民日报》2006年4月14日。

的生态哲学思维方式，重新调整人们的行为模式和实践中介活动，促使人们的行为准则和价值取向根源并服从于生态环境系统协调平衡的生态规律，更好地实现社会经济的有序、协调、健康、持续发展。

在改造社会的领域，合必然性的对社会的改造，与合人的善的目的存在着离散的可能性。这种可能性，根源于人的利益离散性。现在，在人类文明发展过程中，遇到的"共同问题"越来越多，这首先要求在人们共同的生存安全问题上达成社会真相的共识，使人们在更高层次的文明之路上前行。所以，在正视利益离散性的同时，要追求利益统一性的主体间的社会真相的共识，而这将导向一条社会真相的发展与生态文明共识之路。

生态伦理的社会真相的共识作为一种新的理念，必然有其相应的实践的基本原则。首先是保护、尊重和发展生态原则。重点应该是支持发展生态环境，主动地优化和美化生态环境。其次是合理开发和利用生态资源原则。合理开发和利用就是以不破坏生态系统的内在平衡为前提，即确保人们对自然资源的开发控制在自然生态系统的承受能力范围内；人们的活动对自然的压迫和损害控制在自然生态系统的自身调节、自身净化的限度内，使经济发展建立在生态平衡的基础上，社会进步建立在人与自然和谐发展基础上。针对这个原则，有一个重要的问题。大家都知道，"信息性消费"在消费结构中比重将会越来越大，而其中正如有学者分析的，会出现所谓"信息性消费的异化现象"①，这个现象相应地会造成大量的物质浪费，破坏自然环境。事实上，"消费神话的受益人需要的只是一整套虚假的物品，他们希求的是幸福感的特有符号，然后等待（道德家会说是绝望地等待）幸福的降临"②。这种崇尚过度消费的观念，直接或间接地导致生产的增加，于是大量生产所带来的诸如原材料大肆耗费和生产废物排放、垃圾增加等问题给生态环境带来了沉重负担。应该说，解决生态问题考验着人们对发展的社会真相认识的智慧。

最后是补偿自然原则。不可否认，人们对自然资源的开发利用是人们

---

① 邬焜：《信息化与西部发展多维互动模式探讨》，西安交通大学出版社，2006，第150页。

② Baudrillard, Jean, *The Consumer Society: Myths and Structures*, London: Sage Publications Ltd, 1998, p. 31.

建设和传承文明的必然要求，是人们社会发展的需要。因此，人们不可能停止对自然资源的开发利用，并且，随着科学技术的进步还会更加深入地进行开发利用，而在这一开发利用的过程中肯定会对自然资源造成不可避免的破坏。所以，一方面，尽量避免对自然造成破坏；另一方面，也更为重要的是，人们还有责任和能力对某些受害的生态系统在"有限和有效"的原则下进行整治、恢复或重建，承担补偿自然的责任。虽然社会的发展会破坏自然生态的天然平衡，但是人们的活动具有创造性，这种创造性的活动加入生态系统，不仅能从人自身需要出发改造自然，而且还能从人与自然的最佳关系的理念出发，使必然地被破坏的天然的生态平衡向更加合理的平衡（即内在有机的平衡）进化。

第三节　作为方法的关于社会真相共识的社会信息调查

一　什么是社会真相共识的社会信息调查？

每天，人们都在"制造"基于"社会真相"名义的社会信息，把对所谓社会真相的描述的文字或其他之类的社会信息转化成为可以用来消费的产品，但是"社会真相"终究不是知识界的一种神话建构。"没有调查就没有发言权"，同样，没有社会信息调查也就没有共识。

社会信息调查是什么？问这个问题是需要有一定的勇气的，因为关于它的逻辑移入到中国的社会真相问题研究语境中来，对于国人的社会真相的潜意识，调查，这种关于谦虚的学问，它隐含着一种对国人自身持有的社会真相优势心理的反思与自责。

对于社会真相所进行的社会信息调查的失败，会导致在理解不同社会真相体系的表达时发生歧义，当此种情况出现时，也就不必谈形成社会真相的共识了。而当对社会信息交往没有共识时，就没有规则，那么，在共同体中，就不知道做什么、不做什么。

关于社会真相的争议既有来自内部的争论，也有来自外部的争论，不同的社会信息的传播及其真相就如同某人涉足两个不同的领域。社会信息调查之所以作为社会真相共识论的方法，或达成社会真相共识的方法、研究的基础，在于它对共识论的合法化的成就，它从内部的学术要求，及外部压力促使如何推进社会信息的传播及其真相重构和澄清常规中众多社会真相问题的争论。因此，不仅关注其社会真相体系理论及概念的历史的内在研究，而且特别关注其实践层面上的政策动机，并为此展开调查。

关于社会真相共识的社会信息调查既是目的也是一种实现共识的技术性保障，既属于认识论范畴也属于实践范畴，它相信实践的创造性和跨越性是最有价值的品质。

在我国，真理的实践逻辑是一个常识问题，它意味着获得最终的有关社会真相的共识的研究信息，试图达到共识的唯一性，需要一个过程。同时，社会信息调查还要符合社会真相共识把经验性事件与规范性效果结合起来的实践要求，符合所有论述的经验性的真实的需要，并对不同距离下的社会真相认同具有说服力。所以，调查必须首先要建立在平等的基础之上，平等也是达成社会真相共识的必要前提。如此，参与调查的都必须认同平等的理念，但是平等只是调查顺利进行的必要条件而非充分条件，因此，还必须承认距离的客观性和接受其他人与其不同的差异性，承认一种建立在平等基础上的多元差异。

社会信息调查表达了对社会不同地区间的社会信息流动、交往和碰撞的兴趣。与"国际的"或"全球的"这些关键词类同，社会信息调查并不把单一特定利益体假定为调查的关键单位。在社会真相问题研究的许多领域中的信息与文化的支撑构建中，进行社会信息调查远比地理边界线重要得多。

社会信息真相发展的社会一体交往关系是必需的，这不仅是距离逻辑下政治进步的需要，也是当今几乎所有社会信息调查必须在社会一体交往关系的大背景下进行的需要。总之，转向社会一体交往关系的角度，需要就如何平衡多元的角度和地方敏感之间的得与失课题进行集中调查，必须对社会一体交往关系中社会信息结构的内部多样性和许多地方力量导致的距离差异同时保持敏感。

如果调查单纯以迎合社会一体交往关系行动的方向为目的，那么这个过程只能导致数据偏差。退一步讲，迎合的方法也许会产生有前景的、有洞察力的数据，特别是把调查应用到不同的信息与文化之间确实是有相似的结构转变和一致影响、交叉相关的地区研究与现象。但是，应该明确地避开执行这样的调查任务，因为这在试图将一种距离逻辑下的某种信息观念结构强加到其他距离逻辑语境中。

因此这意味着，当务之急是应该被期望多少能公正地、非中心地、多样化、不过于同质化地对待档案的、主要与原始资料等相关的且通常由可计量的社会信息调查方法支持的调查工作。需要指出的是，社会信息调查方法不是与单纯的量化方法密切相关的方法议程，它也更注意质的研究。所以，对社会真相的共识问题进行的社会信息调查不应将工作设定在同质的界限内，一直同特定利益体保持特别密切的关系。调查通常局限于一两个特定利益体，这是特殊的排他主义的传统残余。随着调查向全社会水平扩大范围，并且也具备了进行全球研究所需的社会信息，但如果对较小范围内的细节工作过度尊重，那么，社会信息调查很可能不能完成调查如此广泛领域的社会信息的任务。

也就是说，社会信息调查强调地方细节，然而，这是在更广泛的相关社会信息调查中，以地区细节的方式，有针对性地、概括地调查出相关的全球信息，或者利用主要的社会原始信息把那些可以调查的一小部分区域的或文化的事例同其他地区的经历联系起来，也即社会信息调查是一个谨慎的、基于社会原始信息工作和地方细节的解释评价过程，这是理解复杂的社会真相的共识动力学和相关共识的关键。

总之，任何一个具体的调查不应过于简单地说明而失去目标，或者迷失在浩如烟海的社会信息之中，使自己陷入僵局。社会信息调查要最大限度地深入到快速增长的社会一体交往和结构的研究中，在社会真相共识的视野中起到重要的中介桥梁作用。

二　社会信息调查中的"距离"因素

社会真相共识的社会信息调查要遵循社会真相的距离逻辑，把握好"距离中的社会真相"与"社会真相的距离"两个方面的规定。

社会真相的距离逻辑对于社会真相共识的调查，意味着获得最终的有关社会真相的数据十分有限，试图达到共识以及社会真相的唯一性，需要一个过程。因此，必须在有一定的调查规范和社会信息储备的基础上，首先对调查中的"事实"与"价值"的真相进行相对的区分。调查价值与事实有着存在论和认识论上的距离，或者说在社会信息调查中事实与价值存在着信息不对称。这种信息不对称大致有由时间距离引起的信息不对称、由空间距离引起的信息不对称和由社会距离引起的信息不对称三种情形。

信息在时间距离中的传播，由一个时间部分进到另一个时间部分时，要比它在空间的各部分的推移困难得多，与此同时，对信息不对称的消除效果要好得多，这是因为空间在感官看来是比较顺利和方便移动的。通常，经由历史考验过的，或在同一时间距离上的空间中的最辽远的地方所带来的社会真相，是那样的珍贵与真实！

但是，影响社会信息调查中的不对称因素主要不是时间与空间上的距离，而是社会距离。不可否认，调查是始终处于社会之中的，虽然调查主体自然与生物的内在性质和原则无法抵抗，但当要寻找某种抵抗，并且有勇气遇到可以滋养它并运用它的思想或行动的场所时，社会力量便迅速地投入其中，结果常常就是，决定逆着自然之流而行。

通常，在社会信息调查中，当社会距离非常短的时候，对消除社会信息不对称因素的努力就相应地减弱了许多，或者这种情况反而削弱了社会信息调查中的力量。因为短距离有种减弱的情感及对事物接受意愿的倾向。但是，在出现一个巨大的社会距离时，不对称性便扩大并提升了社会信息调查的难度。从社会距离逻辑上看，社会信息调查中的距离存在一种高低流向。由低的对象向高的对象推移时，似乎产生了重力效应，不免有一种受挫之感，感到一种困难，因此，信息流向的困难在于向上前进，易于循着下降的方向后退。只有在伴有一个适当的社会距离时，社会信息调查才会顺利。因此，要非常重视和强调"社会距离"在社会信息调查中的重要意义。

另外，"距离"因素，具体来说，非理性距离感与社会信息真相的调查和接受密切相关。人们常说，"外来的和尚会念经"，"有朋自远方来，不亦乐乎？"一个很大的距离感增加了在调查中对一个对象的珍视、敬慕和认同。对从外地来的人物特别是远道而来的人物总有些敬畏的心理，觉得他一定是一个学者或是一个专家或是权威，代表社会真相。而"厚古薄今"的非理性心理，意味着时间距离比空间距离有更大的效果。如此，更多地愿意去考古、去调查、澄清前者的历史和年代，从而更容易认同过去。当任何远隔的对象呈现于意识中时，不论是接续着的还是占有空间的，都会扩大思想的时空。在这个过程中，从情感上，很容易把这个联系所刺激起来的一切情感传到那个远隔的对象上面，所以对有距离的以及远隔的对象的那种敬慕与认同就容易理解了。

总之，由于社会真相共识是一种阐述社会真相的距离逻辑和争取认同的一种方法，在正在争论和已经争论过的问题之中，就应该把理性自觉手段作为处理社会真相的距离逻辑问题的方法。理性方法应该是以平等的规范性思想和论证的普遍推理原则为基础的，通过这样做，理性自觉把平等的规范性因素纳入社会真相共识的实现之中，社会真相的距离得以从平等方面去考虑。

三　一种"跨距离"的调查方法

对当代我国社会的批评我们不能视而不见，此时正是需要冷静思考、认真评判不同利益集团的距离或差异的时机。因为，主要的利益冲突将在具有不同社会真相背景的群体和集团之间展开，社会信息的传播及其真相的距离加强了当代中国多元价值观下，对社会真相的共识成为人们普遍行为原则的期待。

社会信息调查不仅为知识的进步提供创新的潜能，而且还是一种达成社会真相共识的有效方法。然而，需要指出，没有一种社会信息调查方法论敢于自诩是唯一的、最好的方法。社会真相共识调查基于每种信息与文化下的社会真相体系，都有一种相对固定的模式来陈述、反映及形成与其他社会真相体系不同的特性与合理性。因此，共识不单纯的是一种历史的趋同现象，不是那些利用"永久问题"而得到的既不能被证明也不能被驳倒的结果。

在调查的格局里，社会真相体系的构成及其边界不是固定不变的，而是不断变化的，对于各种社会真相体系既不能分层安排，也不能互相补充，而是一种互相依赖的循环关系，对于不同的社会真相体系指出可能的相互关系。不同的社会信息的传播及其真相是其在一个时期内针对一些更广泛的课题，随着逻辑与历史过程的发展而逐渐形成，并在实践中应用，它们在根本上进行彼此交往，共识就是在适合发展合作的问题中发展来的。

提倡社会信息的跨学科调查是为了提高调查的真度，为了促进跨距离间的社会信息调查，至少需要一种用对方话语进行交往的能力。每个主体都有着某些特定的既定成见和看法甚至偏见。这说明，每个共同体都有一套自己的价值观、社会信息的传播及其真相，这也是主体共识上的一道鸿沟。因此，若要缩短这道鸿沟造成的距离，势必要有更多共识。甚至包括社会信息真相传播时能够采用对方惯于使用的语言，了解对方的文化、思维，设想他们的立场等。这样一来，就可以缩短彼此之间的心理距离，自然能够达成较好的社会真相共识。

民族、国家与文化特征的凸显与社会政治、经济一体化几乎同步、密不可分，这意味着社会信息的传播及其真相研究不应再与现代社会的一体进程无关。社会信息调查的政治动机开始被思索，可能的社会信息调查包括社会秩序的设想、消费模式、艺术动态和更加细致的时尚、生活方式、城市文化、政治意识形态以及知识分子、无产阶级这样的社会团体是如何构建某种全球性社会的文化的认同，等等。

具体价值往往不能跨越时空的界限，引导人们对生活规律的理解，同时，也没有一个统一的认识论方法和一种理想的语言来划定社会真相的边界，社会真相如果失去了同更广泛的跨文化相关力量的密切联系，那么社会真相在社会经济发展、文化变革以及政治运动中的实践性必将削弱。

所以，鉴于现实与想象空间的缩小，以及导向现在的阶段中的不断增长的跨文化联系，对于社会真相，若脱离了更大的跨文化分析结构就无法进行恰当的理解。

这样，社会真相共识生成的典型模式是具有普遍规律效力的跨距离阐述，换句话说，从跨地区交往和互动的角度看，社会信息调查离不开跨学科与跨文化研究的成就，其最有意义的任务应是适合跨种族、跨文化、跨学科的理解。

社会真相共识的内在意义、主要目的和倾向在于减少误解。误解现象不断发生，分析产生这些误解的原因，除了最重要的利益冲突因素外，至少在一定范畴内，还存在着用不同的语言解释术语，看似相似但意义有很大不同这样的事实。众所周知，一定意义上，社会信息系统是混乱的，这种混乱不仅指不同的自然与人工语言信息之间翻译带来的混乱，不同群体的文化传统及沉淀其中的思想形式之间的混乱，而且指各学科被翻译成多种语言时所带来的信息混乱，而跨学科的目的就是克服社会信息系统的障碍。

如今，相同术语经常被不同的语言所翻译，但表达的意思有所不同。社会真相也有自己的社会信息生态环境，也有自己概念的历史。所以，在社会信息调查中，因为不理解彼此的言谈，就会发生交往的混乱。几乎每种具体的社会真相体系都存在术语问题，这给社会真相的交往带来了压力和困难。而概念调查特别强调基本、核心概念与社会真相共识达成之间的内在联系，利用术语的重新定向，并且在社会真相共识的标题下，社会信息调查利用概念历史课题的方式来阐明如何准确地使用名称与概念并采取相应的行动，及其对实际问题的影响，提供了适合于某一文化观点和常规框架的固定意义，来克服社会信息调查中的混乱与驳斥那些偏离所谓"正确的"的不同观点。所以，基本概念或术语的澄清或概念调查在促进跨距离对话中承担着重要的任务，使社会真相共识的跨距离调查变得便利，这对于识别不同的社会信息的传播及其真相有重要价值。

任何社会信息真相都有其完整的理论与概念体系，并且，不同的学科领域很可能保留一些先前确立的学术界限，在学科间会形成意见的不一致。社会信息调查项目在本质上是跨距离的，比如跨文化、跨学科。那么，把跨距离逻辑的调查方法应用于社会真相的共识问题研究中是不是一种一劳永逸的时尚，或者说开辟一个虚假的新话语？

答案是否定的。因为，通过对社会真相的历史、概念的历史及跨学科、跨文化的调查，不仅注意了这些不同学科在跨距离语境中本身的变体，而且把注意力集中在一些中心问题上，仔细调查不同传统中的概念历史，经由协商对某些重要问题的争论实现了一致。在这个过程中，"跨距离"方法框架能够随着从对特殊社会信息的调查中获得的新启示而不断完善，因此，发展一个"跨距离"的普遍方法框架是完全可以想象的。

当然，在社会信息调查中，虽然概念体系的跨文化与跨学科的成就能促进社会真相共识的达成与发展，但是，关注的不是纯粹的单词与术语、名称与概念，需要研究语言表达以外的深层思想，以及这种思想的含义、目的、必要性、限制等问题。

最后，社会真相共识具有描述人类发展普遍模式的历史与实践作用，这种社会真相共识前景的一部分是广泛地接受宏观角度，所以，在社会信息调查过程中，应加入社会一体交往关系的视角。如果把调查始终限定在特殊的课题上，将视角描向经过缜密勘测的对象，就不能抵达"跨距离"的全景了。当然，特有的信息与文化结构状况的宏观调查可能并没有做好这样的准备，而这恰恰就是导致社会真相共识很难实现社会一体交往关系的因素。所以，社会信息调查要能够切实地进行翔实的、敏感的、既有历史与区域意识又有普遍交往的调查，就不能只趋向于增强地区偏见，收集附加的地区性专门信息，而要以跨文化、跨学科、跨区域的方法整合不同的细节信息，找到能平衡多少有一些矛盾关系的普遍与特殊的方法。而理解跨距离的相关事物和过程的一些全景式记录，不同地区的调查者联合起来努力尝试团队协作共同完善调查是有益的。

第九章　结论与展望

第一节　结论

马克思把意识的根源归结于人的实际生活过程,[①] 也就是认识的本质是社会的、实践的。这样,看到了社会实践中介对于认识问题研究的根本性作用。在实践中介活动中,人为了自己的生存和发展,必须以自然为对象进行物质生产活动,形成人与自然的对立统一关系。然而,从人类认识的角度来看,人无论如何不能直接接触到物质世界本身,只能通过信息中介,基于一种有"距离"的接触与把握才能达到物质存在。也就是说,在信息认识论看来,现象作为一种信息态,是沟通物质自在本体或者本体实在的中介。如此,社会真相认识到达物质世界跨越了三重距离,产生了三道距离鸿沟,或者从物质世界到社会信息真相经过了三个基本阶段,即从物质体到"自在信息"体阶段,从"自在信息"体到自为信息,即现象阶段,以及从现象到社会信息真相的飞跃阶段。

自在信息以信息的同化与异化作为它存在的基本形式,这是信息传播以及使物质信息得以进入认识主体的客观基础,从而是认识所具有的客观性根源。自为、再生信息必须以自在信息为其内容的根据和条件,而主体的自为、再生信息活动同时必须以某种相应的信息自在同化过程为其基础。因此,主体将它所把握、改造了的自然、自在信息进一步符号化、理论化,并赋予它们以普遍代示、人为中介的自然关系的意义,由此社会信

---

① 《马克思恩格斯选集》(第1卷),人民出版社,1995,第72页。

息真相所规定着的自然的新质集中显示着人类社会的本质。也就是说，"自在信息"体是物质体的第一阶间接存在。这形成了第一道鸿沟。由于"自在信息"体与现象是截然不同的两种信息存在，就形成了第二道鸿沟。第三道距离鸿沟则是从现象到社会真相认识。社会真相认识是到达物质世界的、实现了的自在、自为和再生信息三态的相互作用与规定。在对象和意识构成了一个统一的系统后，信息的第一、第二性级的质就在这个系统的认识结构中被部分揭示，而社会信息真相一经被认识所把握就必然同时被意识揭示出它那经由社会实践实现了的第三性级的质的内容，于是，人的本质、意识的能动作用就在这个社会信息真相的创造中显现出来。这样，社会信息真相在其三个基本阶段的发生、发展过程中，相互构成、相互作用，完成了意识的再认识、再创造，从而也实现了信息的三个性级质的统一。认识不能离开人而独立存在的特点决定了它与物质世界存在着本质区别。然而，由于"自在信息"体是作为物质体的第一阶间接存在，因此，认识要受其制约和限定，不能"跳出"为它设定的存在范围，这就决定了认识的客观性一面。而社会真相认识是在"社会信息"中实现的"三态"与"三质"统一，即集中体现着社会信息真相的"三阶"信息结构，或者说社会信息真相的"三阶"构成。如此，通过对社会信息真相结构的考察，看到了认识的距离与鸿沟的跨越和物质世界的可知性。

社会信息真相是自在信息在社会信息、人的意识活动中实现了的客观信息的自为、再生态，也即作为一种社会信息体，信息的"三态"与"三质"实现了统一。因此，社会信息真相与社会发展是一个在社会实践中实现了的"否定之否定"的辩证过程。社会信息真相相对于社会、相对于人的认识不能绝对"外在"，它已经被人的认识对象化，成了在人化的自然或在自然化的人中凝结着的信息内容。所以，就其存在形式来看，社会信息真相的产生首先是以自在信息的自为、再生的信息活动为前提，其次它又是一个自为、再生信息向客观自在信息转化的产物，也就是说，它首先否定了自在信息，然后"否定之否定"，即向客观自在信息转化，肯定了社会信息真相的客观性。基于这个转化，它使人的实践中介活动遵从自然的规律，扬弃主体片面的主观性，又以自己的内在尺度，扬弃客体片面的客观性，说明了人是根据其所具有的"内在"和"外在"的双重尺度来活动的，而按照这两个尺度的统一来创造世界就是人的自由活动的创造，实现了合理调节人与自然之间的物质变换，不断地再生产出自身和自然界，使人与自然界和谐共处。也正因此，只要有人存在，自然的历史和人的历史就是相互制约、相互依赖的；人也正是在这种相互制约中，不断以主体和客体、自然和人的融合来创造着自己的"应该"，追寻着自己的自由，使人以一种全面的方式占有自己的本质，直接指向人的自由之真。

社会信息真相与社会发展动力来自主体的自由超越本性，它总是在一定的客观基础上开始的，因此，每个个体甚至时代只能达到一定的、有限的社会真相高度。但是，就人类的不断延续而言主体的超越则是无限的，所以，社会信息真相随着主体的不断超越而获得不断发展、进化。这样，社会信息真相与社会发展应是一个无限的过程，体现着无限与有限的辩证法。社会真相的辩证法说明了人在社会历史发展中所扮演的双重角色，即作为社会历史发展主体的人既是创造者，具有能动性和自主性，又是被创造者，具有受动性和受制约性。

第二节　展望：新的起点

社会真相概念，作为关系范畴，反映了认识主体在许多相关因素相互作用中获得的信息的质与量及其统一的一定的信息"度"的规定。基于这个理论前提，设想以"信息传播中介"为核心概念来定义社会信息真相，进而对社会真相相关问题的再检视是非常有理论与实践价值的。主要有两个相关问题首先需要研究：一是如何定义，这其实是以信息传播学标准来判定社会信息真相；二是信息定质与信息定量标准问题。

一　社会信息传播中介与哲学的基本问题

中介是有质与量的规定的，这个传播中介，可以判断社会真相发展的程度。传播中介可以判断社会真相的现实存在及其发展程度。社会真相存在于其传播中介之中，从本体论看是一种传播动力形态；从认识论角度看，就要确定传播中介了。

恩格斯指出："全部哲学，特别是近代哲学的重大的基本问题，是思维和存在的关系问题。"① 这个哲学的基本问题包括两个方面：第一方面是关于思维和存在或精神和物质何者第一性的问题。第二方面是物质和精神是否具有同一性的问题，即人的意识能否认识和反映物质世界的问题。这是哲学基本问题的"认识论"方面，是划分哲学史上的可知论和不可知论两条认识路线的根本依据。马克思主义哲学的诞生，不仅回答了思维与存在具有同一性，而且回答了二者同一的基础是社会实践，这无疑是认识论研究的伟大变革。然而问题是，能在多大程度上认识客体呢？简单地回答可知或不可知，仅仅指明了人认识客体程度序列的两极，却将两极对立起来了。只有看到认识客体的程度表现为一个变化着的逐级上升的序列，才能使不可知论与可知论统一起来。当然，不可知论与可知论的区别是显然的。但解决二者的对立问题通过思维与存在、主体与客体一致的程度序列表现出来，说明世界的可知是逐渐由未知转化而来的。而这种由未知走向可知，由认识的低级到高级的进化就是社会信息传播中介不断增加的过程，就是主体地位不断确立、发展的过程，就是人的自由逐渐实现，社会进化的表现等。

要实现主体与客体的同一，就要解决主体与客体在什么层次、什么范围上实现了同一。在信息时代回答思维与存在的关系问题，发展马克思主义认识论要注重信息范畴为哲学带来的革命性变化。人类不断地把潜在客体变为现实，不断地实现着主体与客体的同一，一定意义上就是人类所把握的信息也随之不断提高的过程。

社会信息自然也是作为一定的"社会信息传播中介"而存在的。所以，把"社会信息传播中介"规定在哲学认识论范畴中，作为标志思维与存在统一关系或者程度的哲学范畴，应当说是信息时代条件下认识论研究的必然逻辑。

应该承认，思维与存在的同一程度有高低之分。马克思主义认为，

---

① 《马克思恩格斯选集》（第 4 卷），人民出版社，1995，第 223 页。

社会真相认识都具有相对性，这种客观存在着的相对性认识，一方面说明人的认识能力有待提高，另一方面说明对客观对象反映程度有深浅之分，而不论哪一方面，都有质与量及其统一为社会信息传播中介的规定。因此，建立在不同实践基础上的思维与存在的同一既有量的多少之分，也有质的差别，如果不能从质与量及其统一的度上把握思维与存在的同一关系或程度，事实上，思维与存在的同一就很难完全得以确定描述。"社会信息传播中介"研究可以用来更准确地揭示思维与存在同一的关系或程度。

社会信息传播中介研究作为人与世界对立统一关系的哲学范畴有丰富的内涵，标志着主体与客体统一、思维与存在同一关系的尺度。比如，在本体论上，事物在其演化过程中显现了它的社会信息传播中介有多少？在认识信息活动中，人类现实地将多少对象的信息及潜在信息揭示出其"度"的规定来？人们所把握的社会真相的信息传播中介可以说明人的认识能力大小，人的本质确证的程度，从而客观地体现了人与世界的辩证统一关系、认识与实践辩证统一关系的尺度。

"认识过程是一个认识主体对输入的信息进行加工的过程，认识过程的结果是得到了概念、理论等知识或其他形式的符号产品或者说信息产品"[1]，认识的终极目的只能是取得一定的认识结果，也即取得一定的信息。确切地说，这些都直接或间接地凝结在一定的关于认识对象的"社会信息传播中介"之中，同样，对传播中介的占有也是认识活动直接的、最终目的与价值追求之一。

认识效率显然是从属于所获得的社会信息传播中介。认识效率范畴是为了从量上更好地认清认识活动。而要获得一定的社会真相，肯定要解决认识的方法、手段和途径等问题，这里就有一个传播中介评价问题。为了提高认识效率所追求的认识手段、方法、途径、过程的科学性、合理性、协调性等要以一定的社会信息传播中介为前提条件。

总之，没有对社会信息传播中介的研究作为前提，自然就无所谓认识效率的提高及其研究了。

---

① 李伯聪：《工程哲学引论——我造物故我在》，大象出版社，2002，第29页。

二　社会信息传播中介研究的认识论意义

社会信息传播中介作为哲学认识论范畴的提出，更好地回答了思维与存在同一性的哲学基本问题，具有重要的哲学认识论意义，是哲学认识论研究发展过程中的重要逻辑环节。认识论研究的内在逻辑是，首先要回答什么是认识，回答主体有无认识世界的能力，也就是世界可知与否的问题，以及思维与存在有无同一性的问题。其次还要对认识方法、途径和手段进行探讨，当然还得研究认识结果是否具有真理性及其检验标准问题，等等。认识论提出的所获得的认识结果是什么的问题的回答是显然的，即认识结果一定要并会以把握对象的社会信息传播中介作为其出发点和归宿。

所以，没有社会信息传播中介研究这个相对独立的逻辑环节，哲学认识论研究就不能实现思维与存在统一关系的确切规定。

从社会真相的信息质与量及其统一的社会信息传播中介的角度讨论主体与客体同一、思维与存在同一的程度，是认识论研究的自觉的出发点和归宿。所以，社会信息传播中介概念作为揭示主体与客体同一、思维与存在同一程度的哲学范畴的提出就不是"画蛇添足"、标新立异了，而是有其研究上的逻辑根据，是认识论研究的必然发展结果，它应在马克思主义哲学体系尤其在认识论体系中占有重要地位。

参 考 文 献

《马克思恩格斯全集》（第 1 卷），人民出版社，1956。

《马克思恩格斯全集》（第 3 卷），人民出版社，1979。

《马克思恩格斯全集》（第 23 卷），人民出版社：1972。

《马克思恩格斯全集》（第 25 卷），人民出版社，1974。

《马克思恩格斯全集》（第 2 卷），人民出版社，2002。

《马克思恩格斯全集》（第 3 卷），人民出版社，1960。

《马克思恩格斯全集》（第 42 卷），人民出版社，1979。

《马克思恩格斯全集》（第 46 卷上册），人民出版社，1979。

《马克思恩格斯全集》（第 46 卷下册），人民出版社，1980。

《马克思恩格斯全集》（第 42 卷），人民出版社，1979。

《马克思恩格斯选集》（第 1 卷），人民出版社，1995。

《马克思恩格斯选集》（第 2 卷），人民出版社，1995。

《马克思恩格斯选集》（第 3 卷），人民出版社，1995。

《马克思恩格斯选集》（第 3 卷），人民出版社，1972。

《马克思恩格斯选集》（第 4 卷），人民出版社，1972。

《马克思恩格斯选集》（第 1 卷），人民出版社，1972。

列宁：《哲学笔记》，人民出版社，1974。

《列宁全集》（第 38 卷），人民出版社，1959。

《列宁全集》（第 38 卷），人民出版社，1986。

《列宁选集》（第 2 卷），人民出版社，1995。

《列宁选集》（第 4 卷），人民出版社，1972。

马克思：《1844 年经济学哲学手稿》，人民出版社，1985。

马克思：《资本论》（第 1 卷），人民出版社，1975。

詹明信：《晚期资本主义的文化逻辑》，张旭东编，陈清侨译，生活·读书·新知三联书店，1997。

〔法〕帕斯卡尔：《思想录》，何兆武译，商务印书馆，1995。

〔斯洛文尼亚〕斯拉沃热·齐泽克：《幻想的瘟疫》，胡雨谭、叶肖译，江苏人民出版社，2006。

〔苏〕帕尔纽克：《作为哲学问题的主体和客体》，中国人民大学出版社，1988。

〔美〕A. 皮克林：《作为实践和文化的科学》，柯文、伊梅译，中国人民大学出版社，2006。

〔美〕S. P. 亨廷顿：《文明的冲突？》（一），《现代外国哲学社会科学文摘》1994 年第 8 期。

〔苏〕И. C. 纳尔斯基：《相对真理的四个尺度和绝对真理的三种意义》，马积华译，《国外社会科学文摘》1981 年第 1 期。

〔英〕W. D. 罗斯：《亚里士多德》，王路译，商务印书馆，1997。

〔美〕理查德·罗蒂：《哲学和自然之镜》，李幼燕译，生活·读书·新知三联书店，1987。

〔美〕罗尔斯顿：《环境伦理学：大自然的价值以及对大自然的义务》，杨通进译，中国社会科学出版社，2000。

〔美〕罗斯·道森：《网络中生存：超连接经济体系中的商务活动》，金马工作室译，清华大学出版社，2003。

〔美〕马克·斯劳卡：《大冲突：赛博空间和高科技对现实的威胁》，黄铭坚译，江西教育出版社，1999。

姜义华、吴根梁、马学新：《港台及海外学者论近代中国文化（中国的问题）》，重庆出版社，1987。

〔古希腊〕亚里士多德：《形而上学》，商务印书馆，1981。

〔古希腊〕亚里士多德：《工具论》，李匡武译，广东人民出版社，1984。

徐友渔：《"哥白尼式"的革命》，上海三联书店，1994。

《朱光潜全集》（第 10 卷），安徽教育出版社，1987。

〔美〕詹姆斯：《实用主义》，商务印书馆，1981。

〔美〕威廉·詹姆士：《实用主义》，陈羽纶等译，商务印书馆，1979。

〔美〕米尔吉安·R.达马斯卡：《比较法视野中的证据制度》，吴宏耀、魏晓娜等译，中国人民公安大学出版社，2006。

苗力田：《亚里士多德全集》（第 3 卷），中国人民大学出版社，1997。

苗力田：《亚里士多德选集》（形而上学卷），中国人民大学出版社，2000。

苗力田：《亚里士多德全集》（第 7 卷），中国人民大学出版社，1993。

汪民安等：《后现代的哲学话语——从福柯到赛义德》，浙江人民出版社，2000。

汪信砚、肖新发：《科学真理的困惑与解读》，湖北人民出版社，1998。

邬焜：《信息化与西部发展多维互动模式探讨》，西安交通大学出版社，2006。

邬焜：《信息哲学——理论、体系、方法》，商务印书馆，2005。

〔美〕所罗门：《大问题》，张卜天译，广西师范大学出版社，2011。

石义彬：《单向度、超真实、内爆》，武汉大学出版社，2003。

〔德〕黑格尔：《法哲学原理》，范杨、张企泰译，商务印书馆，1961。

〔德〕黑格尔：《精神现象学》（上卷），贺麟、王玖兴译，商务印书馆，1962。

〔德〕黑格尔：《历史哲学》，王造时译，上海书店出版社，1999。

〔德〕黑格尔：《逻辑学》（下），商务印书馆，1981。

〔德〕黑格尔：《逻辑学》（下卷），商务印书馆，1976。

〔德〕黑格尔：《小逻辑》，贺麟译，商务印书馆，1980。

《辞海·语词分册》（上），上海辞书出版社，1982。

《爱因斯坦文集》（第 1 卷），商务印书馆，1976，第 286 页。

郭继海：《真理符合论的困难及其解决》，中国社会科学出版社，2003。

刘放桐：《现代西方哲学新编》，人民出版社，2001。

李伯聪：《工程哲学引论——我造物故我在》，大象出版社，2002。

〔美〕苏珊·哈克：《逻辑哲学》，商务印书馆，2003。

刘同舫：《马克思人类解放理论的演进逻辑》，人民出版社，2011。

联合国教科文组织世界遗产中心：《国际文化遗产保护文件选编·前言》，文物出版社，2007。

曹海军、张毅：《生态文明视野下政策分析的理论建构》，《人文杂志》2006 年第 3 期。

陈浩、沈蔚：《传播技术理论的现代历程及文化反思》，《东南传播》2008 年第 3 期。

陈志良：《虚拟：人类中介系统的革命》，《中国人民大学学报》2000 年第 4 期。

城市文化国际研讨会：《城市文化北京宣言（2007）》，联合国教科文组织世界遗产中心：《国际文化遗产保护文件选编》，文物出版社，2007。

崔自铎：《关于真理辩证法二题》，《理论探索》1996 年第 1 期。

刁隆信：《试论黑格尔的真理观》，《西南师范大学学报》（哲学社会科学版）1997 年第 5 期。

丁素：《从生产方式到信息方式》，《哲学动态》2002 年第 2 期。

董玉整、董莉：《论真理的实践形态》，《学术研究》2000 年第 8 期。

董玉整：《网络与真理——网络时代的真理问题研究》，武汉大学学位论文，2004，第 30 页。

方莉：《论实践真理的自由本性》，《世纪桥》2007 年第 7 期。

封来贵：《论真理的客观性和主观性及其统一》，《上饶师范学院学报》2001 年第 2 期。

高鸿：《数字化时代人文精神的反思与重建》，《石家庄师范专科学校学报》2003 年第 4 期。

高家方：《从"理性的颠倒"到"实践的颠倒"——马克思对黑格尔

真理观的继承和发展》，吉林大学学位论文，2006。

《"距离"在传播学中的概念及应用——关于大众传播中"距离"的讨论》，陈力丹主持，《国际新闻界》2009 年第 6 期。

高清海：《突破真理论的传统狭隘视界》，《哲学研究》1995 年第 8 期。

洪涛：《真理和真理论问题讨论综述》，《武汉大学学报》（哲学社会科学版）1996 年第 4 期。

黄楠森：《社会实践是检验认识的真理性的唯一的最终标准》，《高校理论战线》1998 年第 5 期。

贾玉树：《论科学活动中的真理与价值》，《河北师范大学学报》（哲学社会科学版）2001 年第 3 期。

蒋涤非：《论证据与证据提供者之间的关系——以电子证据的可信度危机为论证起点》，《贵州警官职业学院学报》2011 年第 4 期。

蒋庆春：《哲学界对"客观真理"的认识综述》，《上饶师专学报》1997 年第 5 期。

金岳霖：《知识论》，商务印书馆，1983。

〔英〕卡尔·波普尔：《客观知识——一个进化论的研究》，舒炜光等译，上海译文出版社，1987。

李校利：《"客观真理说"的内在矛盾》，《汉中师范学院学报》1995 年第 1 期。

联合国教科文组织：《关于保护受公共和私人工程危害的文化财产的建议（1968）》，联合国教科文组织世界遗产中心：《国际文化遗产保护文件选编》，文物出版社，2007。

林源：《关于突破真理论视界的商榷》，《哲学研究》1996 年第 8 期。

刘高岑：《超越"符合真理论"确立"实践真理论"》，《洛阳师专学报》1999 年第 1 期。

刘军大：《"无数相对真理之总和构成绝对真理"质疑》，《武陵学刊》（社会科学版）1995 年第 4 期。

刘开会：《客观性还是一致性——谈罗蒂的真理观》，《兰州大学学报》（社会科学版）2001 年第 2 期。

刘魁:《当代反真理符合论批判》,《哲学研究》1998 年第 10 期。

刘现瑛:《建立网上信任感》,《学术月刊》2003 年第 7 期。

龙小平、龙小根:《从符合论的观点看逻辑真理》,《自然辩证法研究》2005 年第 3 期。

卢风:《"诚"与"真"——论儒家之"诚"对当代真理论研究的启示》,《伦理学研究》2005 年第 5 期。

雒新艳:《马克思意识形态概念虚假性坐标之逻辑呈现》,《唯实》2009 年第 8~9 期。

钱时惕:《"本体实在"及其在不同认识层次的投影》,《哲学研究》1992 年第 11 期。

阮新邦:《批判诠释与知识重建——哈贝马斯视野下的社会研究》,社会科学文献出版社,1999。

尚东涛:《论人的自由与人的中介》,《社会科学辑刊》2001 年第 3 期。

尚东涛:《中介视域的真理观》,《南京社会科学》1999 年第 12 期。

孙伟平:《论马克思主义哲学的实践真理观》,《学术研究》2005 年第 11 期。

孙晓春:《关于真理问题的道德反省》,《吉林大学社会科学学报》2001 年第 5 期。

孙正聿:《从两极到中介——现代哲学的革命》,《哲学研究》1988 年第 8 期。

谭培文:《利益范畴的历史嬗变与现实解读》,《海南大学学报》(社会科学版)1999 年第 3 期。

谭培文:《马克思主义的发展内涵解读》,《贺州学院学报》2006 年第 4 期。

陶国富:《重视生态伦理建设》,《人民日报》2006 年 4 月 14 日。

童世骏:《理性、真理和实践——科学哲学中的实证论、实在论和实用主义》,《中国社会科学季刊》1998 年第 5 期。

王路:《"是真的"与"真"——西方哲学研究中的一个问题》,《清华大学学报》(哲学社会科学版)2005 年第 6 期。

王哲：《现象的三阶构成与认识的三道距离鸿沟》，《新疆社会科学》2007 年第 5 期。

王卓民：《自由与认识效率》，《山西师大学报》（社会科学版）1995 年第 2 期。

萧焜焘：《真理妄谈》，《江苏社会科学》1998 年第 2 期。

谢维营：《恩格斯和列宁论绝对真理》，《上饶师范学院学报》（社会科学版）2002 年第 1 期。

谢维营：《绝对真理：一个应当摒弃的概念——绝对真理和相对真理意义辨析》，《上饶师专学报》1997 年第 5 期。

徐嘉嘉：《侦查学基本原理研究综述》，《法商论丛》2009 年第 1 期。

薛志亮：《"客观真理说"应该被放弃吗？——与李校利同志商榷》，《汉中师范学院学报》（社会科学版）1996 年第 1 期。

颜翔林：《真理批判》，《湖南师范大学社会科学学报》2004 年第 3 期。

袁祖社：《真理及其意义的人学解读：合理性的视界》，《教学与研究》2003 年第 3 期。

张桂权：《"真"能代替"真理"吗?》，《世界哲学》2003 年第 1 期。

张奎良：《马克思的物质观新探》，《自然辩证法研究》2004 年第 11 期。

赵凤平：《论真理的矛盾性》，《大连教育学院学报》1999 年第 1 期。

周小兵：《真理的共识论与文化共识》，《社会科学辑刊》2003 年第 2 期。

周振声：《绝对真理是个矛盾》，《天府新论》1996 年第 6 期。

王路：《论"真"与"真理"》，《中国社会科学》1996 年第 6 期。

俞吾金：《马克思物质观新探》，《复旦学报》（社会科学版）1995 年第 11 期。

张书舟：《你发的帖子是怎么消失的》，2010－05－11，http：// gcontent. nddaily. com/f/8a/f8a7e9f5efd72a91/Blog/54a/8edd71. html。

Fredric Jameson, "Imaginary and Symbolic in Lacan: Marxism, Psychoanalytic Criticism, and the Problem of the Subject," *Yale French Studies*,

No. 55/56, *Literature and Psychoanalysis. The Question of Reading*: *Otherwise*, 1977, pp. 338 – 385.

Manfred Frank, The World as Will and Representation, Deleuze and Guatari's Critique of Capitalism as Schizo-Analysis and Schizo-discourse, 2003.

Baudrillard, Jean, *The Consumer Society*: *Myths and Structures*, London: SagePublications Ltd. , 1998, p. 31.

I. Hacking, *Representing and Intervening*, CUP, 1983, p. 262.

Kaplan, Mordecai M, *Judaism as a Civilization*: *Toward a Reconstruction of American-Jewish Life*, Skokie: Warda Books, 2001, p. 243.

Karen Bard, Posthumanist Performativity: Toward an Understanding of How Matter Comes to Matter [EB/OL], http: //www. nchsr. arts. unsw. edu. au/TwoCultures/Barad. pdf.

Karl Rogers, *Modern Science and the Capriciousness of Nature*, Palgrave, 2006.

Paul M, *Churchland and Clifford A. Hooker*, *Images of Seience*, The University of Chicago Press, 1985.

R. N. Giere, "How Models Are Used To Represent Reality," *Philosophy of Science*, 2004, 71 (5).

Ronald N. Giere, *Science Without Laws*, The University of Chicago Press, 1999.

后 记

应该承认，首先是因为个人的一些需要与兴趣，开始关注"社会真相"问题的研究。

现在，终于在计算机上开始写"后记"了。此时的我也平静了些，之前的几个月，面对繁乱的材料，肩头似有一副重担，不能长长地舒一口气。

此刻，回顾本书的写作主题，特别是在 2007 年，那时，面对一些陌生繁杂的人际交往，是非对错，立场到底在哪里，真相、真理在哪里，我该怎么办、话怎么说等都是难题。因此，我开始思考与感悟"真"、真理及真相问题。

"真"应该是我们的生活最需要整理明白的一个认识论也是实践论问题。当然，无论对于个体还是集体、国家，甚至人类命运共同体，这其实也是一个首要的主题。

我于 2011 年 1 月在东华理工大学任教后，这里积极、昂扬的工作与生活氛围，给我以极大的激励。所以，我开始想把近几年来自己体察的关于社会生活、社会发展主题及其真相等问题的思考进行梳理，做一个"阶段总结"。

之所以要做一个"阶段总结"，是因为在读博士期间，看了相当数量的本主题文献，并对社会信息论、信息哲学，围绕真理观问题做了些研究尝试。在攻读硕士期间，对科学发展观进行了一些点滴思考，希望自己能掌握社会发展的真相。这些攻读硕士和博士期间的阶段性成果，都成了今天本书最初的与重要的写作基础。

真理与真相问题，这是太宏大的主题了。在写作中，我有意回避了"真理"这个范畴，因为这个范畴本身就充满争议与不确定性，很不容易把握，而且，现在还没有达成最基本的概念上的共识。对于我来说，难度太大，与其建造一座宏伟的纸高楼，归于肤浅、大空，不如从它的局部、细节着手，解决一些片段问题。因此，我力所能及地选取了两个角度：一个是社会信息论的理论支持背景，一个仅就社会真相问题发表些见解。

十多年来，我从老家中原到东北到西北，奔海南又到江南，擦肩上海滩，寂寞大西南……这些经历，虽然时间跨度不大，但空间上的变换感觉给予我不少启迪。在求学期间，专业历经变动，但我认为这并没带来负面作用；相反，开拓了我进行思考、研究的视野，并形成了一些基本观点和理论主张。当然，这些东西随我一起成长，并多少会发生变化，但基本上还有和将有一条稳定的思想和思维路径。本书的写作就遵循着这条路径，而本书的完成又是我思想与思维进一步开拔的基础。

这里，特别想说的是，这本书之所以能够出版得益于许多人的支持与帮助。我要感谢江西省社联对文库资助项目的组织工作，感谢项目评审委员会专家学者所做的辛苦工作，以及江西省社联科普处的熊建处长、赵华伟副处长和其他工作人员的支持与帮助。还要感谢社会科学文献出版社曹义恒、单远举两位编辑老师在本书校对、修改与完善等方面的建议和指导。

最后，我想向多年来培养、鼓励和支持过我的老师，如邬焜教授，还有硕士生导师秦书生教授，尤其是给予我启发、智慧与力量的学术前辈、同人和单位领导、同事、朋友及家人表示最高的敬意！毫无疑问，一个人要成长并作出点成绩，都要在许多人直接或间接帮助下才能取得。

蔡东伟

2013 年 3 月 12 日

图书在版编目（CIP）数据

社会信息论域下的社会真相/蔡东伟著. —北京：
社会科学文献出版社，2013.9
（江西省哲学社会科学成果文库）
ISBN 978 - 7 - 5097 - 4999 - 9

Ⅰ.①社…　Ⅱ.①蔡…　Ⅲ.①信息化社会 – 研究
Ⅳ.①G201

中国版本图书馆 CIP 数据核字（2013）第 201153 号

·江西省哲学社会科学成果文库·

社会信息论域下的社会真相

著　　者 / 蔡东伟

出 版 人 / 谢寿光
出 版 者 / 社会科学文献出版社
地　　址 / 北京市西城区北三环中路甲 29 号院 3 号楼华龙大厦
邮政编码 / 100029

责任部门 / 社会政法分社（010）59367156　　责任编辑 / 单远举　曹义恒
电子信箱 / shekebu@ ssap. cn　　　　　　　责任校对 / 李孝珍
项目统筹 / 王　绯　周　琼　　　　　　　　责任印制 / 岳　阳
经　　销 / 社会科学文献出版社市场营销中心（010）59367081　59367089
读者服务 / 读者服务中心（010）59367028

印　　装 / 三河市尚艺印装有限公司
开　　本 / 787mm × 1092mm　1/16　　　　印　　张 / 15.75
版　　次 / 2013 年 9 月第 1 版　　　　　　字　　数 / 248 千字
印　　次 / 2013 年 9 月第 1 次印刷
书　　号 / ISBN 978 - 7 - 5097 - 4999 - 9
定　　价 / 58.00 元